新工科·普通高等教育汽车类系列教材

"十二五"江苏省高等学校重点教材

车辆工程专业导论

第3版

主　编　鲁植雄
副主编　邓晓亭　侯占峰　罗玲英
参　编　邱　威　韩　英　顾宝兴　王海青
　　　　李　和　张大成　鲁　杨
主　审　陈　南

机械工业出版社

本书是普通高等学校车辆工程专业学生的入门教材，用以指导低年级学生了解车辆工程专业与行业，尽快适应高校的学习，建立对车辆工程专业的情感和责任心，为今后的专业学习打下良好的基础。全书共六章，分别是认识车辆工程专业、认识车辆工程行业、认识车辆工程专业的平台、认识车辆工程学科的前沿技术、车辆工程专业的学习方法、车辆工程专业的升学与就业。

　　本书可供车辆工程专业学生使用，还可供其他相关专业学生、汽车爱好者参考阅读。

图书在版编目（CIP）数据

车辆工程专业导论/鲁植雄主编. —3版. —北京：机械工业出版社，2021.10（2023.9重印）

"十二五"江苏省高等学校重点教材 新工科·普通高等教育汽车类系列教材

ISBN 978-7-111-68932-4

Ⅰ.①车… Ⅱ.①鲁… Ⅲ.①车辆工程-高等学校-教材 Ⅳ.①U27

中国版本图书馆CIP数据核字（2021）第162143号

机械工业出版社（北京市百万庄大街22号　邮政编码100037）
策划编辑：冯春生　责任编辑：冯春生
责任校对：李　杉　封面设计：张　静
责任印制：郜　敏
北京富资园科技发展有限公司印刷
2023年9月第3版第5次印刷
184mm×260mm·17.5印张·420千字
标准书号：ISBN 978-7-111-68932-4
定价：49.80元

电话服务　　　　　　　　　　网络服务
客服电话：010-88361066　　　机　工　官　网：www.cmpbook.com
　　　　　010-88379833　　　机　工　官　博：weibo.com/cmp1952
　　　　　010-68326294　　　金　书　网：www.golden-book.com
封底无防伪标均为盗版　　机工教育服务网：www.cmpedu.com

第3版前言

车辆工程行业是一个飞速发展的行业，截至 2021 年，我国机动车保有量达 3.95 亿辆，汽车保有量达到 3.02 亿辆，我国汽车的产销量连续 13 年蝉联世界第一，国家需要大量的汽车人才，为此，全国有 250 多所高校相继开设了车辆工程专业。

《车辆工程专业导论》是普通高等学校车辆工程专业学生的入门教材，用以指导低年级学生了解车辆工程专业与行业，明确学习目的，尽快适应大学的学习方式与方法，建立对车辆工程专业的情感和责任心，为今后的专业学习打下良好基础。

本书自 2013 年出版以来，收到了许多院校教师和同学的评价与建议，并通过本课程的教学实践与改革，编者对本书的内容也有了一些新的认识和看法。车辆工程行业的新材料、新能源、新技术、新工艺的应用与日俱增，许多内容需要更新和补充，为此，推出了第 3 版。第 3 版主要修订内容如下：

1) 修改了第 2 版文字、图表、公式中的不足之处。
2) 对原有的结构进行了适当调整，删减了一些内容。
3) 更新了汽车、拖拉机、工程机械等行业发展的数据。
4) 增加了新能源汽车、智能化、节能、减排等新技术知识。
5) 进一步完善了与本书配套的电子课件，可登录机械工业出版社教育服务网（http://www.cmpedu.com/）注册下载。

全书共六章，分别是认识车辆工程专业、认识车辆工程行业、认识车辆工程专业的平台、认识车辆工程学科的前沿技术、车辆工程专业的学习方法及车辆工程专业的升学与就业。

本书由南京农业大学鲁植雄教授任主编，并负责全书统稿，南京农业大学邓晓亭、罗玲英和内蒙古农业大学侯占峰任副主编。其中，第一至三章由鲁植雄编写，第四章由邓晓亭编写，第五章由罗玲英编写，第六章由侯占峰编写，参加本书编写、校对和文字整理工作的还有邱威、韩英、顾宝兴、王海青、李和、张大成、鲁杨等同志。

本书由东南大学陈南教授任主审。陈南教授仔细地阅读了全书的原稿，并提出了许多建设性的意见，在此表示最诚挚的谢意。

本书是在江苏省汽车工程学会的支持和关心下完成的，在此表示最诚挚的谢意。

本书的编写参考了已出版的相关图书和文献资料，借此机会编者向有关文献的作者表示衷心的感谢和敬意。

由于编者水平有限，加之经验不足，书中难免还有谬误和疏漏之处，恳请广大读者批评指正，并请致信于：luzx@njau.edu.cn，编者将认真对待，加以完善。

编　者

第2版前言

汽车、拖拉机、工程机械等行业是一个飞速发展的行业，新材料、新能源、新技术、新工艺的应用与日俱增。自本书2013年8月出版以来，这些行业得到了迅速发展，出现了许多新型汽车和拖拉机。本书经过多轮试验教学的应用，得到许多教师和同学的评价与建议。通过"车辆工程专业导论"精品课程的教学实践与改革，编者对本书的内容有了一些新的认识和看法。因此，为了适应车辆工程行业的技术发展和汽车专业人才培养要求，满足高等学校对"车辆工程专业导论"课程改革的要求，推出了第2版，主要修订内容如下：

1) 修改了第1版中的文字和图形错误。
2) 更新了汽车、拖拉机等行业发展的数据。
3) 增加了新能源汽车、智能化、节能、减排等新技术知识。
4) 增加了出国留学方面的知识。
5) 制作了与本书配套的电子课件，可登录机械工业出版社教育服务网（http://www.cmpedu.com/）注册下载。

本书是普通高等学校车辆工程专业学生的入门教材，用以指导低年级学生了解车辆工程专业与行业，尽快适应高校的学习，建立对车辆工程专业的情感和责任心，为今后的专业学习打下良好基础。全书共六章，分别是认识车辆工程专业，认识车辆工程行业，认识车辆工程专业的平台，认识车辆工程学科的前沿技术，车辆工程专业的学习方法，车辆工程专业的考研、就业与出国留学。每章之后列举了相关的主要网站，有利于开阔学生的眼界，以引发学生深入思考和研究。同时还设置了思考题，适合小组作业和现场报告，即由5~10名学生组成小组，在主讲教师的指导下，让学生按特定题目各抒己见，然后展开讨论，互相切磋，为学生提供在课堂中难以得到的自我表现机会。

本书由南京农业大学鲁植雄教授任主编，并负责全书统稿，南京农业大学邓晓亭、内蒙古农业大学侯占峰和南京农业大学罗玲英任副主编。其中，第一~三章由鲁植雄编写，第四章由邓晓亭编写，第五章由罗玲英编写，第六章由侯占峰编写，参加本书编写、校对和文字整理工作的还有邱威、韩英、顾宝兴、王海青、李和、张大成等同志。

本书由东南大学陈南教授任主审。陈南教授仔细地阅读了原稿，提出了许多建设性的意见，在此表示最诚挚的谢意！

本书是在江苏省汽车工程学会的支持和关心下完成的，在此表示最诚挚的谢意！

本书的编写参考了已出版的相关图书和文献资料，借此机会向有关文献的作者表示衷心的感谢和敬意！

由于编者水平有限，加之经验不足，书中难免有错误和疏漏之处，恳请广大读者批评指正，并请致信于：luzx@njau.edu.cn，编者将认真对待，加以完善。

编　者

第1版前言

每年新学年的伊始,跨入高等学校的大门、满怀壮志和憧憬、准备接受高等教育的车辆工程专业的莘莘学子,都渴望了解自己所学的专业,高等教育和中等教育的区别,大学的教学和管理特点,车辆工程专业的性质、培养目标、未来发展,学校将通过哪些途径把自己培养成具有什么素质的车辆工程专业技术人才,自己在大学环境里将学到哪些知识,获得哪些技能,培养哪些能力,将来的就业领域和工作范畴,自己怎样适应大学的学习生活,怎样最大限度地挖掘自己的学习潜力,发挥自己学习上的主动性,发展自己的特长和才华,创造性地进行学习等问题。

本书力求在入学之初用以引导车辆工程专业新生正确认识、理解和处理上述问题,使学生尽早了解专业、熟悉专业,明确学习的目的,尽快掌握适应大学学习和生活的方式与方法。

全书共六章,分别是认识车辆工程专业、认识车辆工程行业、认识车辆工程专业的平台、认识车辆工程学科前沿技术、车辆工程专业的学习方法、车辆工程专业的考研与就业。本书从车辆工程专业性质、专业发展、培养目标与模式、人才素质要求的情况介绍,到汽车发展简史和国内外汽车工业发展概况的综述;从全面而精练地叙述汽车发动机、底盘、车身、电气设备的基本组成、结构和工作原理,到汽车前沿技术发展状况,尤其是车辆节能、减振、安全、智能、NVH等新技术;从车辆工程专业的教学计划,如课程设置、教学环节安排及学习方法,到车辆工程专业的考研与就业都进行了详细的讲解。这样使新生对车辆工程专业能有较系统和深入的了解,同时激发学生对本专业的学习兴趣,为今后的学习指出明确的方向,并为培养良好的学习方法打下基础。全书语言通俗易懂,言简意赅,具有可读性和实用性,以满足本专业新生的热切期望。

本书由南京农业大学鲁植雄教授根据他本人多年讲授"车辆工程专业导论"课程的实践经验,并不断调整和更新相关内容,在校版讲义的基础上编写而成。参加本书资料收集、绘图、录入等工作的还有李文明、金文忻、姜春霞、吴俊淦、梅士坤、徐浩、周伟伟等同志。

本书由东南大学陈南教授任主审。陈南教授仔细地阅读了全书的原稿,并提出了许多建设性的意见,在此表示最诚挚的谢意!

在本书编写过程中,承蒙车辆工程领域许多同仁和专家的大力支持和帮助,在此表示最诚挚的谢意!

本书的编写参考了已出版的相关图书和文献资料,借此机会向有关文章的作者表示衷心的感谢和敬意!

由于本书涉及车辆历史、构造、材料、电子、控制、制造等多学科,加之编者水平有限,经验不足,书中难免有错误和疏漏之处,恳请广大读者批评指正,并请致信于:luzx@njau.edu.cn,编者将认真对待,加以完善。

本书配套了课程电子课件,请选用本书作为教材的老师登录机械工业出版社教育服务网http://www.cmpedu.com/注册下载。

编 者

目 录

第3版前言
第2版前言
第1版前言
第一章　认识车辆工程专业 ………… 1
　第一节　车辆工程专业的性质 ………… 1
　　一、车辆工程专业的属性 …………… 1
　　二、车辆工程专业的内涵 …………… 8
　第二节　车辆工程专业的发展 ………… 10
　　一、传统的"汽拖"和"汽运"
　　　　本科专业 …………………………… 10
　　二、新的"车辆工程"本科专业 …… 11
　第三节　车辆工程专业的培养目标与
　　　　　模式 ………………………………… 15
　　一、车辆工程专业的培养目标 ……… 15
　　二、对车辆工程专业培养目标的理解 …… 16
　　三、培养模式 …………………………… 18
　第四节　车辆工程专业的人才素质 …… 22
　　一、车辆工程专业对人才素质的要求 …… 22
　　二、车辆工程专业人才素质的构成 …… 23
　　三、车辆工程专业人才的实践能力
　　　　结构 ………………………………… 23
　第五节　车辆工程专业的课程设置 …… 24
　　一、课程框架和学分要求 …………… 24
　　二、课程设置和修读要求 …………… 24
　本章相关的主要网站 …………………… 26
　思考题 …………………………………… 27
第二章　认识车辆工程行业 …………… 28
　第一节　汽车发展简史 ………………… 28
　　一、车的发明史 ……………………… 28
　　二、蒸汽汽车 ………………………… 32
　　三、电动汽车 ………………………… 36
　　四、内燃机汽车的发明与发展 ……… 37
　第二节　国外汽车工业发展概况 ……… 42
　　一、欧洲汽车工业发展概况 ………… 42

　　二、美国汽车工业发展概况 ………… 46
　　三、亚洲汽车工业发展概况 ………… 48
　第三节　中国汽车工业的发展 ………… 51
　　一、新中国成立前的汽车工业 ……… 51
　　二、新中国成立后的汽车工业 ……… 52
　　三、中国汽车工业的现状 …………… 58
　第四节　其他车辆行业的发展 ………… 66
　　一、工程机械的发展 ………………… 66
　　二、拖拉机行业的发展 ……………… 68
　　三、摩托车行业的发展 ……………… 71
　本章相关的主要网站 …………………… 72
　思考题 …………………………………… 73
第三章　认识车辆工程专业的平台 …… 74
　第一节　汽车的定义与分类 …………… 74
　　一、汽车的定义 ……………………… 74
　　二、汽车的分类 ……………………… 75
　第二节　汽车的总体构造与行驶原理 …… 81
　　一、汽车的总体构造 ………………… 81
　　二、汽车的行驶原理 ………………… 82
　第三节　发动机的总体构造 …………… 84
　　一、曲柄连杆机构 …………………… 85
　　二、配气机构 ………………………… 87
　　三、燃料供给系统 …………………… 88
　　四、点火系统 ………………………… 90
　　五、冷却系统 ………………………… 92
　　六、润滑系统 ………………………… 93
　　七、起动系统 ………………………… 94
　第四节　底盘 …………………………… 95
　　一、传动系统 ………………………… 95
　　二、行驶系统 ………………………… 103
　　三、转向系统 ………………………… 104
　　四、制动系统 ………………………… 105
　第五节　车身 …………………………… 108
　　一、车身的作用 ……………………… 108

二、车身的分类 … 108
　三、车身参数 … 109
　四、轿车车身 … 110
第六节　电气设备 … 113
　一、电气设备的组成 … 113
　二、供电系统 … 114
　三、照明设备 … 115
　四、仪表系统 … 115
　五、信号系统 … 116
　六、空调系统 … 117
第七节　汽车的性能指标 … 117
　一、汽车的动力性 … 117
　二、汽车的使用经济性 … 118
　三、汽车的制动性 … 118
　四、汽车的平顺性 … 119
　五、汽车的通过性 … 119
　六、汽车的安全性 … 119
　七、汽车的操纵稳定性 … 120
　八、汽车的环保性 … 120
第八节　其他车辆的构造与原理 … 121
　一、铁路列车 … 121
　二、工程车辆 … 127
　三、拖拉机 … 132
　四、摩托车 … 135
本章相关的主要网站 … 139
思考题 … 140

第四章　认识车辆工程学科的前沿技术 … 141
第一节　汽车节能技术 … 141
　一、发动机节能技术 … 141
　二、汽车轻量化节能技术 … 142
　三、新能源汽车 … 145
第二节　汽车减排技术 … 151
　一、汽车减排的强制性标准 … 151
　二、汽油机排放控制技术 … 152
　三、柴油机排放控制技术 … 161
第三节　汽车安全技术 … 164
　一、汽车主动安全技术 … 165
　二、汽车被动安全技术 … 178
第四节　汽车智能化技术 … 186
　一、智能汽车的研究领域 … 186
　二、智能汽车的新技术 … 187
　三、智能交通系统 … 191

第五节　汽车NVH控制技术 … 192
　一、汽车上的NVH现象 … 192
　二、汽车减振技术 … 193
　三、汽车降噪技术 … 196
第六节　汽车先进制造技术 … 197
　一、汽车零件铸造技术 … 197
　二、汽车零件压力加工技术 … 199
　三、汽车零件焊接技术 … 200
　四、汽车零件热处理技术 … 202
　五、汽车涂装技术 … 203
　六、汽车装试技术 … 204
本章相关的主要网站 … 204
思考题 … 205

第五章　车辆工程专业的学习方法 … 206
第一节　大学的教学特点 … 206
　一、普通高等学校与普通中等学校教育的区别 … 206
　二、大学教学形式的基本特点 … 207
　三、大学的主要教学方式 … 208
　四、大学的主要教学环节 … 210
第二节　大学的学习方式 … 212
　一、什么是学习 … 212
　二、大学学习的特点 … 212
　三、学习观 … 213
　四、学习过程 … 214
　五、创造性学习 … 215
第三节　车辆工程专业理论课程的学习方法 … 216
　一、听课技巧 … 216
　二、记笔记技巧 … 217
　三、预习技巧 … 218
　四、复习技巧 … 218
　五、练习技巧 … 220
　六、解决疑难问题的技巧 … 220
　七、查阅科技文献的技巧 … 221
　八、怎样正确地对待考试 … 222
第四节　车辆工程专业实践课程的学习方法 … 223
　一、实践课的特点 … 223
　二、实践课的体系 … 224
　三、实践课的学习方法 … 225
第五节　车辆工程专业的课外科技活动 … 228

一、中国大学生方程式汽车大赛 ………… 228
二、Honda 中国节能竞技大赛 ………… 231
三、全国大学生"飞思卡尔"杯智能汽车竞赛 ……………………… 231
四、全国大学生节能减排社会实践与科技比赛 ……………………… 233
五、中国汽车工程学会巴哈大赛 ……… 233
六、中国汽车造型设计大赛 …………… 234
本章相关的主要网站 …………………… 235
思考题 …………………………………… 235

第六章 车辆工程专业的升学与就业 … 236
第一节 车辆工程专业的考研 ………… 236
一、国内考研概况 ……………………… 236
二、研究生的类型 ……………………… 239
三、报考硕士研究生的基本条件 ……… 245
四、报考硕士研究生的主要流程 ……… 246
五、推荐免试硕士研究生招生流程 …… 248
六、录取分数线 ………………………… 250
七、车辆工程学科的主要教育资源 …… 254
八、车辆工程专业硕士研究生的入学考试专业课与研究方向 ………… 256
第二节 车辆工程专业的就业 ………… 259
一、车辆工程专业的就业形式 ………… 259
二、车辆工程专业的人才需求 ………… 261
三、车辆工程专业就业行业分布 ……… 262
第三节 车辆工程专业的出国留学 …… 263
一、申请流程 …………………………… 263
二、申请前准备 ………………………… 265
三、申请中准备 ………………………… 266
四、奖学金 ……………………………… 267
本章相关的主要网站 …………………… 267
思考题 …………………………………… 268

参考文献 ………………………………… 269

第一章 认识车辆工程专业

第一节 车辆工程专业的性质

一、车辆工程专业的属性

1. 车辆工程专业属于理工科

在高中学习时,同学们就被划分为理科和文科班级学习。这是与我国现行的本科教育相吻合的。目前,我国本科教育大类分为理工科和文科。

理工科是指以自然科学和应用科学为研究对象的学科。

自然科学是研究无机自然界和包括人的生物属性在内的有机自然界的各门科学的总称。其根本目的在于发现自然现象背后的规律,主要研究领域有数学、物理学、化学、生物学、天文学、地球科学等。

应用科学是把基础理论转化为实际运用的科学,以自然科学和技术科学为基础,是直接应用于物质生产中的技术、工艺性质的科学,与技术科学之间没有绝对的界限。

文科是指以人类社会独有的政治、经济、文化等为研究对象的学科,文科又称为人文社会科学。文科分为人文科学与社会科学。

人文科学是研究人类文化遗产的,其经典学科是文学、历史学、哲学。社会科学是研究社会发展、社会问题、社会规律的,是法学、教育学、经济学、管理学四个学科门类的统称。

由于车辆工程专业的研究对象是车辆,是一种应用科学,所以,归于理工科。

2. 车辆工程专业是工学机械类下的一个专业

我国本科教育划分为学科门类、专业类和专业三个层次。

(1) 学科门类 学科门类是对具有一定关联学科的归类,是指授予学位和培养学生的学科类别。

国务院学位委员会和教育部颁布修订的《学位授予和人才培养学科目录(2018年)》规定了13个学科门类,即哲学、经济学、法学、教育学、文学、历史学、理学、工学、农学、医学、军事学、管理学、艺术学。

《普通高等学校本科专业目录(2020年版)》与《学位授予和人才培养学科目录(2018年)》的学科门类基本一致,我国普通高等学校本科共设12个学科门类,分别是:

哲学、经济学、法学、教育学、文学、历史学、理学、工学、农学、医学、管理学、艺术学。在我国普通高等学校中,未设军事学学科门类,其代码11预留,但在军事院校设有军事学学科。

车辆工程专业类属于工学门类,工学是指工程学科的总称。

(2) 专业类 专业类是指根据科学研究对象在各学科门类下划分的学科分类体系,2020年版《普通高等学校本科专业目录》规定:我国共设93个专业类。

工学门类下设专业类最多,其设31个,占了总专业类的1/3,分别是:力学类、机械类、仪器类、材料类、能源动力类、电气类、电子信息类、自动化类、计算机类、土木类、水利类、测绘类、化工与制药类、地质类、矿业类、纺织类、轻工类、交通运输类、海洋工程类、航空航天类、兵器类、核工程类、农业工程类、林业工程类、环境科学与工程类、生物医学工程类、食品科学与工程类、建筑类、安全科学与工程类、生物工程类和公安技术类。

车辆工程专业类属于工学门类下的机械类专业。

(3) 专业 专业是指高等学校根据社会专业分工的需要而设立的学业类别。各专业都有独立的教学计划,以实现专业的培养目标和要求。

专业分为基本专业、特设专业和国家控制布点专业一般指专业性很强,需要国家控制学生人数的专业。基本专业是指学科基础比较成熟、社会需求相对稳定、布点数量相对较多、继承性较好的专业;特设专业是针对不同高校办学特色,或为适应近年来人才培养特殊需求设置的专业;国家控制布点专业。基本专业每五年调整一次,相对稳定;特设专业处于动态,每年向社会公布。这有利于学校专业设置的动态调整,为高校根据办学需要适时调整专业提供了机制保障。

机械类专业是工科中一个大的专业类,是理科生选报的热门专业之一,与电气类、自动化类并列为最强工科。机械类专业除需要很好的理科知识外,还需要比较强的绘图能力。社会对机械类技术人员的需求量很大,就业率也一直是最高的,约95%。

机械类专业设有机械工程、机械设计制造及其自动化、材料成型及控制工程、机械电子工程、工业设计、过程装备与控制工程、车辆工程、汽车服务工程、机械工艺技术、微机电系统工程、机电技术教育、汽车维修工程教育、智能制造工程、智能车辆工程、仿生科学与工程、新能源汽车工程16个专业,其中前8个专业为基本专业,后8个专业为特设专业。

专业是随社会的发展而发展的,在社会科学技术高速、迅猛发展的同时,出现了传统专业的发展变化,伴随高科技化的逐步前进,不断地分化出新的专业,如机电一体化专业,并且转为大量的社会和企业职业需求。

普通高等学校工学本科专业目录(2020版)见表1-1。

3. 车辆工程专业授予工学学士学位

学位是标志被授予者的受教育程度和学术水平达到规定标准的学术称号。

(1) 学位级别 我国学位分学士学位、硕士学位、博士学位和名誉博士学位。

学士学位由国务院授权的高等学校授予。硕士学位、博士学位由国务院授予的高等学校和科学研究机构授予。

第一章 认识车辆工程专业

表 1-1 普通高等学校工学本科专业目录（2020 版）

学科门类	专 业 类	专 业 名 称	
08 工学	0801 力学类	080101 理论与应用力学	080102 工程力学
	0802 机械类	080201 机械工程 080202 机械设计制造及其自动化 080203 材料成型及控制工程 080204 机械电子工程 080205 工业设计 080206 过程装备与控制工程 080207 车辆工程 080208 汽车服务工程	080209T 机械工艺技术 080210T 微机电系统工程 080211T 机电技术教育 080212T 汽车维修工程教育 080213T 智能制造工程 080214T 智能车辆工程 080215T 仿生科学与工程 080216T 新能源汽车工程
	0803 仪器类	080301 测控技术与仪器 080302T 精密仪器	080303T 智能感知工程
	0804 材料类	080401 材料科学与工程 080402 材料物理 080403 材料化学 080404 冶金工程 080405 金属材料工程 080406 无机非金属材料工程 080407 高分子材料与工程 080408 复合材料与工程 080409T 粉体材料科学与工程	080410T 宝石及材料工艺学 080411T 焊接技术与工程 080412T 功能材料 080413T 纳米材料与技术 080414T 新能源材料与器件 080415T 材料设计科学与工程 080416T 复合材料成型工程 080417T 智能材料与结构
	0805 能源动力类	080501 能源与动力工程 080502T 能源与环境系统工程	080503T 新能源科学与工程 080504T 储能科学与工程
	0806 电气类	080601 电气工程及其自动化 080602T 智能电网信息工程 080603T 光源与照明	080604T 电气工程与智能控制 080605T 电机电器智能化 080606T 电缆工程
	0807 电子信息类	080701 电子信息工程 080702 电子科学与技术 080703 通信工程 080704 微电子科学与工程 080705 光电信息科学与工程 080706 信息工程 080707T 广播电视工程 080708T 水声工程 080709T 电子封装技术	080710T 集成电路设计与集成系统 080711T 医学信息工程 080712T 电磁场与无线技术 080713T 电波传播与天线 080714T 电子信息科学与技术 080715T 电信工程及管理 080716T 应用电子技术教育 080717T 人工智能 080718T 海洋信息工程
	0808 自动化类	080801 自动化 080802T 轨道交通信号与控制 080803T 机器人工程 080804T 邮政工程	080805T 核电技术与控制工程 080806T 智能装备与系统 080807T 工业智能

(续)

学科门类	专业类	专业名称	
08 工学	0809 计算机类	080901 计算机科学与技术 080902 软件工程 080903 网络工程 080904K 信息安全 080905 物联网工程 080906 数字媒体技术 080907T 智能科学与技术 080908T 空间信息与数字技术 080909T 电子与计算机工程	080910T 数据科学与大数据技术 080911TK 网络空间安全 080912T 新媒体技术 080913T 电影制作 080914TK 保密技术 080915T 服务科学与工程 080916T 虚拟现实技术 080917T 区块链工程
	0810 土木类	081001 土木工程 081002 建筑环境与能源应用工程 081003 给排水科学与工程 081004 建筑电气与智能化 081005T 城市地下空间工程	081006T 道路桥梁与渡河工程 081007T 铁道工程 081008T 智能建造 081009T 土木、水利与海洋工程 081010T 土木、水利与交通工程
	0811 水利类	081101 水利水电工程 081102 水文与水资源工程 081103 港口航道与海岸工程	081104T 水务工程 081105T 水利科学与工程
	0812 测绘类	081201 测绘工程 081202 遥感科学与技术 081203T 导航工程	081204T 地理国情监测 081205T 地理空间信息工程
	0813 化工与制药类	081301 化学工程与工艺 081302 制药工程 081303T 资源循环科学与工程 081304T 能源化学工程	081305T 化学工程与工业生物工程 081306T 化工安全工程 081307T 涂料工程 081308T 精细化工
	0814 地质类	081401 地质工程 081402 勘查技术与工程 081403 资源勘查工程	081404T 地下水科学与工程 081405T 旅游地学与规划工程
	0815 矿业类	081501 采矿工程 081502 石油工程 081503 矿物加工工程	081504 油气储运工程 081505T 矿物资源工程 081506T 海洋油气工程
	0816 纺织类	081601 纺织工程 081602 服装设计与工程 081603T 非织造材料与工程	081604T 服装设计与工艺教育 081605T 丝绸设计与工程
	0817 轻工类	081701 轻化工程 081702 包装工程 081703 印刷工程	081704T 香料香精技术与工程 081705T 化妆品技术与工程

第一章　认识车辆工程专业

（续）

学科门类	专 业 类	专 业 名 称	
08 工学	0818 交通运输类	081801 交通运输 081802 交通工程 081803K 航海技术 081804K 轮机工程 081805K 飞行技术	081806T 交通设备与控制工程 081807T 救助与打捞工程 081808TK 船舶电子电气工程 081809T 轨道交通电气与控制 081810T 邮轮工程与管理
	0819 海洋工程类	081901 船舶与海洋工程 081902T 海洋工程与技术	081903T 海洋资源开发技术 081904T 海洋机器人
	0820 航空航天类	082001 航空航天工程 082002 飞行器设计与工程 082003 飞行器制造工程 082004 飞行器动力工程 082005 飞行器环境与生命保障工程	082006T 飞行器质量与可靠性 082007T 飞行器适航技术 082008T 飞行器控制与信息工程 082009T 无人驾驶航空器系统工程
	0821 兵器类	082101 武器系统与工程 082102 武器发射工程 082103 探测制导与控制技术 082104 弹药工程与爆炸技术	082105 特种能源技术与工程 082106 装甲车辆工程 082107 信息对抗技术 082108T 智能无人系统技术
	0822 核工程类	082201 核工程与核技术 082202 辐射防护与核安全	082203 工程物理 082204 核化工与核燃料工程
	0823 农业工程类	082301 农业工程 082302 农业机械化及其自动化 082303 农业电气化 082304 农业建筑环境与能源工程	082305 农业水利工程 082306T 土地整治工程 082307T 农业智能装备工程
	0824 林业工程类	082401 森林工程 082402 木材科学与工程	082403 林产化工 082404T 家具设计与工程
	0825 环境科学与工程类	082501 环境科学与工程 082502 环境工程 082503 环境科学 082504 环境生态工程	082505T 环保设备工程 082506T 资源环境科学 082507T 水质科学与技术
	0826 生物医学工程类	082601 生物医学工程 082602T 假肢矫形工程	082603T 临床工程技术 082604T 康复工程
	0827 食品科学与工程类	082701 食品科学与工程 082702 食品质量与安全 082703 粮食工程 082704 乳品工程 082705 酿酒工程 082706T 葡萄与葡萄酒工程	082707T 食品营养与检验教育 082708T 烹饪与营养教育 082709T 食品安全与检测 082710T 食品营养与健康 082711T 食用菌科学与工程 082712T 白酒酿造工程

(续)

学科门类	专业类	专业名称	
08 工学	0828 建筑类	082801 建筑学 082802 城乡规划 082803 风景园林 082804T 历史建筑保护工程	082805T 人居环境科学与技术 082806T 城市设计 082807T 智慧建筑与建造
	0829 安全科学与工程类	082901 安全工程 082902T 应急技术与管理	082903T 职业卫生工程
	0830 生物工程类	083001 生物工程 083002T 生物制药	083003T 合成生物学
	0831K 公安技术类	083101K 刑事科学技术 083102K 消防工程 083103TK 交通管理工程 083104TK 安全防范工程 083105TK 公安视听技术 083106TK 抢险救援指挥与技术	083107TK 火灾勘查 083108TK 网络安全与执法 083109TK 核生化消防 083110TK 海警舰艇指挥与技术 083111TK 数据警务技术

注:"T"表示特设专业;"K"表示国家控制布点专业;"TK"表示特设控制布点专业。

  高等学校本科毕业生,成绩优良,达到规定的学术水平者,授予学士学位;高等学校和科研机构的研究生,或具有研究生毕业同等学力的人员,通过硕士(博士)学位的课程考试和论文答辩,成绩合格,达到规定的学术水平者,授予硕士(博士)学位。授予学位的高等学校和科学研究机构,在学位评定委员会做出授予学位的决议后,发给学位获得者相应的学位证书。

  1)学士学位。是初级学位,通常由高等学校授予大学本科毕业生。《中华人民共和国学位条例暂行实施办法》规定,高等学校本科学生完成教学计划的各项要求,经审核准予毕业,其课程学习和毕业论文(毕业设计或其他毕业实践环节)的成绩,表明确已较好地掌握本门学科的基础理论、专门知识和基本技能,并且有从事科学研究工作或担负专门技术工作的初步能力的,授予学士学位。

  2)硕士学位。是第二级学位,通常在获得最初一级学士学位后,再修读1~3年方可获得。一些国家把硕士学位作为获得博士学位的一种过渡学位。中国学位条例把硕士列为独立的一级学位,既要求读课程,又要求做论文。《中华人民共和国学位条例暂行实施办法》规定,申请硕士学位的条件是高等学校和科学研究机构的研究生,或具有研究生同等学力的人员,通过硕士学位的课程考试和论文答辩,成绩合格,达到下述学术水平:在本门学科上掌握了坚实的基础理论和系统专门知识,具有从事科学研究工作或独立担负专门技术工作的能力。

  3)博士学位。是最高一级学位,《中华人民共和国学位条例暂行实施办法》规定,申请博士学位的条件是高等学校和科研机构的博士学位研究生,或具有博士学位研究生毕业同等学力者,通过博士学位的课程考试和论文答辩,成绩合格,达到下述学术水平:在本门学

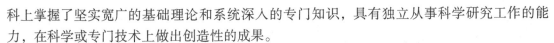

科上掌握了坚实宽广的基础理论和系统深入的专门知识,具有独立从事科学研究工作的能力,在科学或专门技术上做出创造性的成果。

4)名誉博士学位。是学位的一种,根据学术成就或对国家和社会所做出的贡献而授予的荣誉学位。不进行考试和论文答辩。中国授予名誉博士的条件是国内外卓越的学者、科学家或著名的政治家、社会活动家在学术、经济、教育、科学、文化和卫生等领域,以及在社会发展和人类进步的事业中有突出的贡献。经学位授予单位提名,由中华人民共和国国务院学位委员会批准。

(2) 学位与学历 学历是指求学的经历,即曾在哪些学校肄业或毕业。

国家承认的学历在初等教育方面有小学,在中等教育方面有初中、高中(包括中职、职高、技校),在高等教育方面有专科、本科、硕士研究生、博士研究生四个层次,另外还有第二学士学位班、研究生班(研究生班近几年已停招)。经国家主管教育部门批准具有举办学历教育资格的普通高等学校(含培养研究生的科研单位)及成人高等学校所颁发的学历证书,国家予以承认。另外,通过自学考试,由国务院自学考试委员会授权各省(自治区、直辖市)自学考试委员会颁发的自学考试毕业证书,国家同样予以承认。

学位不等同于学历,获得学位证书而未取得学历证书者仍为原学历。取得大学本科、硕士研究生或博士研究生毕业证书的,不一定能够取得相应的学位证书;取得学士学位证书的,必须首先获得大学本科毕业证书,而取得硕士学位或博士学位证书的,却不一定能够获得硕士研究生或博士研究生毕业证书。

现在经常出现将学位与学历相混淆的现象,如有的人学历为本科毕业,以后通过在职人员学位申请取得了博士学位,这时,学历仍为本科,而不能称为取得"博士学历"。

(3) 学位证书 学位证书是证明学生专业知识和技术水平而授予的证书,在我国学位证书授予资格单位为通过教育部认可的高等院校或科学研究机构。

获得学位意味着被授予者的受教育程度和学术水平达到规定标准的学术称号,经在高等学校或科学研究机构学习和研究,成绩达到有关规定,由有关部门授予并得到国家社会承认的专业知识学习资历。

比如你在一个大学修完该修的学分,所有成绩及格,你就可以拿到该学校的毕业证。但是学位证是在所有成绩都及格的基础上,有更高的要求。目前我国大部分学校都会要求学分绩点达到2.0(通常即加权平均分为70分)以上才能被授予学士学位,否则只能拿到毕业证书。

有些学校有特别要求,比如若出现考试作弊的行为,毕业时只能拿到毕业证书,不能授予学士学位。目前我国大学的学位证书已不与大学英语四级考试挂钩。

学士学位证书与毕业证书的式样如图1-1所示。可在http://www.chsi.com.cn/(中国高等教育学生信息网)上查询学历证书。

(4) 学士学位的类别 学士学位的类别与我国学科门类是对应的,12个学科门类分别授予相应的学位。学士学位的类别分为:理学、工学、农学、管理学、经济学、医学、教育学、哲学、历史学、文学、法学、艺术学12种学士学位。少数交叉性专业可以授予2种学位,可由学生自主选定某一种学位。

车辆工程专业类属于工学学科门类下的一个专业,所以,应授予工学学士学位。

图 1-1 学士学位证书与毕业证书的式样
a) 学士学位证书 b) 毕业证书

二、车辆工程专业的内涵

1. 车辆的概念

车辆是"车"与车的单位"辆"的总称。所谓车,是指陆地上用轮子转动的交通工具;所谓辆,来源于古代对车的计量方法。那时的车一般是两个车轮,故车一乘即称一两,后来才写作辆。由此可见,车辆的本义是指本身没有动力的车,用马来牵引的称为马车,用人来拉或推的称为人力车。随着科学技术的发展,又有了用蒸汽机来牵引的汽车、火车等。这时车辆的概念已经悄悄起了变化,成为所有车的统称。

通常,人们把在道路上行驶的"车辆"分为机动车和非机动车。"机动车",是指以动力装置驱动或者牵引,上道路行驶的供人员乘用或者用于运送物品以及进行工程专项作业的轮式车辆。"非机动车",是指以人力或者畜力驱动,上道路行驶的交通工具,以及虽有动力装置驱动但设计最高时速、空车质量、外形尺寸符合有关国家标准的残疾人机动轮椅车、电动自行车等交通工具。

车辆工程专业所研究的车辆,不仅包括道路上行驶的汽车、摩托车,轨道上行驶的火车(机车),还包括非道路上行驶的工程机械、军事车辆、拖拉机等,如图 1-2 所示。

2. 工程的概念

工程是将自然科学原理应用到工农业生产部门中去而形成各学科的总称。

"工程"是科学的某种应用,通过这一应用,使自然界的物质和能源的特性能够通过各种结构、机器、产品、系统和过程,以最短的时间和精而少的人力做出高效、可靠且对人类有用的东西。

随着人类文明的发展,人们可以建造出比单一产品更大、更复杂的产品,这些产品不再是结构或功能单一的东西,而是各种各样的所谓"人造系统"(比如建筑物、轮船、铁路工程、海上工程、飞机、汽车等),于是工程的概念就产生了,并且它逐渐发展为一门独立的学科和技艺。

在现代社会中,"工程"一词有广义和狭义之分。

就狭义而言,工程定义为"以某组设想的目标为依据,应用有关的科学知识和技术手

第一章 认识车辆工程专业

图1-2 车辆的类别
a) 汽车 b) 摩托车 c) 火车（机车） d) 军事车辆 e) 工程机械 f) 拖拉机

段，通过一群人的有组织活动将某个（或某些）现有实体（自然的或人造的）转化为具有预期使用价值的人造产品过程"，如车辆工程、机械工程、水利工程、化学工程、土木建筑工程、遗传工程、系统工程、生物工程、海洋工程、环境微生物工程等。

就广义而言，工程则定义为"由一群人为达到某种目的，在一个较长时间周期内进行协作活动的过程"，如城市改建工程、京九铁路工程、"菜篮子"工程、"神舟七号"载人飞船工程、阿波罗工程（Apollo Project）、中国探月工程（嫦娥工程）（图1-3）等。

3. 车辆工程的概念

车辆工程是研究汽车、拖拉机、机车车辆、军用车辆、摩托车及其他工程车辆等陆上移动机械的理论、设计及制造技术的工程技术领域。

车辆工程不仅涉及机械、材料、能源、化工等学科，还涉及电子工程、计算机、测试计量技术、控制技术、环境等学科。它们相互渗透、相互联系，并进一步涉及医学、生物学、心理学等领域，形成一门涵盖多种高新技术的综合性学科和工程领域。

通俗来讲，车辆工程就是关于各种车辆的研究、设计、制造、试验、使用、管理等的科学技术。当今车辆工业，尤其是汽车工业，几乎聚焦了所有的先进技术，如新材料、控制理论、加工等，是一个应用面广、发展速度快的行业，需要大量的研究开发人员和工程技术人员。

4. 车辆工程专业的概念

车辆工程专业是以有关的自然科学、技术科学为理论基础，结合生产实际中的技术经

图1-3　中国探月工程（嫦娥工程）

验，研究和解决在开发、设计、制造、试验、运用、维修各种车辆中的全部理论和实际问题的应用学科。

第二节　车辆工程专业的发展

一、传统的"汽拖"和"汽运"本科专业

早在20世纪30年代，我国清华大学机械工程学系就设立了飞机及汽车组，开设了内燃机课程。清华大学是我国最早设置汽车专业的大学。

1952年，全国高校院系进行大调整，我国开始仿照苏联模式，对全国高等学校的院系进行全盘调整，将中国一举纳入苏联模式教育体系。这场教育体制改革，涉及全国3/4的高校，形成了20世纪后半叶中国高等教育系统的基本格局。调整于1953年结束。经过调整后，全国高校数量由1952年之前的211所下降到1953年后的183所。

在此次院系调整中，首次在清华大学等一些大学中设置了汽车专业、汽车拖拉机专业，学制五年。

在此以后，又先后开设了汽车工程专业、汽车运用工程专业、拖拉机专业等专业。

至20世纪80年代末，国内有18所高校设置了汽车与拖拉机专业，7所高校设置了汽车运用工程专业。表1-2列出了不同历史时期我国教育部门对汽车专业的定位情况。

表1-2　不同历史时期我国教育部门对汽车专业的定位情况

年　代	专　业	定位情况
20世纪50年代	汽车拖拉机	分为四个专门化：汽车、拖拉机、汽车拖拉机发动机和汽车运输。毕业后能担任汽车、拖拉机或发动机的设计、制造、装配、运用、保修及试验工作
20世纪60年代	汽车拖拉机	毕业后能在汽车或拖拉机制造厂、运输企业中保修场站等部门担任汽车、拖拉机或发动机的设计、制造、装配、运用、保修及试验工作

第一章 认识车辆工程专业

(续)

年代	专业	定位情况
20世纪80年代	汽车	本专业分设汽车专门化及车身专门化。毕业后，能在汽车工业部门及其科学研究机构担任汽车设计及汽车方面的研究工作，并能在学校担任教学工作
	汽车运用及修理	本专业所培养的人才要求能设计汽车及发动机的各个总成和零件，能设计汽车机件的制造、修理及技术保养工艺过程；能设计保养、修理、试验及卸装用的各种机械仪器和工具；能进行汽车和发动机的各项研究试验工作
	汽车与拖拉机	培养从事汽车与拖拉机设计、试验、研究、制造的高级工程技术人才。本专业主要学习机械设计的基础理论与方法及汽车、拖拉机性能的分析方法，解决汽车与拖拉机的整机与零、部件的设计问题
	汽车运用工程	培养能应用现代科学技术手段进行汽车运用试验、研究和从事汽车运输、使用系统设计与管理的高级工程技术人才。本专业学生主要学习公路运输车辆及其装备、电子技术、汽车运输规划和管理方面的基础理论与科学方法

可以注意到，在汽车专业的发展前期，"汽运"只是"汽拖"专业的一个专门化方向，这与当时的师资力量和社会需求是相适应的。但随着工农业生产的发展，开始大量使用汽车和拖拉机，如何保证其技术性能的完整，成为当时国民经济建设中一个亟须解决的问题。1956年，吉林工业大学在苏联专家的援助下开设了"汽运"专业。此后，"汽拖"和"汽运"专业针对不同的研究对象，逐步发展为相对独立的学科。

一般而言，"汽拖"专业侧重于设计、制造，"汽运"专业侧重于维修、运用。在课程设置上，两个专业的主干课程都包括力学、机械等基础课，以及"汽车构造""汽车理论""发动机原理"等专业课。在毕业生的使用方向上，"汽拖"专业的学生也有去运用部门的，"汽运"专业的学生也有去生产企业的。这两个专业都为我国的汽车产业培养了大量人才。

二、新的"车辆工程"本科专业

新中国成立以来，我国大学本科专业设置和调整进行了多次演变，在不同的经济体制和高等教育发展的不同阶段，大学专业的设置和调整具有不同的特点。

20世纪90年代以来，为了解决本科专业划分过细的状况，我国又进行了几次大规模的专业调整工作（1993年、1998年、2012年、2020年）。2021年、2022年又进行了微调。

我国几次大学本科专业调整后的专业种数见表1-3。

表1-3 我国几次大学本科专业调整后的专业种数

年份	1957年	1958年	1962年	1963年	1965年	1980年	1987年	1993年	1998年	2012年	2020年	2021年	2022年
专业种数	323	363	627	432	601	1039	671	504	249	506	703	740	771

本科专业目录修订是一项关系高等教育改革发展全局的重要工作，对于全面提高高等教育质量特别是本科人才培养质量具有重要的基础性、全局性、前瞻性、导向性的作用。

1. 1993年的本科专业调整

1993年，根据经济社会发展的需要，国家形成了体系完整、比较科学合理、统一规范的《普通高等学校本科专业目录》，将学科划分为哲学、经济学、法学、教育学、文学、历史学、理学、工学、农学、医学 10 个门类，下设 71 个二级学科门类，专业种数由 671 减少到 504。这次调整使专业种数进一步减少，专业口径进一步拓宽，专业设置开始以学科性质和学科特点作为基本依据，突破了与行业、部门相对应的传统模式，成为我国大学专业设置、划分走向科学化、规范化的标志。

在 1993 年的本科专业目录中，机械类下设了 17 个专业，分别是机械制造工艺与设备、热加工工艺及设备、铸造、塑性成形工艺及设备、焊接工艺及设备、机械设计及制造、化工设备与机械、船舶工程、汽车与拖拉机、机车车辆工程、热力发动机、流体传动及控制、流体机械及流体工程、真空技术及设备、机械电子工程、工业设计和设备工程与管理。保留了汽车与拖拉机、机车车辆工程专业。另外，在交通运输类设有载运工具运用工程专业，主要培养汽车运用人才。

2. 1998 年的本科专业调整

1998 年的本科专业调整，目的是使学科专业适应我国社会主义市场经济体制和加快改革开放的需要，适应现代社会、经济、科技、文化及教育的发展趋势，改变高等学校长期存在的专业划分过细、专业范围过窄、专业门类之间重复设置等状况。经过调整，专业种数由 504 减少到 249。这次调整突出的特点是按照学科设置专业，强调了人才培养的社会适应性。

在 1998 年专业调整中，取消了汽车与拖拉机专业，汽车与拖拉机专业被并入了机械设计制造及其自动化大专业，载运工具运用工程专业被并入了交通运输大专业。

在 1998 年的本科专业目录中，机械类仅设 4 个专业，分别是机械设计制造及其自动化、材料成型及控制工程、工业设计、过程装备与控制工程。

由于教育部规定，各院校均不再设有以"车"冠名的专业，所以许多学校将汽车与拖拉机、机车车辆工程专业均纳入机械设计制造及其自动化专业，载运工具运用工程专业并入交通运输专业，即取消了与汽车、拖拉机、机车等相关的专业。

3. 2012 年的本科专业调整

在我国的教育体制中，普通高等院校的招生和学生培养都必须依照教育部下发的专业目录进行。随着时间的推移和形势的发展，为增加高等院校的自主办学范围，国家又出台了一个引导性的专业目录，目的是扩大专业口径，加强素质教育，希望能够按照大类专业招生。为了进一步适应市场的变化和人才的培养，国家鼓励一些有实力的院校，如 985 学校、211 工程学校，在师资力量雄厚、市场有需求的条件下，可以自行设置国家目录外的专业进行招生和学生培养，但是其设置的专业需要备案，本科专业需要在教育部或者主管部门备案，如教育部学校在教育部备案，地方院校在省教育厅备案等。

4. 2020 年的本科专业调整

为进一步加强本科专业建设，适应经济社会发展需求，建构布局合理、结构优化、特色突出的学科专业体系，坚持需求导向、标准导向、特色导向的方针，自 2012 年以来，教育部对本科专业不断进行了调整，从 2012 年的 506 个专业调整到 703 个专业。其中，基本专业由 352 个减少至 321 个，特设专业（T）由 154 个增加至 290 个。另外，增设国家控制布点专业（K）31 个，既是特设专业又是国家控制布点专业（TK）61 个。

随着智能制造、大数据、人工智能、网络空间安全等新产业的高速发展，根据以产业需求建专业的方针,机械类专业在2012年的12个专业的基础上,又增加了4个特设专业,分别是智能制造工程(080213T)、智能车辆工程(080214T)、仿生科学与工程(080215T)、新能源汽车工程(080216T)。

在普通高等学校本科专业目录(2020年版)中,车辆工程仍为机械类专业中的一个基本专业,专业代码为080207。

自1993年后,我国汽车工业得到突飞猛进的发展,进入了加速增长期。我国汽车产量从年产100万辆(1992年)到200万辆(2000年)用了8年时间,但从2001年的246万辆到2006年的728万辆,平均每年增加近100万辆,截至2021年底,我国汽车保有量已达到3.02亿辆,汽车产业已成为我国工业的主要支柱产业,与此同时,拖拉机、机车行业也得到迅速发展。

为此,经有关学校申报,1998年,教育部又批准同意设置车辆工程(专业代码:080306W)、汽车服务工程(专业代码:080308W)等281个目录外专业,用后缀"W"以示区别。各相关高校纷纷加大了对汽车相关专业的人力和物力投入,积极申办车辆工程专业。

至2020年,全国设置有车辆工程专业的高校已达261所。这些高校有的是原来就开设有"汽拖"和(或)"汽运"专业的,也有的是在机械或交通专业的基础上全新开办的。

1999~2020年度经教育部备案或批准设置车辆工程专业的学校名单(部分)见表1-4。

表1-4 1999~2020年度经教育部备案或批准设置车辆工程专业的学校名单(部分)

年 份	学 校 名 称	数量
1999年	清华大学、吉林大学、武汉理工大学	3
2000年	江苏理工大学(现江苏大学)、合肥工业大学、湖南大学、重庆大学	4
2001年	北京航空航天大学、中国农业大学、大连铁道学院、辽宁工学院、同济大学、南京航空航天大学、山东工程学院、洛阳工学院、湖北汽车工业学院、华南理工大学、西南交通大学、四川工业学院、西北工业大学、长安大学	14
2002年	河北工业大学、燕山大学、沈阳工业学院、哈尔滨工业大学、黑龙江工程学院、扬州大学、南京理工大学、福州大学、福建农林大学、武汉科技大学、广西工学院、重庆交通学院、重庆工学院、西南林学院	14
2003年	北京科技大学、山东大学、北京机械工业学院、沈阳工业大学、淮阴工学院、杭州电子工业学院、浙江科技学院、安徽工业大学、安徽工程科技学院、福建工程学院、南昌大学、山东建筑工程学院、山东交通学院、长沙理工大学、广东工业大学、华南农业大学、西南农业大学、昆明理工大学、兰州交通大学	19
2004年	沈阳航空工业学院、浙江工业大学、集美大学、九江学院、山东科技大学、青岛理工大学、河南工业大学、华南热带农业大学、云南农业大学、西安理工大学	10
2005年	中国石油大学(华东)、中北大学、上海理工大学、厦门理工学院、南昌大学科学技术学院*、临沂师范学院、潍坊学院、中原工学院、西安科技大学	9
2006年	太原理工大学、内蒙古农业大学、哈尔滨理工大学、安徽农业大学、安徽科技学院、华东交通大学、南昌工程学院、烟台大学、山东农业大学、邵阳学院、广东白云学院、北京理工大学珠海学院*	12
2007年	南京农业大学、北京林业大学、大连理工大学、河北科技大学、河北农业大学、太原理工大学现代科技学院、内蒙古科技大学、沈阳航空工业学院北方科技学院、上海工程技术大学、南京工程学院、安徽农业大学经济技术学院、广东技术师范学院、广西工学院鹿山学院*	13
2008年	东北大学、西安交通大学、华侨大学、石家庄铁道学院、燕山大学里仁学院*、太原科技大学、沈阳大学、佳木斯大学、上海电机学院、南京林业大学、江苏技术师范学院、安徽工程科技学院机电学院*、河南理工大学、襄樊学院、广东技术师范学院天河学院	15

（续）

年份	学校名称	数量
2009年	中南大学、天津工程师范学院、北京化工大学北方学院*、中北大学信息商务学院*、内蒙古工业大学、长春大学、东北农业大学、哈尔滨工业大学华德应用技术学院*、苏州大学、南京工业大学、金陵科技学院、集美大学诚毅学院*、聊城大学、烟台大学文经学院*、洛阳理工学院、成都学院	16
2010年	大连民族学院、河北工程大学、盐城工学院、安徽理工大学、滨州学院、黄河科技学院、湖南农业大学、广西大学、吉林大学珠海学院*	9
2011年	北京交通大学、北京建筑工程学院、北华航天工业学院、北华大学、长春师范学院、东北石油大学、江苏科技大学、宁波工程学院、蚌埠学院、河海大学文天学院*、三明学院、江西蓝天学院、华东交通大学理工学院*、潍坊科技学院、新乡学院、湖南科技大学、湖南涉外经济学院、佛山科学技术学院	18
2012年	东北林业大学、天津科技大学、大连大学、齐齐哈尔工程学院、常熟理工学院、宁波大学、郑州科技学院、郑州华信学院、钦州学院、桂林航天工业学院、三亚学院、四川理工学院、攀枝花学院、兰州工业学院、西安科技大学高新学院*、河北工程大学科信学院*、河北农业大学现代科技学院*、北京交通大学海滨学院*、苏州大学文正学院*、苏州大学应用技术学院*、长江大学工程技术学院*、浙江工业大学之江学院*	22
2013年	西北农林科技大学、辽宁工程技术大学、长春工业大学、常州大学、常州工学院、同济大学浙江学院、龙岩学院、福州大学至诚学院、济南大学、曲阜师范大学杏坛学院、河南工程学院、湖北理工学院、南华大学、贵州大学、云南工商学院、陕西理工学院、兰州交通大学博文学院	17
2014年	河北科技学院、吉林化工学院、三江学院、滁州学院、厦门大学嘉庚学院、江西农业大学、南昌工学院、鲁东大学、烟台南山学院、青岛黄海学院、山东华宇工学院、郑州轻工业学院、郑州航空工业管理学院、河南理工大学万方科技学院、湖南交通工程学院、肇庆学院、桂林电子科技大学、贵州工程应用技术学院、西安建筑科技大学、咸阳师范学院、西安思源学院	21
2015年	华北理工大学、河北建筑工程学院、唐山学院、河北科技大学理工学院、长春工业大学人文信息学院、长春科技学院、上海第二工业大学、江苏师范大学、南通理工学院、温州大学、嘉兴学院、江西工程学院、景德镇陶瓷学院科技艺术学院、黄冈师范学院、武汉商学院、韶关学院、广东理工学院、西安航空学院、西安交通工程学院、甘肃农业大学	20
2016年	北京城市学院、山西农业大学、南京工业大学浦江学院、浙江水利水电学院、安庆师范学院、安徽文达信息工程学院、青岛恒星科技学院、信阳学院、商丘学院、郑州成功财经学院、河南工学院、重庆邮电大学移通学院、西南交通大学希望学院	13
2017年	同济大学、浙江大学、天津中德应用技术大学、山西能源学院、大连科技学院、合肥学院、江西理工大学、德州学院、商丘工学院、郑州财经学院、郑州工程技术学院、重庆人文科技学院、云南经济管理学院	13
2018年	唐山师范学院、吉林工程技术师范学院、宁德师范学院、厦门工学院、华北水利水电大学、广州大学松田学院、广州航海学院、塔里木大学、咸阳师范学院、西安思源学院	10
2019年	内蒙古大学、黑龙江工商学院、温州大学瓯江学院、安徽三联学院、中南林业科技大学、深圳技术大学	6
2020年	北京交通大学、无锡学院、湘潭理工学院、成都工业学院、邵阳学院	5
合计		283

注：学校名称加有"*"者为经教育部批准和确认的独立学院。

自1998年以来，经教育部备案或批准设置的普通高等学校本科各专业名单很多，一些目录外的专业招生得到用人单位的认可。为此，需要将原目录外的专业纳入正式专业。

2012年，教育部对普通高等学校本科专业目录再一次进行修订，目的是优化专业结构布局，适应经济建设和社会发展对人才的需求，充分利用教育资源。

在2012版的普通高等学校本科专业目录中，除1998~2011年设置的目录外专业，一部分纳入基本专业，一部分转为特设专业。车辆工程专业首次从目录外专业转正为目录内的专业，专业代码由080306W改为080207。

第三节 车辆工程专业的培养目标与模式

一、车辆工程专业的培养目标

车辆工程专业的基本培养目标是：培养掌握机械、电子、计算机等全面工程技术基础理论和必要专业知识与技能，了解并重视与汽车技术发展有关的人文社会知识，能在企业、科研院（所）等部门，从事与车辆工程有关的产品设计开发、生产制造、试验检测、应用研究、技术服务、经营销售、管理等方面的工作，具有较强的实践能力和创新精神的高级专门人才。本专业主要要求学生系统学习和掌握机械设计与制造的基础理论，学习微电子技术、计算机应用技术和信息处理技术的基本知识，受到现代机械工程的基本训练，具有进行机械和车辆产品设计、制造及设备控制、生产组织管理的基本能力。

由于办学历史不尽相同，各高校的车辆工程专业在师资力量、实验条件上会有不同的侧重点。作为一个新设置的本科专业，车辆工程专业不应该是由原来的"汽拖"或"汽运"专业简单地"改名换姓"而成，而应该适应当前经济的发展和技术的进步，积极调整、大胆创新。

如何处理好本科专业与学科的关系，是近年来高教研究的一个热门课题。有关文献认为"专业不是某一级学科，而是处在学科体系与社会职业需求的交叉点上""确定专业口径的原则，应当是该专业的人才培养计划是否适应其所面向的社会职业领域的需要，而不是能否与某个学科的范围相一致"。教育部则进一步指出"对重点高校，设置专业时考虑学科的需求会重一些；对于一般院校，则更多的是考虑社会需求，不一定强求厚学科基础"。为此，同一个专业，各学校的培养目标是不同的，车辆工程专业也是如此。

对于车辆工程专业，各学校的研究对象是不同的，有的学校侧重汽车，有的学校侧重工程机械，有的学校侧重军用车辆，有的学校侧重轨道车辆，有的学校侧重摩托车，有的学校侧重拖拉机。即使研究对象相同，如均是以汽车为研究对象，有的学校以汽车设计为目标，有的学校以汽车试验与检测为目标，有的学校以汽车营销与物流为目标。即便均是以汽车设计为目标，有的侧重汽车底盘设计，有的侧重车身设计，有的侧重发动机设计，有的侧重汽车电子设计。

我国几所高校车辆工程专业的培养目标见表1-5。

表1-5 我国几所高校车辆工程专业的培养目标

学校名称	车辆工程专业的培养目标
清华大学	培养德智体全面发展的汽车工程高级技术人才，本科毕业生应具有扎实而全面的工程科学和技术基础知识，了解并重视与汽车技术发展有关的人文社会科学知识，有较强的实践能力和创新精神，能从事与汽车工程有关的设计、试验、教学和管理工作

（续）

学 校 名 称	车辆工程专业的培养目标
北京理工大学	培养具有社会责任感和工程职业道德，具备扎实的数学、力学等自然科学知识和良好的人文社会科学素养，系统地掌握车辆工程领域所必需的基础理论和专业知识，具有国际视野和国际交流与合作能力以及较强的工程实践能力和创新意识，掌握汽车总体、主要零部件、电子控制及信息、电动汽车等现代汽车技术，能够在车辆工程领域从事产品开发与设计、生产制造、试验和科学研究的工程专业技术人才
吉林大学	培养适应社会主义现代化建设和未来社会与科技发展需要的，德智体全面和谐发展与健康个性相统一，具有创新精神、实践能力和国际视野，并富有良知和责任感，具备从事机械工程工作所需知识基础，掌握车辆工程专业理论，具备科学研究、设计开发与技术管理等能力的车辆工程高级专门人才。学生毕业后能从事与车辆工程相关的设计、制造、试验、管理、科研和教学等工作
武汉理工大学	培养具有扎实的自然科学和人文社会科学基础知识，具有良好的道德品质和社会责任感，具有一定的国际视野，具备扎实的机械工程和车辆工程专业基础理论知识与应用能力，具有良好的工程实践能力和现代工程工具使用能力，具有团队合作精神和创新能力的工程技术人才
湖南大学	培养德、智、体、美全面发展，能从事汽车及相关机械产品设计、制造、试验、研究、管理和外贸工作的复合型高级工程技术人才，同时选拔部分优秀学生向研究型人才发展。学生可在汽车、摩托车、机械等行业的制造企业、研究院（所）和试验中心等从事相关的产品研究与设计、制造、试验研究、产品开发、销售与管理工作
江苏大学	培养知识结构合理、具有创新精神的从事以汽车为主的车辆设计、制造、研究、试验、运用与管理等工作的高级工程技术人才。通过学习，毕业生应具有扎实的数学、力学、电工电子学、计算机应用以及车辆工程等方面的基础理论和相关的专业知识，掌握现代汽车的设计理论与应用技术。通过学习，学生具备进行汽车产品研究、设计、制造与开发、试验与检测、维修与管理的能力
同济大学	培养面向未来，德、智、体、美全面发展，"知识、能力、人格"三位一体，掌握车辆工程学科的基本原理和基本知识，具有扎实的基础理论、宽厚的专业知识，获得工程师的基本训练，具备良好职业素养、较强工程实践、一定的工程研究及创新能力，具备能从事车辆工程领域内的设计制造、系统集成、科研开发、应用研究、产品管理或营销等方面工作的能力，具有较强社会责任感、国际视野的创新性实践型工程技术人才
南京农业大学	依据学校办学定位，面向汽车与拖拉机行业，培养适应国家经济建设和社会发展需求，系统掌握车辆工程及相关学科的基础理论、专业知识与基本技能，具有国际视野、良好的人文与职业素养、团队合作意识、创新意识、工程实践能力和自主学习能力的高级工程技术人才。学生毕业5年后，能成为上述相关领域的产品设计与开发、制造与试验、检测与技术管理等方面的业务骨干

二、对车辆工程专业培养目标的理解

高等学校车辆工程专业培养人才的目的，是塑造能为祖国社会主义现代化建设服务的第一线的汽车工程师。由于在学校进行的是工程师的基本（或初步）训练，学生毕业后只能是助理工程师。他们必须经过一定的实践锻炼和考核，才能成为工程师。

第一章 认识车辆工程专业

 小知识：何谓工程师？

　　工程师是指具有从事工程系统操作、设计、管理、评估能力的人员。工程师的称谓，通常只用于在工程学其中一个范畴持有专业性学位或相等工作经验的人士。按职称（资格）高低，分为：研究员级或教授级高级工程师（正高级）、高级工程师（副高级）、工程师（中级）、助理工程师（初级）。

　　工程师（Engineer）和科学家（Scientists）往往容易混淆。科学家努力探索大自然，以便发现一般性法则，工程师则遵照此既定原则，在数学和科学上，解决一些技术问题。科学家研究事物，工程师建立事物，这一想法，可视为表达这句话："科学家们问为什么，工程师问为什么不去做呢？（意指科学家探索原理，工程师懂了原理就想实现其应用）"（Scientists ask why，Engineers ask why not）。科学家探索世界以发现普遍法则，但工程师使用普遍法则以设计实际物品。

　　车辆工程专业所培养的未来工程师，属于技术家的范畴。本科阶段的学习，其中更为重要的是打好扎实的技术科学理论基础。大学生在学习过程中既要重视基础科学和技术科学的学习，又要重视本专业工程基础，而且在学好基础科学和技术科学理论的基础上，要更加重视本专业工程技术相关技能的学习和应用。

 小知识：技术家与科学家的区别。

　　科学家是指专门从事科学研究的人士，包括自然科学家和社会科学家两大类。所有自然科学和社会科学的研究人员，达到了一定的造诣，获得了有关部门和行业内的认可，均可以称为科学家。按照这样的说法，无论是数学家、物理学家和化学家，还是哲学家、文学家和思想家，都应当属于科学家的分类。凡可以称为科学家的都是一些成功人士，如：英国物理学家牛顿，波兰天文学家哥白尼，以及居里夫人、爱因斯坦和中国的农学家袁隆平等。

　　技术家是指专业从事技术工作的专家，如工程师、农艺师、医师、会计师等。

　　社会对人才的需求和学校对人才的培养之间存在着两个根本矛盾：一是社会需求的多样性和学校培养人才的规格较为单一之间的矛盾；二是社会需求的多变性和学校教学的相对稳定性之间的矛盾。此外，人的个性发展需要和学校规定的学习内容之间也不一定协调。因此，大学生在学好本专业规定的必修课之外，还应该具备一些其他知识，以适应多样和多变的社会需求和个性化发展的需要。

　　培养目标"高级工程技术人才"中的"高级"二字，是相对于高等工程教育、中等工程教育而言的。高等教育培养的人才有四个层次：博士研究生、硕士研究生、本科生、大专或高职生。高等教育所培养的人才都称为"高级人才"；属于中等教育的中学和中专所培养的人才均称为"中级人才"。但我们必须十分清楚，培养高级工程技术人才绝不是说工科大学生毕业后就马上成了高级人才，而是要经过较多的实践锻炼并在工程实践中做出较大贡献

17

后才有可能成为高级人才,获得高级人才称号,如高级工程师、研究员、教授等。

三、培养模式

人才培养模式是指在一定的现代教育理论、教育思想指导下,按照特定的培养目标和人才规格,以相对稳定的教学内容和课程体系、管理制度和评估方式,实施人才教育的过程的总和。

车辆工程专业的人才培养模式有很多,通常有研究型、创新型、应用型、产学研合作型、卓越工程师型等,各个学校根据自身的特点,采用不同的模式来培养学生。以下主要介绍产学研合作型培养模式和卓越工程师型培养模式。

1. 产学研合作型培养模式

产学研合作教育作为一种将理论学习与实际工作结合起来的教育计划,在我国有着广阔的发展前景,因此在我国发展产学研合作教育是十分必要的。不同人才培养层次定位满足不同人才需求层次,人才培养层次定位不同可以采用不同的产学研合作教育模式。

(1) 层级 根据学校定位不同,产学研培养模式有研究型大学和一般性大学两个层级。

1) 研究型大学。立足于培养高层次、高水平、有研究能力的创新拔尖人才,一般可以选择以科研课题为中介的合作教育模式。其主要目标在于通过科学研究和项目合作,培养学生的研究能力和大型项目的组织和管理能力,而且通常是在研究生阶段或本科高年级阶段使用。例如,美国四所一流的研究型大学——加州大学伯克利分校、哈佛大学、麻省理工学院和斯坦福大学与企业建立合作研究中心,这种合作研究中心是吸引美国联邦、州和企业研究基金及其他基金资助的一个重要机构,其选题特点是针对某一行业带有普遍性的技术问题进行探索,相当于应用研究。又如,华南理工大学研究生院大胆尝试"贯通式"研究生产学研合作培养模式,该模式集研究生教育、课题研究和就业于一体,是根据学校、企业和研究院(所)对研究生培养的总体要求而提出的一种"全程设计、分段实施、产学联合、贯穿到底"的崭新培养模式。

2) 一般性大学。主要培养高素质应用型专门人才,如工程师、经济师等。大学本科这一层次的多数高校都采用社会实践和生产实习模式,把合作教育直接纳入教育教学计划做整体规划,作为培养学生专业实践能力的方法。社会实践和生产实习模式是在学校坚持正常的理论知识教学,当教学运转到实践教学环节时将学生带到企业,在企业进行实践教学和实习,这个环节完成后再回到学校,如此往复以至学生完成学业。近些年来,在开展产学研合作教育的过程中,许多一般性大学借鉴高职院校的成功做法,结合人才培养工作的实际,创新出一些适合一般性大学人才培养的合作教育模式。比如,"3+1"教育模式,这种模式是学校和企业共同完成教育教学工作,用学校和企业两个育人环境共同造就学生。这种模式,企业和学校都成了教育的主体,都对学生的教育和培养质量负责。学生在前3学年完成学校培养计划,企业在第3学年后期或第3学年开学初到学校选拔(或储备)人才,并将企业培养员工的部分内容前置到大四,学生的毕业实习、毕业设计均要结合企业要求。学生在第4学年在完成学校规定的环节外,还要完成企业的培养环节。还有的高校设计了"521"模式,"521"模式是指在大学4年中,第1~5学期基本上以学校教学为主,辅以生产实习、模拟实习、社会调研等实践教学;第6、7学期,学生到各个实习单位(基地、联合体等)

进行专业实践；第8学期，学生根据专业实践情况，有方向地选择选修课程并完成毕业设计（论文）。

（2）运行机制 产学合作教育运行机制的核心是寻求高校、企业、学生三方利益的共同点，因此，高校、企业、学生三方需求是建立产学合作教育运行机制的基础。而其中了解企业的需求，吸引企业参与产学合作教育则是建立长期、稳定的运行机制的关键。高校应针对企业的不同需求，寻找产学合作教育的切入点，是建立产学合作教育运行机制的前提；产学合作教育运行机制建立后的规范化运作是其发挥效益的关键；而高校与企业随时沟通，根据企业的变化进行动态调整，是产学合作教育运行机制长期稳定运行的保障。

产学合作教育运行机制从不同对象层面讲，主要有以下几个方面：

1）从学校层面而言，要进一步深化教育教学改革，培养"双师型"教师队伍。要制订合理的教学计划和大纲，优化专业课程建设。在对行业和企业进行充分调研的基础上，由行业、企业专家组成的专业指导委员会把关，制订与修改人才培养方案和课程体系。与行业、企业共同进行课程建设与开发，包括课程教学大纲的确定、课程评价标准的制定、教材的编写等，增强企业标准与教育标准的融合。不断完善学分制教学管理，要利用学分制的弹性特点，为合作教育提供条件，如可以对企业的培养环节进行学分认定。要引入适合产学研结合的新教学方法。实践证明，项目法、现场实训法、课题研究法、培训法、情景教学法、案例教学法都是行之有效的产学研结合方法。要有一支"双师型"教师队伍来保障合作教育的持续性。在培养"双师型"教师队伍时，高校可以利用企业的环境培训缺乏实践经验的青年教师，同时也可以利用企业的技术资源使教师及时学习先进的主流技术；企业则可以借助高校的师资以科研课题的形式解决企业生产实践中的实际问题，还可以借助高校的师资进行客户培训、员工培训。

2）从企业（或研究所）层面而言，应打破传统的市场买卖观念，即"公司为买方，学校为卖方"这个规则，应该建立一种新的平等的合作关系。人才培养合作中，企业不是买方，更不是旁观者，因此培养的实现过程都必须共同参与，甚至有些内容应以企业为主。在开展合作教育时，需要投入相当的人力和财力，这就需要企业从长远着手考虑效益。要认识到开展合作教育能够降低人力资源成本，减少在"工作阶段培训"方面的时间投入；培养潜在的客户群，树立企业形象；借助高校的师资、技术、场地、设备进行产品改造、产品研发、培训等。

3）从学生层面而言，学生是合作教育的主体，学生要以主人翁精神参加合作教育，变被动学习为主动学习。学生通过理论联系实际，逐步养成在实践中发现问题和解决问题的实际动手能力；学会适时地进行自我调整，不断提高自身的思想认识水平和工作责任心，养成务实的工作态度，更好地适应社会。开展合作教育时，要重视对学生潜力的挖掘，为学生提供锻炼和展示才能的机会，在开展业务培训的同时，可以开展职业生涯设计、素质拓展训练、团队精神培养等工作，全面提高学生的综合素质。

4）从政府层面而言，要加强政策引导，建立有效的激励机制，搭建产学研合作的平台。国家对产学研合作教育出台了许多政策、法规，地方政府要根据国家的法律、政策制定配套的专项法规及操作性强的实施办法，充分发挥政府职能，加大对高校和企业的调动力度。国内外经验表明，产学研合作教育初期，原始推动力来自政府。例如：加拿大的免税减税政策，从减轻企业的负担这一角度采取的一系列措施，提高了企业对产学研合作教育的积极性。

2. 卓越工程师型培养模式

（1）卓越工程师教育培养计划 简称"卓越计划"，是贯彻落实《国家中长期教育改革和发展规划纲要（2010—2020年）》和《国家中长期人才发展规划纲要（2010—2020年）》的重大改革项目，也是促进我国由工程教育大国迈向工程教育强国的重大举措。

"卓越计划"旨在培养造就一大批创新能力强、适应经济社会发展需要的高质量各类型工程技术人才，为国家走新型工业化发展道路、建设创新型国家和人才强国战略服务。

截至2020年，我国本科院校1270所（含本科层次职业学校21所），90%以上的本科院校均开设了工科类专业，这些本科院校都在开展各种形式的"卓越计划"工程教育。"卓越计划"对促进高等教育面向社会需求培养人才，全面提高工程教育人才培养质量具有十分重要的示范和引导作用。

按照"3+1"模式进行培养，即3年在校学习，累计1年与企业联合培养。3年在校学习的主要任务是着重进行工科基础教育，1年与企业联合培养的主要任务是进行工程实践的培养，主要任务是学习企业的先进技术、先进设备和先进企业文化，增强大学毕业生对企业的适应能力。

我国从2010年开始试点实行"卓越计划"，其中，第一批61所高校（2010年），第二批133所高校（2012年），第三批433个本科专业（2013年），第四批目前暂未公布。车辆工程专业试行"卓越计划"的主要有清华大学、北京理工大学、吉林大学等26所高校，见表1-6。

表1-6 车辆工程专业试行"卓越计划"的主要26所高校

批次	高校名称	数量
第一批	清华大学、北京理工大学、吉林大学、燕山大学、黑龙江工程学院、同济大学、江苏大学、福州大学、福建工程学院、南昌大学、武汉理工大学、湖南大学、西南交通大学、上海工程技术大学	14
第二批	大连交通大学、厦门理工学院、华东交通大学、烟台大学、青岛理工大学、河南科技大学、湖北汽车工业学院、兰州交通大学	8
第三批	淮阴工学院、扬州大学、安徽科技学院、同济大学	4

（2）培养特点 "卓越计划"具有以下三个特点：

1）行业企业深度参与培养过程。

2）学校按通用标准和行业标准培养工程人才。

3）强化培养学生的工程能力和创新能力。

（3）企业学习阶段 为了培养出具有较强的工程意识、工程素质、工程实践能力、自我获取知识的能力、创新素质、创业精神、社会交往能力、组织管理能力和国际视野的专业高素质人才，车辆工程专业本科（3+1）培养的学生需要完成分散在各个学期累计一年的企业阶段学习和实践。

1）企业学习阶段的学习与实践内容。企业学习阶段的学习与实践内容如下：

① 汽车专业课程。

② 汽车与零部件企业科研与生产过程。

③ 汽车与零部件企业文化。

④ 汽车与零部件企业管理技术。

⑤ 车辆工程专业企业实践。

⑥ 毕业设计。

2）企业学习阶段的目的和任务。企业学习阶段的学习与实践是车辆工程专业本科生培养方案中不可缺少的重要教学环节，是理论与实际相结合的极好学习方法。企业学习阶段学习与实践的主要目的和任务是：

① 在生产实践中了解专业、熟悉专业、热爱专业，在提高和巩固理论知识的同时，学习生产技术、试验技术、企业管理、企业与市场的关系、行业法规以及企业文化等方面的知识，训练观察和分析问题的能力，培养劳动观点，培养与企业的深厚感情。

② 为学生本科毕业后直接进入企业工作打下基础或为以后的硕士阶段学习打下基础。

③ 完成企业学习阶段的相关课程。

④ 完成本科毕业设计或论文。

3）企业学习阶段的基本要求。企业学习阶段的学习与实践是在学生已经学习了基础课程、技术基础课程和专业理论课程以后进行的，通过在国内知名汽车及零部件企业的生产实践，了解企业典型产品生产的全过程；通过在生产部门、装配部门、检测部门、设计部门及有关管理部门等轮岗实践，初步掌握产品的制作方法及制作工艺与制造流程；熟悉主要制作设备、检测设备等的结构类型、主要技术性能和工装具的组成，以及管理和经济效益等有关知识。为此特提出如下要求：

① 实践期间，每一个学生必须全面参观和了解实习单位的各个方面，通过轮岗了解各种工作岗位的工作特点；通过实践，培养劳动光荣的思想；了解或掌握实践单位主要产品的工艺、产品质量和设备情况，并随时记录与总结所学知识。

② 在不泄露企业技术、商业秘密的前提下，掌握典型产品的生产全过程（工艺、设备、产品数量与质量、成品率、生产率、经济效益等）、机械设备的流水线制造过程，收集整理在线生产的具体技术数据。

③ 在不泄露企业技术、商业秘密的前提下，学生还应该了解企业的企业管理和经营状况，建议对企业里现有的生产状况包括人才的使用、车间布置、设备运转、现行工艺、产品销售、生产效率等提出自己的看法。

④ 要求学生认真地讨论并解答"实践思考题"，分阶段做好实践小结，独立完成实践报告。实践结束时，按时提交一份完整的生产实践报告，并在企业完成本科毕业设计（论文）答辩工作。

4）企业学习阶段的内容和时间安排。在企业学习分两个阶段，各阶段的学习内容和时间安排有一定的差别。

① 企业学习阶段课程学习：企业学习阶段学习的课程由企业派出的技术人员讲授，并组织考试或考核，学生选修全部课程。

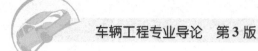

② 企业学习阶段生产实践：学生在企业学习阶段，应了解实践单位的生产线组成及其作用，企业产品制作设备的种类，产品的种类、性能及规格，产品使用范围、条件，产品的生产工艺流程等。

学生通过轮岗或跟班组的形式，在企业技术人员的指导下，完成企业学习阶段课程表中各实践环节的学习与实践。

第四节　车辆工程专业的人才素质

一、车辆工程专业对人才素质的要求

车辆工程专业所培养的毕业生应达到如下要求：

（1）**工程知识**　能够应用数学、自然科学等领域的理论与方法，以及工程基础和车辆工程等相关领域的专业知识、技能与工具，解决汽车及其零部件开发设计与生产过程中所面临的复杂工程问题。

（2）**问题分析**　能够应用数学、自然科学和工程科学的基本原理，对车辆工程领域复杂工程问题进行识别、定义和表达，进而分析复杂工程问题的关键环节和参数，并能通过归纳整理、分析鉴别等方法获得有效结论。

（3）**设计/开发解决方案**　在考虑安全与健康、法律法规与相关标准，以及经济、环境、文化、社会等制约因素的前提下，能够针对汽车及其零部件开发设计与生产过程中的复杂工程问题，利用车辆工程专业知识提出多个解决方案，设计满足特定需求的系统、单元或工艺流程，能够在设计环节中体现创新意识。

（4）**研究**　能够基于科学原理并采用科学方法对车辆工程领域的复杂工程问题进行研究，包括设计实验、分析与解释数据，并通过信息综合得到合理有效的结论。

（5）**使用现代工具**　能够运用至少一种计算机辅助软件进行汽车、拖拉机各系统、总成、部件的设计、绘制与分析，能够借助恰当的技术、资源、现代工程工具和信息技术工具，分析、预测和评价，并理解其局限性。

（6）**工程与社会**　能够基于工程相关背景知识进行合理分析，理解和评价车辆工业发展与工程实践对健康、安全、伦理、法律和文化问题的影响，并理解其应该承担的责任。

（7）**环境和可持续发展**　在车辆工程领域复杂工程问题实践中，能够理解和评价工程实践对环境、社会可持续发展的影响。

（8）**职业规范**　具有强烈的爱国热情，拥有健康的体魄，具有人文社会科学素养和社会责任感，能够在工程实践中理解并遵守工程职业道德和规范，履行责任。

（9）**个人和团队**　具有团队合作和在多学科背景环境中发挥作用的能力，理解个体、团队成员以及负责人的角色。

（10）**沟通**　具有在复杂工程活动中与他人和社会进行有效沟通的能力，包括能够理解和撰写效果良好的报告和设计文件，进行有效的陈述发言；具有一定的国际化视野，能够在跨文化背景下进行沟通和交流。

（11）**项目管理**　理解并掌握车辆产品在开发设计与生产过程中管理的基本原理和经济

决策方法，并能够应用于工程实践中。

（12）终身学习 对终身学习有正确认识，具有不断学习和适应发展的能力。

学生毕业五年左右应达到的目标：

学生毕业五年左右，应能独立开展相关工作，成为车辆工程领域的技术骨干或管理人员，达到以下目标：

1）具有良好的工程职业道德、追求卓越的态度、一定的人文素养、强烈的社会责任感及现代工程意识。

2）具有扎实的工程基础知识、车辆工程专业基础理论知识和工程实践能力，能够在车辆工程等相关领域从事汽车设计、制造、试验和管理等工作。

3）具有综合运用所学科学理论和方法，分析车辆工程相关问题、提出方案并解决相关实际问题的能力。具有较强的创新意识、车辆相关产品设计和开发以及技术改造和创新能力。

4）具有良好的身心素质，能通过不断学习来拓展知识和能力，具备终身学习和不断发展的能力。

5）具有较好的组织管理、交流沟通及团队合作能力；具有一定的国际化视野及跨文化交流与合作能力。

二、车辆工程专业人才素质的构成

车辆工程专业的人才素质包括知识结构、能力结构和素质结构三个方面，各个结构涵盖的主要内容见表 1-7。

表 1-7 车辆工程专业人才素质的构成

知 识 结 构	能 力 结 构	素 质 结 构
1）自然科学与人文社会科学 2）车辆工程基础 3）试验技能 4）工程应用与解决问题技能 5）相关学科的综合知识	1）领导能力 2）团队合作能力 3）交流能力 4）判决能力 5）科学试验、分析解决本专业工程技术问题的能力 6）自学能力和适应科技发展的应变能力 7）社会综合能力	1）创新 2）强烈的工作热情和责任感 3）对变化环境的适应性 4）开拓进取的创业精神 5）坚忍的意志

三、车辆工程专业人才的实践能力结构

专业实习成为本专业学习的一个重要环节。在生产车间里，"零距离"感受实体零件的加工制作以及工艺过程，把纯理论的知识拿到实际当中进行比较，检验自己的所学，在脑海中形成一个新的体系。课程设计是锻炼初步设计的能力，它综合各门专业课的知识，具体地解决某一个实际问题。车辆工程专业人才的主要实践能力结构见表 1-8。

表1-8 车辆工程专业人才的主要实践能力结构

专业基础实践	专业实践	专业综合运用实践
军事技能训练 金工实习 社会实践 机械设计课程设计 电工电子实习	车辆驾驶实习 车辆构造实习 车辆制造工艺实习 车辆设计实习	车辆综合实习（生产实习） 专业综合能力测试 专业文献综述训练 科学研究基础训练 毕业实习及毕业论文

第五节 车辆工程专业的课程设置

一、课程框架和学分要求

车辆工程专业覆盖面较宽，加之汽车新技术发展迅速，不同院校的车辆工程专业课程往往侧重点不同。同一所大学在不同时期的课程设置也不尽相同。课程设置还与师资构成有关。根据目前尽量压缩学时的总要求，要求总学分在 160 左右，每个学分为 16 学时，则车辆工程专业总学时应控制在 2560 左右。

车辆工程专业的课程框架和学分要求（某高校）见表 1-9。

表1-9 车辆工程专业的课程框架和学分要求（某高校）

课程体系	课程类别		课程性质	学分			
通识教育课程	公共必修课		必修	53		63	
	通识核心课		选修	10			
专业教育课程	专业必修课	学科基础课	必修	10	25	40	48	80
		专业基础课	必修	15				
		专业核心课	必修	15				
	专业选修课		选修	8			
	集中实践环节		必修	32			
素质拓展教育课程	素质拓展必修课		必修	5		17	
	素质拓展选修课		选修	12			
合计学分				160			

二、课程设置和修读要求

车辆工程专业的课程设置包括通识教育课程、专业教育课程和素质拓展教育课程三大部分，共需修满 160 个左右学分。

1. 通识教育课程

通识教育又称为普通教育、通才教育，是培养人的内核能力的教育，是提供基础知识广度的教育。这种宽广的知识教育能够帮助学习者了解自己与社会、了解文明与文化、了解科学与技术、了解过去与未来，从而逐步建立一套完整的知识体系框架。基于通识教育学习，学习者能够逐步形成自己的知识体系、价值理念、分析方法和认知能力，无论面对各种社会

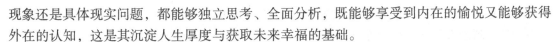

现象还是具体现实问题,都能够独立思考、全面分析,既能够享受到内在的愉悦又能够获得外在的认知,这是其沉淀人生厚度与获取未来幸福的基础。

通识教育的目标是:在现代多元化的社会中,为受教育者提供通行于不同人群之间的知识和价值观。

通识教育课程通常分为公共必修课、通识核心课两大部分。

(1) 公共必修课 是各专业的基础课,主要包括:思想政治理论类、英语类、计算机类、数理化类、军事体育类、创新创业基础类等部分。

1)思想政治理论类。主要有:思想道德修养与法律基础、中国近现代史纲要、毛泽东思想和中国特色社会主义理论体系概论、马克思主义基本原理、形势与政策等课程。

2)英语类。主要有:综合英语、高级英语读写、工科英语、商务英语、综合学术英语、高级综合英语等课程。

3)计算机类。主要有:信息技术基础、C语言程序设计、C语言程序设计实验等课程。

4)数理化类。主要有:高等数学、线性代数、概率论与数理统计、物理学、物理学实验、工程化学、工程化学实验、复变函数与积分变换、有限元与计算方法等课程。

工程教育认证标准要求:与本专业毕业要求相适应的数学与自然科学类课程至少占总学分的15%。所以,数理化类课程需要设置学分≥24学分(≥160学分×15%)。

5)军事体育类。主要有:军事技能训练、军事理论、体育等课程,其中,体育课程分四个学期进行,即体育Ⅰ、体育Ⅱ、体育Ⅲ、体育Ⅳ。

6)创新创业基础类。主要有:大学生创新创业基础、大学生创新训练计划(SRT)等课程。

(2) 通识核心课 由学校统一确定,主要包括:文学艺术、历史研究、社会分析、哲学方法、科学探索、外国文化等几大类。学生按类选修,每类修1~2学分,不得修读与主修专业内容和性质相同或相近的课程。

工程教育认证标准要求:人文社会科学类通识教育课程至少占总学分的15%,即24学分以上,使学生在从事工程设计时能够考虑经济、环境、法律、伦理等各种制约因素。

2. 专业教育课程

专业教育课程通常分为:学科基础课、专业基础课、专业核心课、专业选修课、集中实践环节五大部分。

(1) 学科基础课 学科基础课一般需开设:工程制图、创造性思维与创新方法、电工电子学、学科导论(车辆工程专业导论)等课程。

(2) 专业基础课 专业基础课一般需开设:理论力学、材料力学、机械设计基础、机械制造基础、控制工程基础、工程材料与成形技术、液压与气动技术、热流体等课程。

(3) 专业核心课 专业核心课一般需开设:汽车构造、汽车理论、汽车设计、汽车电子控制、汽车试验学、智能网联与新能源车辆、汽车制造工艺学、学科前沿、汽车电器与电子设备、发动机原理等课程。

(4) 专业选修课 专业选修课是体现车辆工程专业内涵和特色的一组选修课程,目的是为学生进一步扩充和强化专业相关知识和技能。各学校车辆工程专业的专业选修课设置相差较大,通常是根据方向(模块)而设置选修课程。

1) 汽车底盘方向（模块）。可设置：汽车自动变速技术、汽车优化设计、汽车车身结构与设计、新能源汽车结构与原理、汽车可靠性、汽车排放与噪声控制、汽车碰撞与安全、汽车结构有限元分析、汽车液压与气压传动等课程。

2) 车身工程方向（模块）。可设置：汽车车身结构与设计、汽车车身艺术设计、汽车模型制作、汽车空气动力学、现代汽车车身成形技术、汽车增材制造技术、现代汽车生产与管理等课程。

3) 汽车电子方向（模块）。可设置：信号与系统、传感与检测技术、虚拟仪器及其在汽车中的应用、控制系统仿真与设计、汽车故障诊断与处理、汽车网络技术、电力拖动与控制系统、可编程控制系统等课程。

4) 新能源汽车方向（模块）。可设置：新能源汽车功率电子基础、电动汽车动力电池系统与应用技术、燃料电池与燃料电池汽车、电动汽车电机系统原理与测试技术、混合动力电动汽车技术等课程。

5) 智能汽车方向（模块）。可设置：汽车嵌入式系统开发基础、车联网与智能交通系统、多传感器融合与应用、人工智能与无人驾驶技术、汽车大数据分析与应用技术等课程。

6) 汽车服务方向（模块）。可设置：汽车服务工程、汽车事故鉴定学、汽车故障诊断、汽车评估、汽车美容、汽车再生工程、汽车营销、汽车保险与理赔等课程。

(5) 集中实践环节　集中实践环节一般需开设：大学生社会实践、金工实习、科研基础训练、电工电子实习、汽车构造实习、机械设计基础课程设计、汽车电控系统设计、新能源汽车设计、汽车制造工艺学课程设计、生产实习、汽车设计课程设计、专业综合能力训练、毕业实习与毕业设计等课程。

工程教育认证标准要求：符合本专业毕业要求的工程基础类课程、专业基础类课程与专业类课程至少占总学分的30%。所以，专业教育课程需要设置学分≥48学分。

工程教育认证标准要求：符合本专业毕业要求的工程实践与毕业设计（论文）至少占总学分的20%。所以，集中实践环节需要设置学分≥32学分。

3. 素质拓展教育课程

素质拓展教育课程通常分为素质拓展必修课和素质拓展选修课两大部分。

(1) 素质拓展必修课　主要包括大学生心理健康教育、生涯规划与职业发展、大学生安全教育、大学生社会实践等课程。

(2) 素质拓展选修课　主要包括教授开放研究课程、行业企业专家开放课程、其他专业推荐选修课、研究生开放课、大学生创新训练计划项目、基础选修课等课程。

参加由学校选定并组织的科技竞赛等活动、发表科研论文与专利获得的奖励学分，可以纳入素质拓展选修课之中。

本章相关的主要网站

1. 清华大学车辆与运载学院　http://www.svm.tsinghua.edu.cn/
2. 吉林大学汽车工程学院　http://auto.jlu.edu.cn/
3. 同济大学汽车学院　http://auto.tongji.edu.cn/
4. 湖南大学机械与运载工程学院　http://mve.hnu.edu.cn/

5. 北京理工大学机械与车辆学院　　http://me.bit.edu.cn/
6. 江苏大学汽车与交通工程学院　　http://auto.ujs.edu.cn/
7. 武汉理工大学汽车工程学院　　http://auto.whut.edu.cn/
8. 中国高等教育学生信息网（学信网）　http://www.chsi.com.cn/

思 考 题

1. 何谓理科？何谓文科？
2. 工学包括哪些专业类？
3. 机械类包括哪几个专业？为何说机械类是最大专业类之一？
4. 你为什么报考工科？为什么报考车辆工程专业？你所了解到的学习本专业后未来从事的职业是什么？谈谈自己对未来的设想。
5. 简述我国车辆工程专业发展历程。
6. 简述我国 1952 年高校院系调整的背景。
7. 对车辆工程专业人才素质的要求有哪些？
8. 培养目标、大学生基本素质要求和学习目的之间有什么联系和区别？
9. 你认为"高级工程科学技术人才"和"高级工程技术应用人才"两种培养目标有什么区别？
10. 你在入学前的工作意向和本专业的培养目标一致吗？如果一致，你准备怎样实现培养目标？如果不一致，你准备怎样进行调整？
11. 科学家和工程师有哪些本质区别？科学家和工程师应该具备什么样的基本素质？你希望将来成为一名科学家还是工程师？
12. 举例说明你所了解的本专业领域内属于科学的问题、属于技术的内容以及属于工程的表现。它们之间哪些是共同的？哪些有很大的不同？

第二章 认识车辆工程行业

100多年前,当卡尔·本茨发明第一辆汽车时,恐怕连他自己也没想到,这个有着四个轮子和一个马车车厢并被加上了动力机器的被人们称为"汽车"的东西,会对人类的文明产生如此巨大的影响。

汽车正改变着社会形态和人们的生活,影响着人们的学习、工作乃至生活观念、生活方式,汽车不断进入家庭成为日常的交通工具和生存手段。

当今的汽车已不仅是一部交通工具那么简单,人们开始将更先进的科技概念融入其中,并发掘其多元化用途,使汽车成为人们生活中重要的一部分。汽车带着百余年来沿袭的优秀血统和最新科技注入的强大能量,展现在人们的眼前。而它身上散发的金属美感与时代气质,更让它体现出独特的艺术审美价值。

第一节 汽车发展简史

自古以来,马与车就是黄金搭档。不论是战争年代的"车辚辚、马萧萧",还是良宵元夕的宝马雕车香满路;从东方的孔夫子周游列国,到欧洲的拿破仑横扫千军,昂首长嘶的骏马牵引着滚滚前行的车辆,碾过了人类数千年的文明史。第一位牵走马匹而将发动机装在马车上的先驱者,绝对不会想到不到100年的时间,就使得奔跑了数千年的马车无奈地从道路上逐渐消失了——取而代之的就是"汽车"。

汽车并不是某一个人发明的。一项重大发明的问世,往往要经历相当长的过程。从发现原理到制作发明原型,要经过几年、几十年,甚至上百年。期间,有许多科学家、发明家互不往来地致力于同一件发明的创造活动,还有更多的发明家沿着前人开创的道路进一步完善自己的研究成果。但是,载入史册的发明家常常是最后一个人的名字,而忽略了那些早期为之付出艰辛劳动的先驱者。所以,要确定某一重大发明究竟出自何人之手是相当困难的,某些发明时至今日还在争执不休呢!汽车又何尝不是如此?

一、车的发明史

1. 车的起源

(1)木橇的发明 在原始社会,人类在陆地上迁徙的唯一方式就是步行。人们的生产劳动都是靠手提肩扛来进行的。笨重的东西,如捕获用来做食物的大型动物只能在地上拖着走,或由一个人扛着走;很重的动物则必须吊在一根木棍上由几个人抬着走。古人把笨重物体放在动物皮和树皮上拖着走,并由此发明了木橇(图2-1),通过木橇下面的滑板,减小了与地面之间的摩擦力,使其易于拉动。木橇在冰雪地面上拉动还是比较轻松的,但在其他地面上拉动则仍然十分吃力。

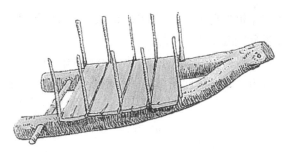

图2-1　木橇

(2) **车的发展说**　后来,人们在实践中发现,将圆木置于木橇或重物下拖着走,可以轻松地将重物由一个地方移到另一个地方,这便是早期的木轮运输。再以后,发现用直径大的木轮运输速度更快,于是木轮的直径越来越大,逐渐演变为带轴的轮子,这便形成了最早的车轮雏形。

车轮就是由滚子改进而成的,把滚子的中央部分稍微削一削,以减小质量,中间部分形成了轴,边缘部分成为轮子,就完成了车的发明,这就是从滚子开始的车的发展说(图2-2)。

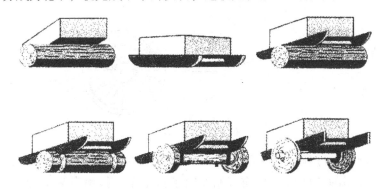

图2-2　由滚子发展的人力车

2. 中国是最早使用车的国家之一

相传中国人大约在4600年前的黄帝时代已经创造了车。到了4000年前,当时的薛部落以造车闻名于世,《左传》中记载,薛部落的奚仲担任夏朝的"车正"官职。此外,《墨子》《荀子》和《吕氏春秋》也都记述了奚仲造车。奚仲发明的车由两个车轮架起车轴,车轴固定在带辕的车架上,车架附有车厢,用来盛放货物(图2-3)。所以奚仲是中国轮式木车的创造者,也是世界上第一辆轮式木车的发明者。

1953年,中国考古学家在河南省安阳市大司空村发掘出商代马车遗迹,这是一辆造型非常精制的二轮单辕马车,有栅栏车身和辐式车轮,可见在3000多年前中国造车的技术水

图2-3　奚仲发明的原始木轮板车

平已经相当高了。这时的车都是独辕,约有 18 根辐条,长方形车厢,一般可以坐 2~3 人,大多数车由 2 匹马驾辕。

另据史料记载,公元前 1600 年的商代,中国的车工技术已达到了相当高的水平,能制造出相当高级的两轮车,采用辐条做车轮,外形结构十分精致华美(图2-4)。

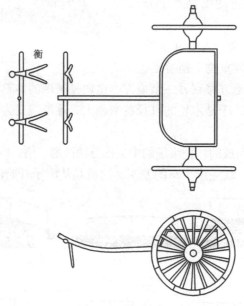

图 2-4 商代战车

中国历代车辆发展过程中,有重要技术价值的还要数指南车和记里鼓车。在三国时期,有一位技术高明的技师名叫马钧,他发明了指南车。指南车是一种双轮独辕车,车上立一个木人伸臂南指,只要开始行驶,不论向什么方向转弯,木人的手臂始终指向南方(图2-5)。

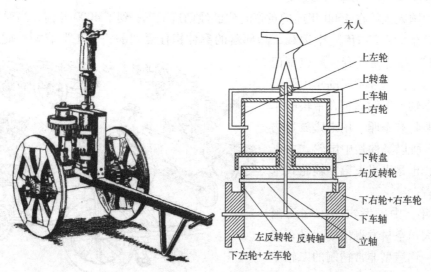

图 2-5 马钧发明的指南车

记里鼓车是世界上最早的能够记录里程的车辆，大约在东汉时被制造出来（图2-6）。它的原理是利用车轮在地面上的滚动，带动齿轮转动，再变换为凸轮杠杆作用使木人抬手击鼓，每行走一里击鼓一次，现代车辆的里程表即由此发展而来。从三国开始，历代史书就有记里鼓车的记载，但比较简略。直到宋代，《宋史·舆服志》才详细地记载了它的内部齿轮构造。

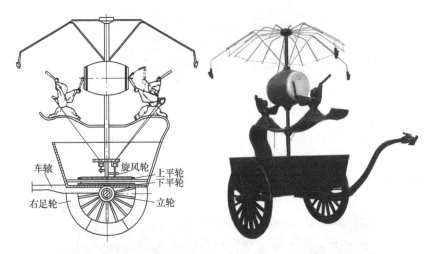

图2-6 公元3世纪发明的记里鼓车（可记录行驶里程）

指南车和记里鼓车都是利用齿轮传动的原理来进行工作的，它们的出现，体现了中国古代车辆制造工程技术的卓越成就。

3. 马车

最初的车辆，都是由人力来推拉车辆，故称为人力车。后来，人们开始用牛、马等牲畜来拉车，称为畜力车。

大约在公元前4000年，剽悍的蒙古人开始驯养野马，并在后来的侵略战争中，不断将马匹骑到了邻国。从此，被驯服的马匹开始出现在世界各地。开始也只是将马匹作为骑乘的战争武器，后来又发展成个人的交通工具。最后不知是哪位先人，又将马匹和车辆组合在一起，给马匹的脖子套上马套，让马匹代替人力来拉动车辆前进，从而发明了马车。

在西周时期（公元前771年），马车在中国已经很盛行了。春秋战国时期（公元前722～公元前221年），由于各诸侯国之间频繁的战争，马车便加入了战争的行列，对于当时来说，马拉战车的数量是代表一个国家强弱的重要标志。陕西临潼秦始皇帝陵出土的战车式样，代表了2000年前中国的车辆制造水平。车辕前端有衡，上缚轭用以驾马。车为木质结构，其重要部位装有青铜饰件用来加固和装饰。一车所驾的四匹马分为"服马"和"骖马"，中间两匹为服马，负责用力拉车，外侧为骖马，负责左、右转向，如图2-7所示。因此，驾车的技巧在于如何控制马。要想随心所欲地驾驶马车，就要学会用缰绳调理好服马和骖马。

在国外，16世纪的欧洲已经进入了"文艺复兴"的前夜，欧洲的马车制造业风起云涌，马车制造技术有了相当的提高。中世纪的欧洲，大力发展了双轴四轮马车，这种马车安置有

图 2-7 中国古代马车

转向盘。车身方面，出现了活动车门和封闭式结构，并且在车身和车轴之间，实现了弹簧连接，使乘坐者的舒适性有所改善。

欧洲双轴四轮马车如图 2-8 所示。

图 2-8 欧洲双轴四轮马车

二、蒸汽汽车

1. 蒸汽机的诞生

18 世纪是蒸汽时代。就像现在是信息时代一样，那时西方世界的热闹话题便是蒸汽机的发明和使用。最早是英格兰人发现了利用煤炭的能量可以替代马匹驱动车辆前进。用煤炭将水烧开冒出水蒸气，而水蒸气具有向上蒸发的力量，如果将这种向上升的力量收集起来，就可以推动物体运动，然后将直线运动转化为旋转运动，就可以驱动车辆前进，这就是蒸汽发动机的原理。

1712 年，英国人托马斯·纽科门（Thomas Newcomen）发明了蒸汽机，被称为纽科门蒸汽机。这种纽科门蒸汽机又称"火机"，它发动起来浑身冒火，主要在矿山上使用，是抽水用的，所以又称"矿工之友"。

1765 年，英国发明家瓦特（James Watt，1736—1819），在总结前人经验的基础上，研制成功具有独创性的动力机械——蒸汽机（图 2-9），并于 1769 年取得了专利，这为实用汽车的出现创造了必要的物质条件，从而拉开了第一次工业革命的序幕。

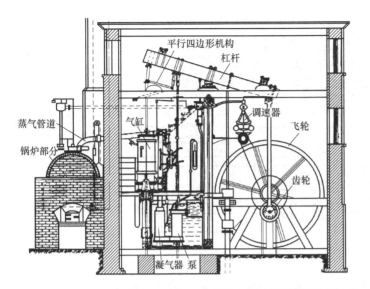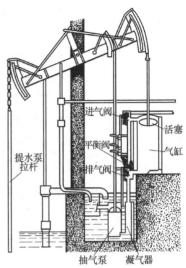

图 2-9 瓦特研制的蒸汽机

> **小知识：四次工业革命的标志。**
>
> 第一次工业革命（工业 1.0）：18 世纪 60 年代～19 世纪 40 年代。标志：蒸汽机的发明和应用（即蒸汽机时代）。
>
> 第二次工业革命（工业 2.0）：19 世纪 70 年代～20 世纪初。标志：电力的广泛应用（即电气时代）。
>
> 第三次工业革命（工业 3.0）：20 世纪 40 年代～20 世纪 90 年代。标志：原子能、电子计算机、空间技术和生物工程的发明和应用（即信息化时代）。
>
> 第四次工业革命（工业 4.0）：21 世纪初至今。标志：利用信息化技术促进产业变革的时代（即智能化时代）。

2. 第一辆蒸汽汽车

1769 年，法国陆军技师、炮兵大尉尼古拉斯·约瑟夫·古诺（Nicholas Joseph Cugnot，1725—1804），成功地制造出世界上第一辆完全依靠自身动力行驶的三轮蒸汽汽车，如图 2-10 所示。"汽车"由此而得名（也有人认为汽车的得名是因大都使用汽油），这是汽车发展史上的第一个里程碑。

古诺发明的第一辆蒸汽汽车被命名为"卡布奥雷"，它的式样很奇特，车身用硬木制成框架，由 3 个大铁轮支承。车长 7.32m，车高 2.2m，车的前面放置着容积为 50L 的梨形大锅炉，锅炉后边有两个容积为 50L 的气缸。锅炉产生的蒸汽存入气缸内，再推动活塞往复运动，通过一个简单的曲拐把活塞的运动传给前轮，使前轮转动。前轮直径为 1.28m，后轮直径为 1.50m。同时前轮还是转向轮，由于前轮上压着很重的锅炉，所以操纵转向杆很费力。这辆蒸汽汽车存在一个致命的缺点，即每走 15min，锅炉的压力就损耗尽了，只得停下来再用 15min 时间加水烧开产生蒸汽，因而运行速度仅为 3.5～3.9km/h。由于转向杆操纵困难，

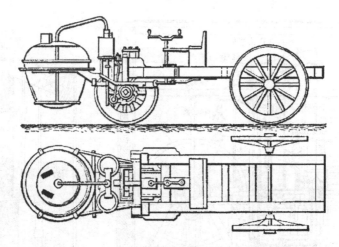

图 2-10 古诺发明的第一辆三轮蒸汽汽车

试车中不断发生事故,一次在般圣奴兵工厂附近下坡时,因转弯不及时而撞到了兵工厂的石头墙壁上(同时也开创了世界上第一起机动车事故的纪录),如图 2-11 所示。值得纪念的世界第一辆蒸汽汽车被撞得七零八落,面目全非。

图 2-11 第一辆三轮蒸汽汽车引发的第一起机动车事故

尽管古诺的这项发明失败了,但却是古代交通运输(以人、畜或帆为动力)与近代交通运输(动力机械驱动)的分水岭,具有划时代的意义。这以后,古诺并没有放弃研究,终于在 1771 年成功地改进了蒸汽汽车,其速度可达 9.5km/h,能够牵引重达 4~5t 的货物。

3. 蒸汽汽车的发展

18 世纪末,在欧美各国出现了一个研究和制造蒸汽汽车的热潮,各种用途的蒸汽汽车相继问世。汽车的车身和其他机构也在迅速改进,至 19 世纪中期,蒸汽汽车进入了实用化时期,可算是蒸汽汽车的黄金年代。

1801 年,以制作蒸汽机车而闻名的英国人理查德·特威迪克(Richard Trevithick)制造了英国最早的蒸汽汽车。这辆汽车能乘坐 8 个人,创造了在平路上速度为 9.6km/h、坡道上速度为 6.4km/h 的世界纪录。两年后,他又制成了形状类似公共马车的蒸汽汽车。从此,用蒸汽机驱动的汽车开始在实际中得到应用。

1803 年,法国工程师特利·维柯(Terry Vico,1771—1833)制成新型高压蒸汽汽车,可乘坐8人，在行驶中平均速度达13km/h。

1825年，英国公爵古涅（Goldsworthy Gurney）制造了一辆被认为是最早投入运行的车辆，这辆蒸汽汽车在相距15km的格斯特夏和切罗腾哈姆之间进行定期的运输服务，单程行驶的时间约45min。

1827年，英国戈尔斯瓦底·嘉内公爵（Gouswaddy Game，1793—1873）制成了一辆蒸汽机后置的蒸汽公共汽车，该车的发动机装在后部，后轴驱动，前轴转向。它采用了巧妙的专用转向轴设计，最前面两个轮并不承担车重，可由驾驶人利用方向舵柄轻便地转动，然后通过一个车辕引导前轴转动，使转向可以轻松自如。1831年嘉内利用这辆车开始了世界上最早的公共汽车运营业务，所以这辆车也被认为是世界上最早的公共汽车。该车可载客18人，平均速度为19km/h。

1828年，哈恩格克制成了比嘉内的汽车性能更好的蒸汽公共汽车，并开始了公共运输事业的企业化。他的车可以乘载22名乘客，速度为32km/h，营运后很受欢迎。1834年，发展成立了世界上最早的公共汽车运输公司——苏格兰蒸汽汽车公司。

当时在英国爱丁堡市，运营的蒸汽公共汽车前面坐着驾驶人，中部乘坐20～30名乘客，后部配一名司炉员，负责烧锅炉。蒸汽机气缸位于后轴前方的底板下，驱动着后轮前进。然而，这种庞大的蒸汽公共汽车少则3～4t重，多则10t重，体积大，速度慢，常常压坏未经铺设的路面，引起各种事故，因而也必然要遭到淘汰。

1828年，法国人配夸尔制造了一辆采用链条传动，具有差速器、独立悬架的蒸汽牵引汽车。这辆汽车首次采用将发动机置于车的前端，而由后轴驱动的总布置方案。在发动机和后轴之间，用链条传动。为了转弯灵活，后轴由两根半轴构成，当中由差速齿轮连接，这就是最早发明的差速器。此外，两个小小的前轮，是各自与车架弹性相接的，这称为独立悬架。这种独立悬架设计，在当时具有划时代的意义。配夸尔的链条传动、差速器、独立悬架等设计，对汽车的发展贡献极大，至今仍在汽车上广泛地应用。

商业化使用的蒸汽公共汽车如图2-12所示。

图2-12　商业化使用的蒸汽公共汽车

4. 蒸汽汽车的衰落

在蒸汽汽车的最初发展时期，它们的设计都很简单，就是把一个蒸汽机装上底架和轮子。为了达到一定的输出功率，就要有个尽可能大的锅炉；为了达到一定的行程，又要备有充足的水和煤；车身重了，就要求有一副结实的底架和坚固的车轮。就这样，恶性循环，车越来越笨重，操纵越来越困难。所以，这些大型蒸汽汽车仅适用于定班的往返行驶，路线固定，沿途又有煤、水供应。即便如此，仍有许多不可避免的缺陷，如制动困难、车太重、车轮窄、惯性大及转向不灵敏等。有时候明知要减速转弯，但就是慢不下来，转不过去，只能眼睁睁地看着车撞上障碍物；要么就是制动太狠，轮轴断裂。更可怕的是，炉压过高，一时难以控制，经常会发生锅炉爆炸事件。而且，乘坐这种车还得看天气，如下雨天车上遮盖不严，道路泥泞不安全；严寒天烧水难，易熄灭，行驶也慢；热天没人愿意忍受坐在锅炉边；刮风天要看风向，顺风时车尾的浓烟会把乘车人熏得喘不过气来。在19世纪中叶以后，蒸汽汽车事业日趋衰落。

19世纪末叶，随着资本主义工商业的发展，欧美各国政府深感马车远远不能适应时代的需要，于是又开始大力倡导动力机车。在此号召下，各国的蒸汽汽车事业如久旱逢甘露一般，再次迅速发展起来。

法国人阿美德·珀列·配尔（Amédée Ernest Bouée），于1872年制造了一辆四轮蒸汽长途公共汽车，这辆车装有两台V形蒸汽发动机，它还具备近似于现代汽车的变速器和转向盘。

1883年，法国人德·提翁·浦东（De Dion Bouton）合组汽车公司制造了三轮蒸汽汽车。从此，蒸汽汽车由单个试制进入了工业生产阶段。

到了20世纪，随着内燃机汽车、电动汽车的大量涌现，性能的不断提高，蒸汽汽车开始渐渐地退出了历史舞台。

三、电动汽车

不了解汽车历史的人一般都认为电动汽车是现代高科技的产物，殊不知，在蒸汽机汽车与内燃机汽车两个时代交替的时候就出现了电动汽车。

电动汽车要比内燃机汽车早12年问世。它是以电气为主体的第二次工业革命的产物。1873年，英国的罗伯特·戴维森（Robert Davidson）就自制了世界上第一辆电动汽车。随之西欧各国相继生产出各类电动汽车，到19世纪末，电动汽车在欧洲已相当普及。1898年，欧洲的每14辆出租汽车中就有13辆电动汽车。早期的赛车运动，很多次都是由电动汽车上场的。在当时，电动汽车也创造出了一些惊人的车速，如1899年法国的杰那茨（Camille Jenatzy）驾驶的电动汽车创造了速度为105km/h的最高车速纪录（图2-13）。

1900年，美国生产了4159辆汽车，其中电动汽车的产量就达1575辆，而内燃机汽车仅936辆。到1909年，福特公司大批量生产T型汽油车之后，才使电动汽车产量逐步减小。

1920年，美国停止生产电动汽车。

电动汽车所用的电池储存的能量在当时受到很大的限制，每行驶很短的距离就要充一次电，这对长途行驶很不利；

图2-13　杰那茨驾驶的电动汽车速度可达105km/h

而且，蓄电池充电费用相当高，当时一年的充电费用相当于购买一部新车的价格。所以，电动汽车在汽车史上只不过是一颗美丽的"彗星"（但这颗彗星在100多年以后的今天又回到了汽车世界灿烂的星空，成为各国汽车工业未来发展的新焦点），代之而起的是内燃机汽车。

四、内燃机汽车的发明与发展

1. 内燃机的发明

在蒸汽机不断改进和发展的历程中，人们也越来越深刻地认识到蒸汽机的"天然"不足：蒸汽机必须有锅炉，体积庞大，笨重，机动性很差；热能要通过蒸汽介质再转化成机械功，效率很低。这些缺点都与燃料必须在气缸外部燃烧——"外燃"有关。所以，早就有人开始研究把"外燃"改为"内燃"——把锅炉和气缸合二为一，省掉蒸汽介质，让燃气燃烧膨胀的高压气体直接推动活塞做功——这就是内燃机。

活塞式内燃机起源于用火药爆炸获取动力，但因火药燃烧难以控制而未获得成功。1794年，英国人斯特里特（Street）提出从燃料的燃烧中获取动力，并且第一次提出了燃料与空气混合的概念。1833年，英国人赖特（Wright）提出了直接利用燃烧压力推动活塞做功的设计。

之后人们又提出过各种各样的内燃机方案，但在19世纪中叶以前均未付诸实用。直到1860年，法国的埃特尼·勒努瓦（Etienne Lenoir）模仿蒸汽机的结构，设计制造出第一台实用的煤气机。这是一种无压缩、电点火、使用照明煤气的内燃机。勒努瓦首先在内燃机中采用了弹力活塞环，这台煤气机的热效率为4%左右。

1861年，法国铁路工程师罗沙（Rosa）发表了进气、压缩、做功、排气的四冲程发动机理论，这一理论成为内燃机发展的基础。但他并未实际制造出一台可用的内燃机。1862年1月16日，罗沙的四冲程发动机理论被法国当局授予了专利，但因拖欠专利费，致使专利失败。

德国工程师尼古拉斯·奥托（Nikolaus Otto，1832—1891）在1866年研制成了一种新型的煤气内燃机（图2-14）。它仍以煤气为燃料，采用火焰点火，转速为156.7r/min，压缩比为2.66，热效率达到13%，是第一台能代替蒸汽机的实用内燃机。它与蒸汽机不同的是：燃料在发动机的气缸内燃烧，所产生的高压气体推动活塞运动，进而使与活塞相连的曲轴转动，于是发动机就能旋转起来，内燃机也就由此而得名。

内燃机的出现，使汽车又获得了新的生命。3年后奥托与兰根（Langen）合作研制成功改进的煤气内燃机，并于1867年在巴黎博览会上获得金奖。

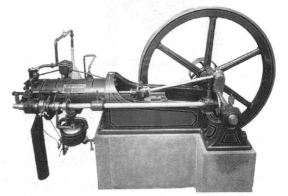

图 2-14 奥托发明的煤气单缸四冲程内燃机

1876年奥托制成第一台具有四冲程的煤气内燃机，其功率达到2.9kW，压缩比为2.5，转速为250r/min，并于1877年8月4日获得专利。

奥托的内燃机有常规的曲轴和各自独立的进气、压缩、做功、排气四个冲程。这就是热力学中的"奥托循环",也是现代发动机乃至汽车的运动理论基础。

奥托的煤气内燃机虽然本身体积较小,转动也比较平稳,但它有一个较严重的缺点,那就是在工作时需要一个较大的煤气发生炉给它提供煤气,因而给使用带来不便。煤气内燃机在重量、体积等方面并不比蒸汽机优越多少,所以这种煤气内燃机未能得到广泛的使用。

1883年8月15日,在奥托内燃机的基础上,德国工程师戈特利布·戴姆勒(Gottlieb Daimler,1834—1900)和威廉·迈巴赫(Wilhelm Maybach,1929—1946)发明了世界上第一台卧式单缸四冲程往复式汽油发动机。

接着,一种配置垂直固定气缸的小型汽油发动机被发明(图2-15),由于它的外形像个老式立钟,因此,绰号为"祖父立钟"(Grandfather Clock)。以往的内燃机转速都不超过250r/min,而这台汽油机的转速却高达800~1000r/min,并且功率大、重量轻、体积小、效率高,特别适合作为车辆的动力机。

1897年,德国人鲁道夫·狄塞尔(Rudolf Diesel,1858—1913)成功地试制出了第一台四冲程压缩点火式柴油发动机,功率为18.4kW,热效率高达26%,如图2-16所示。

图2-15 第一台立式小型汽油发动机"祖父立钟"

图2-16 1897年狄塞尔试制的第一台四冲程压缩点火式柴油发动机

为了研制柴油发动机,狄塞尔利用业余时间在作坊式的小工厂里用自己的设备进行实验,在一次氨气实验时,发生了爆炸,险些丧命。狄塞尔虽然未能活到柴油机用于汽车的那一天,但他亲眼看到了自己的发明用于造船业,并以绝对的优势取代了蒸汽机。柴油机的出现不仅为柴油找到了用武之地,而且它比汽油机动力大、经济性好。可惜的是,这位对柴油机做出重大贡献的发明家,于1913年9月29日在从比利时安特卫普去往英国的轮船上结束了生命。人们为了纪念他,就把柴油机称为狄塞尔柴油机,狄塞尔被称为"柴油机之父"。

2. 第一辆三轮汽车的发明

1886年,德国工程师卡尔·本茨(Karl Benz,1840—1929)和戈特利布·戴姆勒(Gottlieb Daimler,1834—1900)在不同的地方各自独立发明了汽油发动机机动车,因此,卡尔·本茨和戈特利布·戴姆勒被世人公认为汽车的发明者。

卡尔·本茨出生在德国卡尔斯鲁厄一个火车司机的家庭。1885年，他把一台自制的两冲程单缸662W汽油机，安置在一辆三轮马车前、后轮之间的底盘上（图2-17）。

图2-17　1885年本茨发明的第一辆三轮汽车"奔驰一号"

卡尔·本茨发明的三轮汽车具备了现代汽车的主要特点，如火花点火、水冷循环、钢管车架、铜丝辐条车轮、钢板弹簧悬架、后轮驱动、前轮转向和制动把手，并且首次采用了伞形差速齿轮，行驶速度可达15km/h。1886年1月29日，德国曼海姆专利局批准了卡尔·本茨申请的专利，这一日期被国际汽车界定为汽车的诞生日（图2-18）。

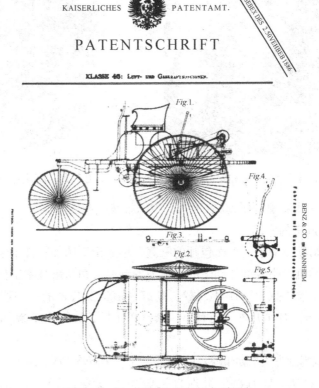

图2-18　第一辆三轮汽车的专利证书

其实，在本茨之前就已经有不少人在研制车用内燃机和汽车。如法国报刊早在 1863 年就报道过雷诺（Renault）发明的汽车，以及戴波梯维尔（Depotiville）在 1884 年运用内燃机作为动力源，制成一辆装有单缸内燃机的三轮汽车和一辆装有两缸内燃机的四轮汽车。但世界上公认的还是卡尔·本茨在曼海姆（Mannheim）制成的第一辆本茨专利内燃机汽车（被人们称为"奔驰一号"，以本茨的名字命名，中国译为"奔驰"）。"奔驰一号"获得专利后，由于经常在路上抛锚，受到不少冷嘲热讽，因此本茨不愿在公开场合驾驶该车上街。

在本茨事业遭受挫折与困境时，他的妻子贝尔塔·本茨（Bertha Benz）用行动给了丈夫信心。1888 年 8 月暑假的一个清晨，这位勇敢的女性，带着两个孩子从曼海姆出发，试行了 144km 到达娘家普福尔茨海姆（Pforzheim），成为世界上第一个试车者和女驾驶人（图 2-19）。

当行驶至海德堡（Heidelberg）附近的威斯洛赫市（Wiesloch）的城市药房时，贝尔塔·本茨向这家药店购买了一些汽油和水，因而有人把这家药店称作世界上第一个汽车加油站（图 2-20），直到 20 世纪德国的汽油和其他燃料都只能在药房买到。

图 2-19 世界上第一个试车者和女驾驶人

图 2-20 世界上第一个汽车加油站

1888 年，卡尔·本茨雇用了 50 名工人，组织批量生产三轮汽车。

3. 第一辆四轮汽车的发明

戈特利布·戴姆勒出身于一个面包师的家庭，毕业于斯图加特技术学校。他从小热爱机械制造，长期在内燃机发明者奥托创建的道依茨发动机公司从事技术工作，对固定式煤气内燃机的研制做出了重要贡献。1881 年，戴姆勒辞去道依茨公司的一切职务，与威廉·迈巴赫（Wilhelm Maybach）合作开办了当时第一家汽车工厂，1883 年，戴姆勒和迈巴赫发明了汽油内燃机。

1886 年 8 月，戴姆勒为庆祝妻子埃玛的 43 岁生日，花 795 马克订购了一辆四轮马车，他在埃斯林加机械制造厂将马车加以改装，将他的立式汽油机安装于马车上，增添了传动、转向等必备机构,成功地制造出世界上最早的乘坐用四轮汽油机汽车,即"戴姆勒1号"(图2-21)。

图2-21 1886年戴姆勒发明的第一辆四轮汽油机汽车"戴姆勒1号"

"戴姆勒1号"车装有单缸、缸径为122mm、排量为0.47L、水冷、功率为845W(1.15马力)、转速为655r/min的汽油机;汽车车速可达17.5km/h,可变4个速度(17.5km/h、11km/h、7km/h、4.5 km/h);发动机后置,装有摩擦式离合器,后轮驱动,采用转向杆转向;车架涂着深蓝色漆,座位上套着黑色皮套;车前挂着一盏灯笼用以夜晚照明。1887年3月,进行了第一次行驶试验。

4. 第一辆摩托车的发明

1885年8月29日,戈特利布·戴姆勒把汽油机装到专制的自行车上,获得了摩托车专利,注册时取名为"石油发动机骑行车"(图2-22)。

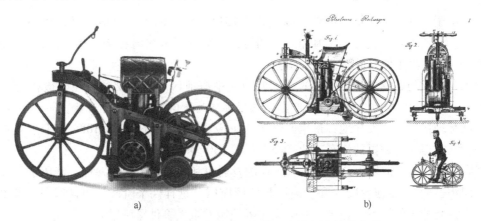

图2-22 1885年戴姆勒发明的第一辆摩托车及其专利
a) 外形 b) 专利

戴姆勒发明的摩托车装有戴姆勒自制的单缸、风冷、四冲程、742W(1.1马力)的汽油机;左、右还有两个支地小车轮,车速为12km/h。同年11月10日,戴姆勒的长子鲍尔(Bauer)驾驶这辆摩托车试验行驶了3km。这辆世界上最早的摩托车现保存在慕尼黑科学技术博物馆内。

5. 汽车的迅速发展

汽车自 1886 年诞生后,其发展的步伐一刻也没有停止,开始了逐步完善、成熟的过程。从卡尔·本茨的第一辆三轮汽车以 18km/h 的速度,到速度为 0 到加速到 100km/h 只需要 3s 的超级跑车,130 余年来,汽车发展的速度如此惊人。无论是性能还是结构,汽车已发生了质的变化。新工艺、新材料、新技术得到广泛应用,尤其是电子控制技术,使当今的汽车集各种先进技术于一体,新颖别致的汽车时时更新。

第二节 国外汽车工业发展概况

经过几十年的演变与全球范围内的并购风潮,世界汽车工业已相对稳定,主要有通用、福特、戴姆勒-克莱斯勒、丰田、大众、雷诺、本田、宝马、标致-雪铁龙等汽车集团。

一、欧洲汽车工业发展概况

与汽车的发明几乎同步,欧洲出现了用于商品销售的汽车产品。世界上完成第一辆内燃机动力汽车销售的人是卡尔·本茨。1887 年,他将他发明的第一辆汽车卖给了法国人埃米尔·罗杰斯(Emile Rogers)。同年,世界上第一家汽车制造公司——奔驰汽车公司由本茨创立。随后,德国、法国、意大利相继成立了戴姆勒、标致、雷诺、菲亚特等汽车公司。但欧洲人并没有将汽车定位为实用的交通工具,而是绅士贵族们的娱乐工具。因此在汽车发明后的十几年内,这些汽车公司一直是以小规模生产方式进行生产的。而以大规模生产为标志的汽车工业的形成,则是 20 世纪初的事。

不过,欧洲汽车工业的发展主要集中在西欧五个国家,即德国、法国、英国、意大利和西班牙,这五个国家的汽车总产量约占欧洲汽车产量的 75%。

1. 德国汽车工业的发展

德国位于欧洲西部,东邻波兰、捷克,南接奥地利、瑞士,西接荷兰、比利时、卢森堡、法国,北与丹麦相连并邻北海和波罗的海,与北欧国家隔海相望。德国人口约 8230 万人(2020 年),汽车保有量为 5237 万辆。

德国是东欧与西欧之间、斯堪的纳维亚与地中海地区之间的交通枢纽,被称为"欧洲的走廊"。德国是汽车的故乡,汽车产业也很早地成为德国的第一支柱产业。

德国是现代汽车的发祥地,是生产汽车历史最悠久的国家。自从 1886 年卡尔·本茨发明第一辆汽车至今,德国的汽车工业已经走过了 130 多年的发展历程。

回顾这 130 多年的历史,德国汽车工业的发展也和世界其他国家一样,经历了"发明实验""不断完善""迅速发展"和"高科技广泛应用"这样四个阶段。而且每一个阶段的发展,一直都与德国的政治、经济、社会文化等领域的重大事件紧密联系在一起。

(1) **第一阶段** 1886~1910 年,是汽车的发明实验阶段。

19 世纪 70 年代,正是西方第二次工业革命浪潮兴起的时候,德国人抓住了从 1871 年德意志第二帝国统一后的几十年时间,在 19 世纪末创造了一个奇迹:德国在短短的 30 年里走完了英国人用了 100 多年才走完的工业化道路,从而使德国跻身于世界工业化的强国之列。

这一时期,由于内燃机的发明和汽车的诞生,它的诱人前景使当时德国的汽车厂纷纷涌现,一些其他行业的厂家也转向汽车生产。1901年,全德国只有12家汽车厂,职工1773人,年产汽车884辆;而到了1908年,德国的汽车厂已达到53家,职工12400人,年产汽车5547辆。到第一次世界大战前,德国汽车工业已基本形成了一个独立的工业部门,汽车制造工人5万多人,年产量达2万辆,这是仅次于美国的汽车产量。

为什么德国能在19世纪70年代以后,从一个落后的封建国家迅速发展并超越英、法而成为居欧洲第一的工业化强国呢?其根本的原因就是:

第一,当时的普鲁士在"铁血宰相"俾斯麦(Bismarck)的领导下,经过连续几年的战争,终于在1871年完成了德国的统一,创立了一个统一的国内市场和统一的经济环境,极大地促进了德国资本主义工商业和农业的发展。

第二,德国在1870年的普法战争(普法战争是普鲁士王国为统一德意志并与法国争夺欧洲大陆霸权而爆发的战争,发生于1870年7月19日~1871年5月10日)中击败法国,从法国掠夺了50亿金法郎的战争赔款,并吞并了阿尔萨斯和洛林,使德国一下子成了"暴发户",为德国的工业革命提供了有力的资本保证。

第三,同其他资本主义国家的发展初期一样,德国这一时期资本主义的发展也带有浓厚的"血腥味",那就是对广大人民的剥削和压榨。

第四,科学技术的发展,使当时德国的生产力获得了突飞猛进的发展,德国在这一时期科学技术的突破不但改变了德国本身,而且对世界的发展也具有深远的意义。

德国的汽车工业正是在这样一个历史时期里诞生、兴起,并逐步走过汽车工业这一发明实验阶段的。

(2) **第二阶段** 1911~1940年,是汽车技术不断完善的阶段。

这个时期,德国从第一次世界大战前夕到挑起第一次世界大战(第一次世界大战:1914年8月~1918年11月,是一场主要发生在欧洲但波及全世界的世界大战,当时世界上大多数国家都卷入了这场战争,是欧洲历史上破坏性最强的战争之一。主要是同盟国和协约国之间的战争),接着是战后的魏玛共和国时期,一直到希特勒上台,直至第二次世界大战的全面爆发。

德国的汽车工业到1914年第一次世界大战爆发时,已基本形成了一个独立的工业部门,年产量达到2万辆。尽管如此,由于此前的欧洲一直还处在蒸汽机统治的时代,所以斯大林当年曾经把第一次世界大战称作交战国双方蒸汽机的较量,而把第二次世界大战称作交战双方真正意义上的内燃机的较量。

尽管第一次世界大战给德国的汽车工业发展带来了不利的影响,但战争结束以后,德国人仅用了10年左右的时间就大大超过了战前的繁荣。其中1923~1929年这7年时间,被称为是德国汽车工业"黄金般的20世纪20年代"。这一时期,汽车工业发展迅速,现代汽车技术不断得到完善。

1933年希特勒上台,为了达到他的个人目的,希特勒把魏玛共和国时期已经规划好的高速公路建设和国民轿车的生产提上了日程表,把发展汽车工业及与此相关的行业摆到十分显著的位置。这对于当时的德国来说,在刚刚经历了20世纪20年代末、30年代初世界性的经济大萧条后,汽车的诱人前景和迅速发展起来的高速公路网,使此后的20世纪30年代再次成为德国汽车生产的"黄金时代"。

到第二次世界大战爆发前，德国的汽车工业已具有相当的基础，戴姆勒-奔驰、奥迪、大众等汽车公司均已形成一定的生产规模。从而为汽车真正成为体现20世纪30年代以后相当长一段时间里，这个世界上产品文化的一个主要载体之一，奠定了基础。

（3）**第三阶段** 1941～1960年，是汽车工业迅速发展的阶段。

这一阶段，对于德国来说，20世纪40年代的前期，汽车工业参与了一场史无前例的战争；20世纪40年代的后期，又经历了战后艰难的恢复与获得重生这样一个特殊的阶段；所以直到进入20世纪50年代，德国的汽车工业才真正进入了迅速发展的时期。

当第二次世界大战爆发后，德国很快卷入全面战争。整个战争期间，德国的汽车工业转而成了军事工业的一部分，为战争服务。到第二次世界大战结束时，大部分汽车工厂都遭受重创，几乎成了废墟。

第二次世界大战结束后，德国的汽车厂都被盟军接管。由于德国处于战败国的地位，许多工业的发展都受到了限制。在十分困难的条件下，依靠德国人顽强的民族精神，德国的汽车工业很快得到恢复并获得了重生。尤其是联邦德国的经济在一片废墟上创造出著名的"艾哈德经济奇迹"，只用了十几年的功夫，就再一次超越英、法而成为欧洲第一的经济强国。这一经济奇迹的产生，与德国汽车工业的迅速发展密不可分。

1950年，联邦德国的汽车产量达到30万辆。随着国内高速普及汽车以及汽车出口竞争能力的不断提高，汽车产量大幅度上升，尤其以大众公司的"甲壳虫"汽车为代表，标志着德国汽车工业开始进入飞速发展的阶段。

到1960年，德国的汽车年产量已达200万辆，10年内，增长了5.7倍，年均增长率达21%，从此成为欧洲最大的汽车生产国和出口国。

（4）**第四阶段** 自1961年至今，是汽车高科技广泛应用的阶段。

这个时期，以柏林墙的建立为标志，联邦德国与民主德国被整整分割了28年。冷战期间，由于社会体制的不同，联邦德国与民主德国的汽车工业发展形成了很大的差距。一直到20世纪80年代末柏林墙倒塌，两德重新统一，德国的汽车工业在不断地进行着调整和重组。随着欧洲一体化进程的加快，德国的汽车工业开始进入一个新的发展阶段。

从20世纪60年代开始，联邦德国的汽车工业继续以较高速度增长，经过竞争，汽车厂家由100多家到仅剩下10多家，产量却不断提高。许多现代科技广泛应用于汽车工业，汽车生产开始进入一个成熟阶段。

1966年，德国的汽车产量被日本超过，排名居世界第三位。

1971年，德国的汽车年产量达到400万辆。在这以后，由于受两次石油危机的影响，加上德国国内汽车已基本普及，德国汽车出口的势头也有所减慢，而进口量却有较大的增幅，从而使德国汽车产量呈现下降、徘徊和低速增长的态势。

整个20世纪70年代，德国汽车工业的产量一直徘徊在300万～400万辆之间。而整个80年代，德国的汽车产量则一直在400万～500万辆之间波动。到20世纪末的1998年，德国的汽车产量达到了570万辆。

从20世纪90年代后期起，全球汽车业发生的最重要的事件莫过于资产重组、联合兼并的浪潮了。这一时期，德国汽车业发生的比较引人注目和产生较大反响的资产重组及联合兼并事件主要有：奔驰与克莱斯勒的合并，大众与宝马收购劳斯莱斯、宾利等。

2004年，德国汽车工业在全球范围内生产的汽车超过1300万辆，占全球汽车产量的20.7%。德国国内生产的汽车557万辆，其中轿车产量520万辆，出口367万辆、进口114万辆。而德国品牌的轿车在海外的生产量则超过了422万辆。目前，德国汽车业主要由五大公司所垄断，它们分别为奔驰（即戴姆勒-克莱斯勒公司）、大众、宝马、欧宝和美国福特汽车公司在德国的子公司。

戴姆勒-克莱斯勒公司2004年的销售额为1420亿欧元，是世界第三大汽车制造商和高档车中的老大。成功运作的还有德国大众汽车公司，2004年的销售额为890亿欧元，所占的世界市场份额为11.5%，是欧洲最大的汽车制造商。此外，慕尼黑的宝马汽车公司销售额为440亿欧元，已跻身于德国汽车制造业的前列。至2004年底，德国人的轿车拥有量约为4540万辆，每千人轿车拥有量为550辆。

2005年，德国国内生产汽车575.7万辆，居世界第三位。德国国内汽车市场占有率方面，大众30%，奔驰14%；在德国高档车市场上，奔驰占44%左右，宝马和奥迪各占20%。德国汽车厂家在全球24个国家进行生产，海外汽车的产量占总产量的46.33%。

2006年，虽然国际油价持续走高，但对高档车的影响并不是很大，德国的三大高档汽车品牌制造商——奔驰、宝马和奥迪都取得了进展。其中宝马集团全球销量增长3.5%，全球共售出137.3926万辆汽车（宝马、劳斯莱斯和MINI）。奔驰比上年增长了3%，总共销售了126.06万辆汽车（梅赛德斯-奔驰、迈巴赫和斯玛特）。而大众集团旗下的奥迪增长幅度达到了9.3%，总共销售了90.51万辆奥迪车。

目前，德国汽车销售额总体下滑，2012年，德国本土市场汽车销量为339万辆；2013年为326万辆；2014年为336万辆；2015年为354万辆；2016年为365万辆；2017年为385万辆；2018年为376万辆；2019年为361万辆；2020年为292万辆。

但是，汽车工业仍是德国国民经济的支柱产业，德国1/7的就业岗位、1/4的税收收入，都来源于汽车及其相关产业。

进入21世纪的德国汽车工业，也同世界其他发达国家的汽车业一样，正面临着一场新的竞争形势和发展机遇，其主要的发展趋势表现为：

1）汽车工业全球性联合改组的步伐加快，其特点是跨国界的重组和联合。

2）世界汽车工业广泛采用平台战略，汽车产业链包括投资、生产、采购、销售及售后服务、研发等主要环节的日益全球化。

3）新的汽车技术即将取得重大突破，技术创新能力已成为汽车业竞争取胜的关键。

历经百年辉煌的德国汽车工业，即将迎来一个全新的发展阶段。

2. 法国汽车工业发展概况

法国全称为法兰西共和国，与比利时、卢森堡、德国、瑞士、意大利、摩纳哥、安道尔和西班牙接壤，隔英吉利海峡与英国隔海相望。法国人口为6523万人（2020年），国土面积为$674843km^2$，汽车保有量为4552万辆，其中82%是私家车。

汽车产业是法国的经济支柱之一，在历史上曾经为法国带来过一个又一个辉煌，也曾经把法兰西的浪漫文化撒播到全世界。2006年法国汽车总产量为317万辆，位居世界第六位。法国汽车工业产值达920亿欧元，占国民经济总产值的15%；雇员总数约150000人；出口额占汽车产值的70%。法国拥有13家汽车制造厂商，其中包括两大本土企业：标致-雪铁龙集团和雷诺集团，以及大众、福特、菲亚特、戴姆勒-克莱斯勒、丰田、宝马和尼桑等国外厂商。法国本土汽车厂商在汽车市场中占主导地位。

在汽车发展史上，法国人有着自己独特的地位。早在1769年，法国陆军技术军官尼古拉斯·约瑟夫·古诺就在政府的支持下，试制成功了世界上第一辆具有实用价值的蒸汽机汽车，从而引发了世界性的研究和制造汽车的热潮。但随后到来的法国大革命却让法国的汽车研究中断了几十年，直到1828年，巴黎技工学校校长欧内西佛·配夸尔（Onésiphore Pecqueur）制造了一辆蒸汽牵引汽车，其独创的差速器及独立悬架技术至今仍在汽车上广泛应用着。

法国出现第一辆汽油汽车是在1890年，由阿尔芒·标致（Armand Peugeot）创立的标致公司生产。第一次世界大战前，标致的年产量达到1.2万辆，到1939年时年产量达4.8万辆。而1915年创办的雪铁龙汽车公司发展更快，在20世纪20年代初年产量就突破10万辆；1928年日产汽车400辆，占全法汽车产量的1/3。另一创办于1898年的大型汽车厂雷诺汽车公司发展也很快，1914年便形成了大规模生产，第一次世界大战期间更是因军火生产而筹集了大量资金用于汽车生产。

第二次世界大战期间，雷诺公司为德国军队提供大量坦克、飞机发动机和其他武器，因而战争结束后，雷诺公司被法国政府接管，路易·雷诺（Louis Renault）也被逮捕。在政府支持下，雷诺公司兼并了许多小汽车公司，1975年汽车年产量超过150万辆，成为法国第一大汽车厂商，而标致汽车公司的产量也在战后20年内猛增十几倍，一跃成为法国第二大汽车公司，20世纪80年代更是超过雷诺而登上榜首。雪铁龙汽车公司则因经营不善而被标致汽车公司于1976年收购。

进入20世纪80年代，世界性的经济危机使法国汽车工业受到了一定的挫折，雷诺公司更是连年亏损，1984年产量急剧下降到30万辆，但几年后雷诺公司便恢复了元气，1999年3月还收购了日产汽车公司36.8%的股份。

近年来，法国汽车的销售量基本上稳定在220万辆左右，2012年汽车销售量为197万辆；2013年为223万辆；2014年为182万辆；2015年为197万辆；2016年为208万辆；2017年为222万辆；2018年为227万辆；2019年为269万辆；2020年为165万辆。

法国汽车的总体特点就是车体较小而设计新颖，符合大众化的方向，因此在西欧成为家庭轿车的热门，雷诺的"丽人行"微型车在欧洲曾多次获销量第一。但是在豪华车、跑车领域，法国汽车公司就不如美、德、日等国家的汽车公司出色，这成为法国汽车业的遗憾。

二、美国汽车工业发展概况

美国全称为美利坚合众国（USA），是一个由50个州和一个联邦直辖特区组成的宪政联邦制共和制国家，东濒大西洋，西临太平洋，北靠加拿大，南接墨西哥。美国是个多文化和多民族的国家，国土面积超过962万 km^2；人口总量3.3亿人（2020年）。美国汽车保有量是2.87亿辆，按人口计算，美国汽车的保有量几乎是83%。

从20世纪初到现在，美国汽车工业已超过100多年的历史，长期主宰世界汽车工业，美国成了名副其实的汽车大国，即汽车工业大国、汽车消费大国和汽车文化大国。

美国汽车工业的发展可以概括为以下7个阶段。

(1) 第一阶段 1900~1915年。

1893年亨利·福特（Henry Ford）发明世界上第一辆以汽油为动力的汽车后7年，汽车开始大量生产，人们进入汽车时代。奥尔兹莫比汽车公司成立于1887年，是美国历史最悠久的汽车制造厂商。该公司于1903年生产的Doctor Coupe是单气缸发动机汽车，也是该公司第一批大量生产的汽车。1903年共约生产了4000辆。1909年福特汽车公司生产的福特T型汽车为汽车制造开创了新纪元，可以说是在20世纪让汽车成为大众交通工具的先驱，因为它是世界上第一条在生产线上装配而成的汽车。当时的媒体一致推选福特T型汽车为20世纪最重要的汽车发明。福特采用大量生产方式，改善T型汽车，同时降低价格，也因此改变了人类的生活方式。1908年，当今全球第一大汽车生产厂商——通用汽车公司成立。在这两大汽车公司的努力下，汽车性能益发精进，销售量蒸蒸日上。1916年美国汽车销量首度突破100万辆，1920年再度建立超越200万辆的新里程碑。

(2) 第二阶段 1916~1929年。

汽车制造在这个时期日趋成熟。越来越多的中等阶层拥有汽车，而汽车的造型已经成为汽车制造过程中的一个重要步骤。通用汽车公司更率先成立艺术与色彩生产部门。在这个时期，富有人家流行汽车车身定做，即先购买某种汽车的机械部件，然后另外设计定做车身。虽然许多被视为经典的汽车外观都是这个时期的产物，但车身定做其实是费钱而不实际的。

成立于1902年的凯迪拉克汽车公司，一向以机械部件优良著称。公司曾经有过把3辆汽车拆开，将机械零部件整个打散，再重新混合组合成3辆汽车的记录。这项创举，旨在强调凯迪拉克的零部件的标准化及一致性。另外，当时声望极高的高级汽车制造厂商Pierce Arrow汽车公司从1901年至1938年在纽约上州水牛城生产汽车，公司早期即采用铝合金车身并配备有动力制动。这个时期，美国汽车工业为适应消费者需求已经能够生产8缸发动机跑车，速度可达到115mile/h（185km/h）。1925年，美国第三大汽车制造厂商——克莱斯勒汽车公司成立。在美国经济大萧条前夕的1929年，美国汽车销售量突破500万辆。

(3) 第三阶段 1930~1942年。

利用空气动力原理，汽车的发动机设计在这个时期有了长足的进步。然而，第二次世界大战让汽车制造厂商投入军事车辆及机械的制造，汽车外观并无明显的演变，几乎无造型可言的吉普车的出现，完全是基于实际的需要。Packard汽车公司共制造7种速度可达100mile/h（160.9km/h）的高性能Packard Speedstar汽车，被视为当时豪华汽车的代表。当时全球市场上有15家厂商制造豪华型汽车，Packard就占了50%的市场。Franklin Sport Runabout汽车公司自1902年至1934年在纽约州的雪城生产汽车，发动机开始使用空气冷却系统。

(4) 第四阶段 1946~1959年。

随着喷气飞机时代的来临，汽车造型也趋向更低、更长、更宽，并在车后加上大大的尾翅。这个时期的汽车造型有两大特色：一是车身的防撞设计；二是尾翅的流行。20世纪50年代美国最具特色的汽车是家庭式旅行车（Station Wagon），象征着郊区家庭的美好生活。

这个时期，福特雷岛汽车曾是公司跑车的代言者。1955年公司生产的雷鸟8缸双人座敞篷跑车，车顶为活动纤维玻璃，其华丽造型获得了高度评价，后因其控制轻巧，又被喻为私人车的象征。1958年，美国汽车厂商专为纽约国际汽车展览设计了一款只有1辆的Dual Ghia100原型汽车，具有400马力（294kW），最高车速为140mile/h（224km/h），并配有当时车迷所梦想的盒式磁带汽车音响。

(5) 第五阶段 1960~1979年。

消费者抛弃以往强调越大越美的汽车造型，传统而保守的造型蔚然成风，以甲壳虫为代表的小型汽车大为流行。一些价格合理的小跑车如Mustang和Corvette等普遍受到欢迎。小型汽车市场开始增长。美国三大汽车公司都有此类产品推出，1964年福特野马跑车率先掀起小型车的革命。

美洲豹E型汽车以玲珑的流线型外形赢得消费者青睐。当捷豹XKE汽车第一次在1961年的纽约国际汽车展出现时，立刻造成轰动。这款双人座双门敞篷车速度高达150mile/h（240km/h），而它创新的独立后悬架系统使其在当年的车展上备受宠爱。

(6) 第六阶段 1980~2000年。

从20世纪80年代起，美国汽车工业几乎难以招架日本汽车业的凌厉攻势。日本的本田、日产、三菱和富士公司相继在美国设厂。美国汽车工业为与日本汽车工业进行竞争，又不断推出新造型汽车，被称为小型厢式车（Minivan）的客、货两用轻型汽车一举成为最受家庭喜爱的车种，这种汽车的外形更接近于普通小汽车，只是车厢后部增加了可以放置物品的空间，约占车厢的1/3，驾驶时的感觉也与普通小汽车类似。而家庭轿车、双门轿车、跑车也都讲究流线型设计，一改近20年来的直线设计。20世纪90年代，多功能车又独领风骚，因为很多美国人喜欢有载货和越野功能而又可以用作代步工具，驾驶它上下班的汽车。

(7) 第七阶段 2001年至今。

进入21世纪，美国汽车工业得到了突飞猛进的发展，汽车上装备了各种各样的电子控制装置，性能不断提高，2001~2007年的年销量为1500万~1700万辆，其中2007年达到1744万辆，创历史新高。但自2007年金融危机爆发后，2008年的年销售量急剧下降，2009年只有1043万辆，但随着经济的复苏，美国市场上的车型不断改进，推动了美国汽车销量。

2012年美国本土汽车销量为1033万辆；2013年为1119万辆；2014年为1166万辆；2015年为1210万辆；2016年为1220万辆；2017年为1118万辆；2018年为1131万辆。

2019年美国汽车市场销量（本土、海外）为1710万辆，连续第五年突破了1700万辆大关。2020年美国汽车市场销量（本土、海外）为1460万辆。

美国汽车工业在这100多年中，与同行的激烈竞争中不断创新发展，迎合消费者对汽车造型和性能的需求，主宰了世界汽车工业。在这一过程中，美国通用汽车公司不仅成为世界最大的汽车公司，也成为世界上首屈一指的跨国集团，直到今天仍没有第二家汽车公司可以取代它的霸主位置。

三、亚洲汽车工业发展概况

1. 日本汽车工业的发展

日本国是位于亚洲大陆东岸外的太平洋岛国，西、北隔东海、日本海、鄂霍次克海，与中国、朝鲜、韩国、俄罗斯相望，东濒太平洋。其领土由北海道、本州、四国、九州四个大岛和3900多个小岛组成。日本的人口为1.26亿人（2020年），是世界人口数量第10大国，国土面积为377835km²，汽车保有量为7817万辆。

日本汽车制造业始于吉田真太郎，1904年他成立了日本第一家汽车厂——东京汽车制造厂（现五十铃汽车公司），3年后制造出第一台日本国产汽油轿车"太古里1号"。至今，日本汽车工业已经走过100多个年头。

第二次世界大战以前是日本汽车工业的萌芽期。这一时期日本人开始制造汽车，政府也开始意识到汽车产业的重要性，并出台政策进行扶持。1936年，《汽车制造行业法》正式在日本国内开始实施，日本汽车真正国产化的序幕由此拉开。

第二次世界大战后的20年（1945年至20世纪60年代中期）是日本现代汽车工业的基础阶段。日本经济在经历了第二次世界大战的毁灭和战后十年的复苏之后，在1955年进入高速发展阶段。汽车产业也在这一段时间打下了坚实的基础，公务车比例稍有下降，出租车加快发展，私人用车开始起步。

从20世纪60年代中期到20世纪70年代，日本汽车工业高速发展。1967年日本超过德国成为第二大汽车生产国，国内汽车销量首次超过100万辆。1970年，日本国内汽车销量达到238万辆，千人平均保有量达到170辆，比1950年增加了将近60倍。在这段时间，普通劳动者成为汽车的主流买主，汽车不再是社会地位的象征而成为代步工具。

20世纪70年代的石油危机重创了欧美车商，但是却让推崇小排量车的日本车企从中受益，1976年，日本汽车出口达到250万辆之多，首次超过国内销量。有资料显示，20世纪70年代以后，虽然日本经济走向成熟，经济增长率下降，但汽车产业继续保持近15%的高增长率。而日本汽车产业的这一"黄金时期"基本持续到20世纪80年代中期。

此后，日本汽车市场的增长速度也开始减缓，但出口依然强势，推动汽车产业的不断发展。日本汽车工业发展进程是：

20世纪50年代，日本汽车工业形成了完整的体系。

1961年，日本汽车产量超过意大利跃居世界第5位。

1965年，超过法国居世界第4位。

1966年，超过英国居世界第3位。

1968年，超过联邦德国居世界第2位。

1980年，日本汽车年产量首次突破1000万辆大关，达1104万辆，占世界汽车年总产量的30%，一举击败美国成为"世界第一"。

1990年，日本以年产量1348万辆又创出历史新高。

由此可以看出，日本在100余年中就从一个汽车工业刚刚起步的国家，发展成了一个强大的汽车帝国。

据日本汽车销售协会联合会报道，2014年日本汽车销量为977万辆（其中本土销售529万辆）；2015年为928万辆（本土505万辆）；2016年为920万辆（本土497万辆）；2017年为969万辆（本土523万辆）；2018年为973万辆（本土527万辆）；2019年为968万辆（本土519万辆）；2020年本土销量为460万辆。近几年来，日本汽车工业发展比较稳定。

2. 韩国汽车工业的发展

大韩民国（Republic of Korea），简称韩国，成立于1948年8月。它位于亚洲大陆东北朝鲜半岛南部，东、南、西三面环海，国土面积为9.96万km^2，半岛海岸线全长约1.7万km（包括岛屿海岸线）。韩国在短短几十年里，由贫穷落后的国家成为"亚洲四小龙"之一，也是世界上经济发展最快的国家之一。韩国人口数量为5200万人（2020年）。韩国汽车登记2437万辆，每2.25名韩国人就拥有1辆汽车。韩国本土品牌占汽车保有量的85%。

韩国的汽车工业是从20世纪50年代中期开始起步的。1962年，韩国汽车产量还不到2000辆，到1994年，汽车产量已经达到231.2万辆，汽车出口达到73.8万辆，成为世界第6汽车生产大国和世界第5出口大国。2010年，韩国汽车产量达到427万辆，位居世界第5。2012年，在韩国国内和海外的汽车销量达819.6901万辆，较2011年的775.8596万辆增加了5.6%，首次突破800万辆的大关。

韩国最早从事汽车生产的公司是起亚汽车公司，始建于1944年12月，但第二次世界大战后由于政治局势动荡，公司长期处于不景气的状态。韩国汽车业的真正起步在20世纪60年代初，各汽车厂商以组装进口零部件生产整车的方式开始试制汽车，直到1970年，韩国的汽车年产量仅为2.8万辆。

进入20世纪70年代，韩国政府实行"汽车国产化"政策，各汽车公司开始大规模引进国外生产技术。1973年，现代汽车公司引进日本三菱公司发动机、传动系统和底盘技术，1975年便开始自己开发生产汽车，并大量向非洲出口。大宇汽车公司于1972年与美国通用汽车公司开始合资，随着1990年第一辆自主设计名为"王子"的国产车的推出并在市场获得成功，在1992年解除了与通用20年的合作关系。

国产化政策使韩国的汽车工业获得了飞速发展。1985年，韩国的汽车年产量为37万辆，1986年达到60万辆，1989年为113万辆，1990年达到132万辆。在随后的5年时间里，年均增长率基本保持在15%左右，1995年达254万辆。韩国汽车业也形成了以现代、起亚、大宇和双龙四大公司鼎足的市场格局，韩国也一跃成为世界汽车生产大国。

随着汽车国产化的实现，韩国政府又实施出口导向战略，从20世纪80年代开始，韩国汽车开始大量出口。到1994年时韩国汽车的年出口量达到73.8万辆，而1995年则为110万辆，增长了48.6%，从而在世界汽车出口国中排名第6。而进入20世纪90年代中后期，韩国汽车业在西欧、美洲、东欧、中亚、亚洲和大洋洲建立生产基地，实现生产本地化，在此基础上建立了海外生产体系和全球营销网络。1996年，韩国汽车总产量达到281.6万辆。

第二次世界大战后，韩国经济的腾飞被视为奇迹，而汽车业的发展在其中扮演了极为重要的角色。同韩国的其他工业体系一样，汽车工业的发展是与国家的扶持政策分不开的，但是自1997年亚洲金融危机爆发后，韩国的汽车业遭受了重大的打击，原来被飞速发展所掩盖的政企不分、家族式经营模式日益显露出弊端，企业走到了破产与亏损的边缘。

在风雨中，韩国汽车工业被迫进行新的调整。1997年，双龙汽车公司因资不抵债而被大宇收购。同年起亚汽车公司也被政府招标拍卖，现代集团奋起应标，于1998年收购起亚，但不久自己内部却出现债务问题。1999年，大宇汽车公司也背上了180亿美元的债务，不

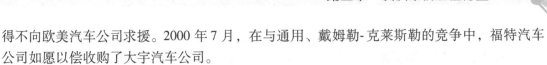

得不向欧美汽车公司求援。2000年7月，在与通用、戴姆勒-克莱斯勒的竞争中，福特汽车公司如愿以偿收购了大宇汽车公司。

目前，韩国有5大整车企业，分别是现代、起亚、韩国通用、三星雷诺、双龙，其中现代和起亚汽车占90%。2020年韩国本土汽车销量为191万辆，韩国车市销量前几名都是本土品牌。

第三节　中国汽车工业的发展

一、新中国成立前的汽车工业

1901年（清光绪二十七年），旅居上海的匈牙利人李恩时（Leine）将两辆"奥兹莫比尔"牌汽车带入上海。汽车在诞生16年之后，终于驶上了中国的土地。当时，李恩时也许并没有意识到，这一举动令他成了中国汽车历史的开端。这两辆"奥兹莫比尔"牌汽车为黑色木制车身，车轮也是木制的，外面包有实心橡胶轮胎，还装有煤油灯和手捏喇叭，两辆车还特意加装了车顶，外表与马车十分相似。当汽车开到上海大街上时，立刻引来众多市民围观。一时间，这种会发出巨大轰鸣，跑得比马车还快的机器"马车"震动了上海滩。由于尚无先例，上海公共租界工部局特地开会研究如何向李恩时的汽车颁发牌照，最后决定给予临时牌照，暂列入马车类，每月征税2元。从此之后，汽车开始逐渐出现在中国人的视野中，但过了很久，人们仍把它视为一个稀罕物，甚至到了1926年，成都一家公司在为几辆汽车试车时，围观者还惊叹不已，说这个东西开动起来是"洋房子走路，铁轿子打屁"。

1902年11月，慈禧太后迎来了六十大寿。为了讨好慈禧，直隶总督袁世凯花了1万两白银，从香港购进了一辆美国产小汽车作为寿礼送给了慈禧。

尽管与现在的汽车相比这辆汽车显得十分简陋，但在当时这辆拥有双排座、黑色皮革内饰的汽车，可以算得上是最豪华的汽车了。慈禧一生生活奢侈，汽车这种洋玩意倒是头一次见，于是便兴致勃勃地乘坐汽车去颐和园，随从们则抬着大轿在后边跟着。然而，汽车刚刚开出宫，慈禧突然发现担任司机的太监孙富龄不仅与自己一样平起平坐，而且坐在自己前面。慈禧顿时大怒，喝令孙富龄跪着开车。被吓破胆的孙富龄只好跪下开车，可是由于跪姿无法用脚操作，他的手又要顾及转向盘，又要代替脚来踩加速踏板，点制动踏板，驾驶实在困难，汽车便左摇右摆起来，差点酿成中国第一起汽车车祸。这下可吓坏了慈禧，随从们更是怕得要死，纷纷下跪乞求慈禧下车。慈禧于是换了大轿，也对汽车这个新鲜玩意失去了兴趣，将这辆车丢弃在颐和园。

1903年以后，上海已陆续出现了从事汽车或零部件销售、汽车出租的洋行。1929年汽车进口量已达8781辆，世界各国汽车蜂拥而入，1930年中国汽车保有量为38484辆，却没有一辆国产汽车，不少有识之士都想制造中国的汽车，可是限于当时的情况，都没能实现。

1912年，孙中山先生在江阴视察江防工作时，曾做了"关于道路与自动车建设"的专题报告，阐明了修筑公路、开办长途客货汽车运输对货物流畅、便利交通和发展经济的重要作用。

1928年，张学良在东北易帜后，要化兵为工，在辽宁迫击炮厂成立了民用工业制造处，后改称为辽宁民生工厂，试制汽车。中国人当时还没有生产汽车的经验，于是聘请了美国人为总工程师。1929年3月,民生工厂引进了一辆美国"瑞雷号"汽车进行装配试验,并以该车为样板,于1931年试制成功了一辆命名为"民生牌"75型汽车(图2-23),它开辟了中国人试制汽车的先河。

图2-23 "民生牌"75型汽车

民生牌汽车为长头,棕色,采用6缸水冷汽油发动机,65马力(47.8kW),前、后轮距为4.7m,前后四轮为单胎,最高车速为40km/h。自行设计的缓冲式后轴也有自己的特点,散热器分为四部,即使一部损坏,汽车仍然照常行驶。可惜第二辆汽车还没制造出来,"九一八"事变就爆发了,东北三省被日本占领。民生工厂未组装成车的零部件均被日本侵略军掠夺一空,张学良将军创办民族汽车工业的雄心壮志也随之前功尽弃,毁于一旦。

1932年12月,山西汽车修理厂仿美国飞德乐牌汽车试制成装载量为1.5t的汽油载货汽车一辆,定名为山西牌。到1933年夏,试车行驶约18000km,各部件都完好。

1936年筹建的中国汽车制造公司,于1937~1939年期间用进口的散件组装约2000多辆柴油汽车。抗日战争期间,资源委员会也曾筹办并由中央机器厂生产过汽车。

旧中国的造车梦毁于统治者的腐败无能,毁于帝国主义的硝烟战火。新中国成立后,才建立和发展了中国的汽车工业。

二、新中国成立后的汽车工业

新中国的汽车工业,与共和国共命运,经过半个世纪的努力,发生了翻天覆地的变化。从一个曾经是"只有卡车没有轿车""只有公车没有私车""只有计划没有市场"的汽车工业,终于形成了一个种类比较齐全、生产能力不断增长、产品水平日益提高的汽车工业体系。回顾新中国汽车工业70年来走过的路程,一步一个脚印,处处印证着各个历史时期的时代特色,经历了从无到有、从小到大,形成了创建、成长、全面、高速、高质量发展五个历史阶段。

1. 创建阶段(1953~1965年)

1953年7月15日在长春打下了第一根桩,从而拉开了新中国汽车工业筹建工作的帷幕。国产第一辆汽车于1956年7月13日驶下总装配生产线。这是由长春第一汽车制造厂(简称一汽)生产的"解放牌"载货汽车(图2-24),结束了中国不能制造汽车的历史,圆了中国人自己生产国产汽车之梦。

从1953年建厂到1956年第一辆"解放"CA10型载货汽车下线,经过两万多名建设者

第二章 认识车辆工程行业

图2-24 1956年第一辆"解放牌"CA10型载货汽车下线

三年来夜以继日的艰苦奋斗,一汽人结束了中国不能制造汽车的历史,从此,960万 km^2 的祖国大地上开始驰骋我们自己的光荣与骄傲。至今,"老解放"仍然保持着一项纪录,当时奔驰在马路上的汽车,每两辆就有一辆是解放牌。直至1986年,"解放"创造了1281502辆汽车产量的历史,这个数字几乎是当时全国汽车产量的一半。而"解放"这个名字也一时间传遍了祖国大地。

一汽是中国第一个汽车工业生产基地。同时,也决定了中国汽车业自诞生之日起就重点选择以中型载货汽车、军用车以及其他改装车(如民用救护车、消防车等)为主的发展战略,因此使得中国汽车工业的产业结构从开始就形成了"缺重少轻"的特点。

1957年5月,一汽开始仿照国外样车自行设计轿车;1958年先后试制成功CA71型"东风牌"小轿车(图2-25)。

图2-25 1958年诞生于一汽的中国第一辆国产CA71型"东风牌"小轿车

1958年8月,中央急于在建国十周年的庆典上用上国产的高级轿车,向一汽下达了制造国产高级轿车的任务。一汽的工人们以从吉林工业大学(现已并入吉林大学)借来的一辆1955款的克莱斯勒高级轿车为蓝本,根据中国的民族特色进行改进后以手工制成了一辆高级轿车。这辆轿车的动力系统和装备几乎与克莱斯勒一样,其实就是把克莱斯勒车完全拆开,对每个零件进行手工测绘,然后自己制造。吉林省委第一书记吴德在全厂万人集会时,正式给轿车命名为"红旗"。1958年8月至1959年5月,一汽的设计师又认真对红旗轿车整车做了5次系统的试验。5次试验后,红旗轿车定型样车被正式编号为CA72,这才是中国有编号的第一辆真正的红旗牌高级轿车(图2-26)。1959年9月,第一批两辆红旗检阅车送往北京,供国庆 10 周年阅兵式使用。

1958 年以后,中国汽车工业出现了新的情况,由于国家实行企业下放,各省市纷纷利用汽车配件厂和修理厂仿制和拼装汽车,形成了中国汽车工业发展史上的第一次"热潮",建成了一批汽车制造厂、汽车制配厂和改装车厂。

各地方发挥自己的力量,在修理厂和配件厂的基础上进行扩建和改建所形成的这些地方汽车制造企业,一方面丰富了中国汽车产品的构成,使中国汽车不但有了中型车,而且有了轻型车和重型车,还有各种改装车,满足了国民经

图 2-26 第一辆真正的红旗牌高级轿车——红旗 CA72 型轿车

济的需要;另一方面,这些地方汽车制造企业从自身利益出发,片面追求自成体系,从而造成整个行业投资严重分散和浪费,布局混乱,重复生产的"小而全"畸形发展格局,为以后汽车工业发展留下了隐患。

进入 20 世纪 60 年代,国民经济实行"调整、巩固、充实、提高"方针,在国家和省市支持下,力求探索汽车工业管理的改革,国家决定试办汽车工业托拉斯(注:托拉斯即 Trust,是资本主义垄断组织的一种形式,生产同类商品或在生产上有密切联系的垄断资本企业,为了获取高额利润而从生产到销售全面合作组成的垄断联合),实施了促进汽车工业发展的多项举措,60 年代中期汽车工业托拉斯停办。与此同时,汽车改装业起步,重点发展了一批军用改装车。民用消防车、救护车、自卸车和牵引车相继问世,并为社会经济发展提供了城市、长途和团体这三大类客车,在这些汽车中,代表性的品牌主要有南京汽车制造厂的跃进 NJ130 型轻型载货汽车(图 2-27)和上海交电汽车装修厂的上海 SH760 型轿车(图 2-28)等。

图 2-27 跃进 NJ130 型轻型载货汽车

图 2-28 上海 SH760 型轿车

NJ130 型 2.5t 载货汽车是新中国第一辆轻型载货汽车。上海 SH760 型轿车是国内当时唯一的普通型公务用车,也是机关、企事业单位和接待外宾的主力车型。

2. 成长阶段（1966～1980年）

1969年，国家确定在三线建设以生产越野汽车为主的第二汽车制造厂（简称二汽）。二汽是中国汽车工业的第二个生产基地，与一汽不同，二汽是依靠中国自己的力量创建起来的工厂（由国内自行设计、自己提供装备），采取了"包建"（专业对口老厂包建新厂、小厂包建大厂）和"聚宝"（国内的先进成果移植到二汽）的方法，同时在湖北省内外安排新建、扩建26个重点协作配套厂。一个崭新的大型汽车制造厂在湖北省十堰市兴建和投产，当时主要生产中型载货汽车和越野汽车。二汽拥有约2万台设备、100多条自动生产线，只有1%的关键设备是引进的，1978年7月，东风5t载货汽车投产（图2-29）。二汽的建成，开创了中国汽车工业以自己的力量设计产品、确定工艺、制造设备、兴建工厂的纪录，检验了整个中国汽车工业和相关工业的水平，标志着中国汽车工业上了一个新台阶。

图2-29　1978年7月，东风5t载货汽车投产

> 小知识：第二汽车制造厂简介。
>
> 　　第二汽车制造厂，简称"二汽"，是1969年开始在湖北省十堰市建造的。从地域上看，二汽所在的十堰市位处湖北、四川、陕西三省交界，深入中国腹部；从地形上看，群山环抱，只有一条铁路和公路通进来。建设二汽，最早于1952年底提出，但正式开始建设，已到1969年，其间经历了前后17年、"两下三上"的漫长波折，生产"东风牌"载货汽车、"富康牌"轿车以及后来的"爱丽舍"轿车等。1992年9月1日，二汽正式更名为东风汽车公司，目前东风汽车公司已成为国家明确重点支持的三大汽车集团之一。1989年起连续多年跻身全国工业500强前十位，1999年，"东风汽车"成功改制上市。经过40余年的建设和发展，东风汽车公司相继建成了十堰、襄阳、武汉、广州四大汽车开发生产基地，2015年，公司汽车销量达到387.25万辆，位列国内汽车行业第二。

与此同时，四川和陕西汽车制造厂及与陕西汽车制造厂生产配套的陕西汽车齿轮厂，分别在重庆市大足县和陕西省宝鸡市（现已迁西安）兴建和投产，主要生产重型载货汽车和越野汽车。

20世纪60年代中后期，国家提出"大打矿山之仗"的决策，矿用自卸车成为其重点装备，上海32t试制成功投产之后，天津15t、常州15t、北京20t、一汽60t（后转本溪）和甘肃白银42t电动轮矿用自卸车也相继试制成功投产，缓解了冶金行业采矿生产装备需求的不足。

1969年10月，中国第一台32t矿用自卸车在上海问世。

这一时期，全国汽车供不应求，再加上国家再次将企业下放给地方，因此掀起了中国汽车工业发展的第二次"热潮"。从1964年起，上海汽车厂批量生产了"上海牌"（原"凤凰牌"）轿车，逐渐形成5000辆的年产水平，同时，上海一批零部件厂和附配件厂也随着汽车工业的发展而相继成长。

1978年，中国迎来改革开放，国外的先进技术也猛烈地冲击了国内汽车市场，为之后30年中国汽车事业的发展注入了新的活力。

3. 全面发展阶段（1981～2001年）

在改革开放方针指引下，汽车工业进入全面发展阶段。汽车老产品（解放、跃进、黄河车型）升级换代，结束了30年一贯制的历史；调整商用车产品结构，改变了"缺重少轻"的生产格局；引进技术和资金，建设轿车工业，形成生产规模；行业管理体制和企业经营机制改革，汽车车型品种、质量和生产能力大幅增长。

1984年1月，北京汽车制造厂与美国AMC汽车公司合资组建北京吉普汽车有限公司，生产AMC公司1983年投产的切诺基车型系列产品和原北京汽车厂吉普车改进后的车型，1985年形成年产7000辆的能力，1990年形成年产6万辆的能力。

1984年，天津汽车工业公司引进日本大发汽车公司微型汽车技术，于1998年形成年产微型汽车2万辆、发动机3万台的能力；1989年8月，二期技术改造工程完工，当年组装生产夏利轿车2000多辆，1992年形成年产3万辆的能力；1996年通过扩建形成年产15万辆轿车和15万台发动机的规模。

1985年3月，广州汽车厂、中国国际信托投资公司和法国标致汽车公司、巴黎银行、国际金融公司合资建立了广州标致汽车有限公司，生产法国标志公司504、505系列车型，累计生产近2万辆。之后，广州汽车工业集团公司将原广州标致汽车有限公司的中方资产和生产基地与日本本田汽车公司合资，建立了广州本田汽车有限公司，生产本田雅阁，建设能力年产5万辆，1998年6月开业。

奇瑞公司成立于1997年，全称"上汽集团奇瑞汽车有限公司"。公司拥有整车外形等十多项专利技术，先后推出了SO、R系列发动机和"奇瑞风云"系列轿车，2003年4月推出"奇瑞QQ"系列和"奇瑞东方之子"系列轿车。奇瑞公司成立以来，在不到2年的时间里，顺利实现3万辆轿车下线。2002年，奇瑞轿车产销量双双突破5万辆，同比上年增长78.11%，在国内汽车市场占有率达到4.4%，成功跻身于国内轿车行业前八强，成为行业内公认的车坛"黑马"。与此同时，奇瑞还创下五个国内第一，六次走出国门，以自己的不懈努力创造了中国汽车史上的奇迹。

浙江吉利控股集团有限公司是一家以汽车及汽车配件生产经营为主要产业的大型民营企业集团，始建于1986年。2005年中国汽车工业协会公布了中国轿车销量排名前十名的企业，吉利汽车销量近 15 万辆，再次入围中国十大汽车制造企业，成为唯一"杀入"中国汽车制造十强的民营企业。

1981~1998 年，全国生产各类汽车累计 1452 万辆，其中轿车 260 万辆，累计投资（包括引进外资）近 1500 亿元。至 1998 年底初步统计，有 20 多个国家、地区在中国建立了 600 多家外商投资企业，注册资本 100 多亿美元。

中共十四大和人大八届四次会议确定将汽车工业列为国民经济支柱产业，1994 年国家颁布《汽车工业产业政策》，1992~1998 年是中国汽车工业快速发展的 7 年，主要体现在：

1）汽车、摩托车产量稳步增长，经济效益有所改善。

2）产品品种增加，开发能力增强。一些企业集团开始投资研发，具有一定的自主研发能力。

3）生产集中度明显提高，经济规模初见端倪。1998 年全国生产摩托车 879 万辆中，年产 20 万辆以上的 11 家，其生产集中度占全国年产量的 60%。

4）市场结构、产品结构趋向合理，产品质量进一步提高。

1994 年 3 月 12 日，国务院批准中国第一部、到目前为止也是中国唯一一部产业政策——《汽车工业产业政策》。

1996 年，中国摩托车产量超过 1000 万辆，使中国成为名副其实的摩托车第一生产大国。

2000 年，中国汽车产量首次超过 200 万辆。

2002 年产量居世界第五位。

私家车，曾是个陌生的概念。记得二三十年前，一辆挂有自备车牌照的轿车停在上海展览馆门前，好多人围着看不懂，议论了一番。为了避人耳目，怕露富，私家车牌照挂上了"Z"字头，甚至有人怕遭"麻烦"，干脆私家车挂上公家车的牌照。有趣的是，从前开公家车是个很风光、体面的事，现在倒过来了，开私家车的显得自信起来了。当造车人也买得起车时，人们才意识到中国汽车元年真的到来了。

4. 高速发展阶段（2003~2017 年）

2003 年我国汽车年产量突破 400 万辆，2004 年突破 500 万辆。100 万辆的增长幅度用时不超过 1 年。

2008 年产量突破 900 万辆；2009 年产量增长 400 万辆，突破 1300 万辆，首次进入 1000 万辆汽车俱乐部，超过美国，成为年新车产销量世界第一。

2010 年产量突破 1800 万辆；2013 年产量突破 2200 万辆，首次进入 2000 万辆汽车俱乐部，再创全球产销最高纪录。

2016 年产量突破 2800 万辆，进入了 2500 万辆高峰。

2017 年产量达到 2900 万辆，达到历史高峰，连续 9 年蝉联全球第一，行业经济效益增速明显高于产销量增速。

随着汽车业的发展以及人民生活水平的提高，汽车已开始进入寻常百姓家中，产业拉动了消费。普通消费者从不敢奢求买汽车，到开了自己喜欢的汽车，尝到了全新的汽车生活方式。汽车已成为人们日常生活中不可缺少的一部分。

随着我国成为世界汽车产销第一大国，自主品牌汽车生产能力大幅提高，出口明显加快。汽车产业已经成为我国国民经济重要的支柱产业。汽车产业约占我国 GDP 的 10%，汽车产业高速发展，对加快工业化进程、推动制造业发展、增加就业和促进消费升级发挥了不可替代的重要作用。

5. 高质量发展阶段（2018 年至今）

随着居民收入水平的提高，我国普通消费者的购买力在逐步增强，私人购买汽车已成为一种趋势。在此背景下我国汽车行业一直快速增长，直至 2018 年，我国汽车产销量经历了 28 年来首次下跌，2018 年产量为 2780 万辆，2019 年为 2572 万辆，2020 年为 2522 万辆，2021 年为 2652 万辆。这表明我国汽车快速普及已基本结束，我国汽车产业正全面进入高质量发展阶段。这是因为，汽车消费逐渐呈现出年轻化、理性化状态，相比价格，消费者会更关注技术、汽车性能、品类车型等因素。

汽车行业总体表现出了强大的发展韧性和内生动力，新一轮科技革命正在赋能汽车产业转型升级。新能源、新材料、人工智能、大数据等新技术的突破与应用，正在推动汽车产业向"电动化、网联化、智能化、共享化"转型发展，全球汽车产业迎来百年未遇之大变革。

三、中国汽车工业的现状

1. 中国汽车的保有量

汽车保有量是指一个地区拥有车辆的数量，一般是指在当地登记的车辆。但汽车保有量不同于机动车保有量，机动车保有量包括摩托车、农用车保有量等在内。

自 20 世纪 80 年代起，中国开始出现私人汽车，到 2003 年社会保有量达到 1219 万辆，私人汽车突破千万辆用了近 20 年，而突破 2000 万辆仅仅用了 3 年时间。

据公安部统计，截至 2021 年，我国机动车保有量达 3.95 亿辆，汽车保有量达到 3.02 亿辆。全国新能源汽车保有量为 784 万辆，2018～2021 年新能源汽车增量连续 4 年超过 100 万辆。全国机动车驾驶人达 4.81 亿人，其中汽车驾驶人 4.44 亿人。

全国汽车保有量超过 100 万辆的城市有 66 个，超过 200 万辆的城市有 30 个。北京、重庆、成都、苏州、上海、郑州、深圳、西安、武汉、东莞、天津 11 个城市汽车保有量均超过 300 万辆。北京和成都的汽车保有量均超过 500 万辆。

汽车占机动车的比率持续提高，近 5 年占比从 66.90% 提高至 76.46%，已成为机动车构成主体。

2007～2021 年中国机动车与汽车的保有量见表 2-1。

表 2-1 2007～2021 年中国机动车与汽车的保有量 （单位：亿辆）

年　份	机动车保有量	汽车保有量
2021 年	3.95	3.02
2020 年	3.73	2.81
2019 年	3.48	2.60
2018 年	3.27	2.40
2017 年	3.10	2.17
2016 年	2.90	1.94

(续)

年　　份	机动车保有量	汽车保有量
2015 年	2.79	1.72
2014 年	2.64	1.54
2013 年	2.50	1.37
2012 年	2.40	1.14
2011 年	2.25	0.94
2010 年	2.07	0.78
2009 年	1.86	0.76
2008 年	1.70	0.63
2007 年	1.60	0.44

2021 年，中国的汽车保有量达到了 3.02 亿辆，超过美国，居世界第一，但人均保有量还很低。主要国家的千人口汽车保有量，如图 2-30 所示。

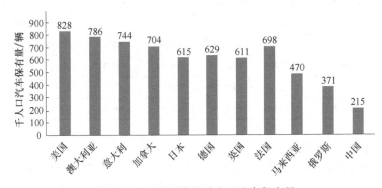

图 2-30　主要国家的千人口汽车保有量

由图 2-30 可以看出，中国千人口汽车保有量仅 215 辆，与美国的 828 辆相比有 4 倍的差距，与其他发达国家和部分发展中国家的差距也很大，仍然偏低。当前中国人均 GDP 达 1.1 万美元，但千人口汽车保有量只有美国的 1/4。从长期来看，伴随经济、道路、能源等条件的持续改善，中国千人口汽车保有量以 400 辆/千人口的渗透率测算，中国汽车保有量有望超过 5.6 亿辆，对应汽车年销量超过 4000 万辆，汽车市场仍有很大增长空间。

2. 中国历年汽车生产量

我国的汽车产业在 1993 年的销售收入位居通信设备、计算机及其他电子设备制造业，电力行业，黑色冶金行业和化工行业之后，首次成为我国工业第五大支柱产业。2000 年汽车产量突破 200 万辆，2002 年汽车产量突破 300 万辆，2004 年汽车产量突破 500 万辆，2009 年汽车产量突破 1000 万辆，2010 年汽车产量突破 1500 万辆，2013 年汽车产量突破 2000 万辆，2016 年汽车产量突破 2500 万辆，2017 年汽车产销分别完成 2901.54 万辆和 2887.89 万辆，创历史新高，再次刷新纪录，2018～2021 年受宏观经济等的影响，产量有所下降，但仍连续13年蝉联世界第一。

值得注意的是，中国品牌乘用车的市场份额有所提高。2020年中国品牌乘用车占乘用车销售总量的30.7%。

1955~2021年中国汽车生产量统计见表2-2。

表2-2　1955~2021年中国汽车生产量统计　　　　　　　　　（单位：辆）

年份	生产量	年份	生产量	年份	生产量	年份	生产量	年份	生产量
2021年	26528000	2007年	8882456	1993年	1296778	1979年	185700	1965年	40542
2020年	25225000	2006年	7279726	1992年	1061721	1978年	149062	1964年	28062
2019年	25721000	2005年	5070765	1991年	708820	1977年	125400	1963年	20579
2018年	27809000	2004年	5070765	1990年	509242	1976年	135200	1962年	9740
2017年	29015400	2003年	4443491	1989年	586936	1975年	139800	1961年	3589
2016年	28119000	2002年	3253655	1988年	646951	1974年	104771	1960年	22574
2015年	24503300	2001年	2341528	1987年	472538	1973年	116193	1959年	19601
2014年	23722900	2000年	2068186	1986年	372753	1972年	108227	1958年	16000
2013年	22116800	1999年	1831596	1985年	443377	1971年	111022	1957年	7904
2012年	19271800	1998年	1627829	1984年	316367	1970年	87166	1956年	1654
2011年	18418900	1997年	1582628	1983年	239886	1969年	53100	1955年	61
2010年	18264667	1996年	1474905	1982年	196304	1968年	25100		
2009年	13790994	1995年	1452697	1981年	175645	1967年	20381		
2008年	9345101	1994年	1353468	1980年	222288	1966年	55861		

3. 中国主要的汽车制造厂

中国整车生产企业有100多家，2020年前10位的整车生产企业分别是上汽集团、东风汽车、一汽集团、长安汽车、北京汽车、广汽集团、长城集团、华晨汽车、奇瑞汽车和吉利汽车，占汽车年销售总量近90%，另外近100家汽车企业仅占10%左右的份额。而前5位汽车集团公司又占汽车销售总量的75%，是中国目前的主要汽车制造厂。

（1）上海汽车工业（集团）总公司　上海汽车工业（集团）总公司简称"上汽集团"，是国内A股市场最大的汽车上市公司，总股本达到110亿股。目前，上汽集团主要业务涵盖整车（包括乘用车、商用车）、零部件（包括发动机、变速器、动力传动、底盘、内外饰、电子电器等）的研发、生产、销售、物流、车载信息、二手车等汽车服务贸易业务，以及汽车金融业务。

2020年，上汽集团整车销量达到560万辆，继续稳居冠军，继续保持国内汽车市场领先优势。

上汽集团所属主要整车企业包括：上汽集团乘用车公司、上汽集团商用车公司、上汽大众汽车有限公司、上汽通用汽车有限公司、上汽通用五菱汽车股份有限公司、南京汽车集团有限公司、南京依维柯汽车有限公司、上汽依维柯红岩商用车有限公司和上海申沃客车有限公司等。

上汽集团的资本分布如图2-31所示。

第二章　认识车辆工程行业

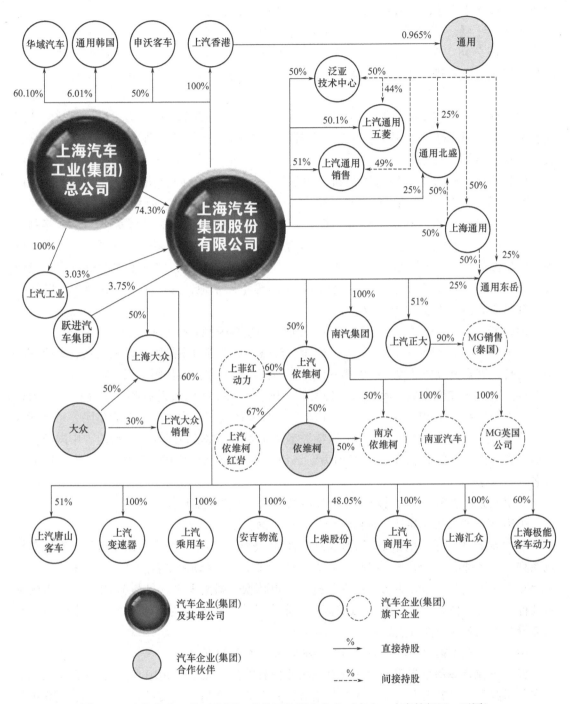

图 2-31　上海汽车工业（集团）总公司的资本分布（来自：中商情报网，下同）

（2）东风汽车集团有限公司　东风汽车公司（原第二汽车制造厂）始建于 1969 年，是中国特大型国有骨干企业，总部设在"九省通衢"的武汉，主要业务分布在十堰、襄阳、武汉、广州四大基地。其主营业务涵盖商用车、乘用车及汽车发动机、零部件的生产和销售业务，装备制造业务，金融业务以及与汽车相关的其他业务。

2000 年，东风汽车公司进行债务重组。2004 年，将旗下的东风汽车有限公司、神龙汽车有限公司、东风本田汽车有限公司、东风电动车辆股份有限公司、东风越野车有限公司等主要业务进行整合，成立了东风汽车集团有限公司，并于 2005 年 12 月在香港联交所上市。

2020 年，东风汽车集团累计销售约 346 万辆，销量规模稳居行业第三位。目前，公司拥有主要 23 家附属公司、共同控制实体及其他拥有直接股本权益公司，构成东风汽车集团，其资本分布如图 2-32 所示。

(3) **中国第一汽车集团有限公司** 中国第一汽车集团有限公司简称"中国一汽"或"一汽"，国有特大型汽车生产企业。一汽总部位于吉林省长春市，前身是第一汽车制造厂。一汽 1953 年奠基兴建，1956 年建成并投产，制造出新中国第一辆解放牌货车。1958 年制造出新中国第一辆东风牌小轿车和第一辆红旗牌高级轿车。经过 50 多年的发展，一汽已经成为国内最大的汽车企业集团之一。2011 年，一汽进行主业重组，成立了中国第一汽车股份有限公司，逐步形成了东北、华北、西南、华南等生产基地，形成了货车、轿车、轻微型车、客车多品种、宽系列的产品格局。

2020 年，一汽集团累计销售整车 371 万辆，销量规模稳居行业第二位。

中国第一汽车集团公司拥有解放、红旗、奔腾、夏利等自主品牌，以及大众、奥迪、丰田、马自达等合资合作品牌。中国第一汽车集团公司的资本分布如图 2-33 所示。

(4) **中国长安汽车集团股份有限公司** 中国长安汽车集团股份有限公司简称"中国长安"，成立于 2005 年 12 月 26 日，是中国南方工业集团公司、中国航空工业集团公司旗下汽车产业进行战略重组、共同成立的一家特大型企业集团，总部位于北京。目前，中国长安旗下拥有长安汽车、江铃汽车、东安动力、济南轻骑四家上市公司。2009 年 7 月 1 日更为现名。

主要业务：整车、动力总成、零部件、商贸服务四大主业板块。

2020 年，长安集团累计实现汽车产量 200 万辆。

经过多年的发展，中国长安已形成覆盖微车、轿车、客车、校车、重型货车、专用车等宽系列、多品种的产品谱系，拥有排量从 0.8L 到 2.5L 的发动机平台。其中，长安汽车、哈飞汽车、江铃汽车、江滨活塞、建安车桥、山川减振、湖南天雁（江雁）均荣获"中国驰名商标"称号。此外，还拥有青山变速器、东安动力、东安三菱、建安车桥、宁江山川减振器等众多汽车零部件自主品牌。

中国长安汽车集团股份有限公司的资本分布如图 2-34 所示。

(5) **北京汽车股份有限公司** 北京汽车股份有限公司成立于 2010 年 9 月 28 日，由北京汽车集团有限公司等六家大型企业发起组成，是北京市政府重点支持发展的企业。2014 年 12 月 19 日，首次公开发行 H 股并在香港联交所主板挂牌上市。

北京汽车股份有限公司主要从事乘用车车型设计、研发、制造和销售及相关服务，拥有先进技术平台且销售快速增长的北京汽车自主品牌业务，历史悠久的梅赛德斯-奔驰豪华车业务，以及销售稳健增长的北京现代中高端品牌业务。

2020 年，北汽集团累计销售 190 万辆。

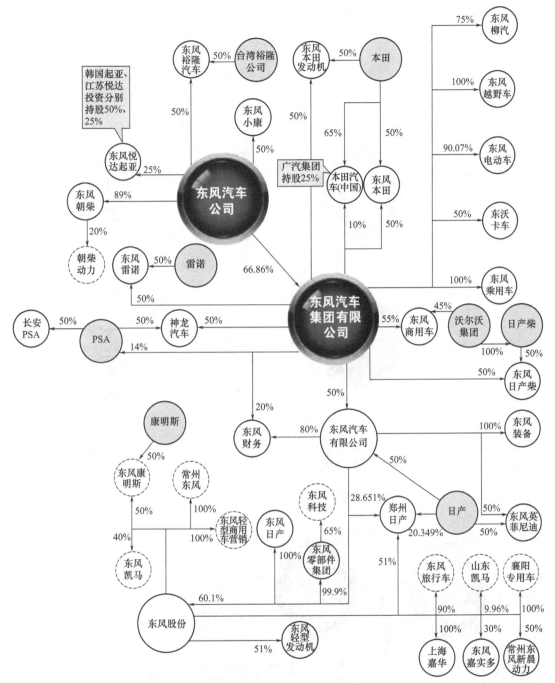

图 2-32　东风汽车集团有限公司的资本分布

北京汽车股份有限公司的资本分布如图 2-35 所示。

4. 中国汽车工业的特点与不足

自 2003 年以来，中国汽车工业进入了高速发展阶段，中国汽车产品的品种和质量都有了很大的提高。汽车工业的成绩可以从这些方面展现出来：

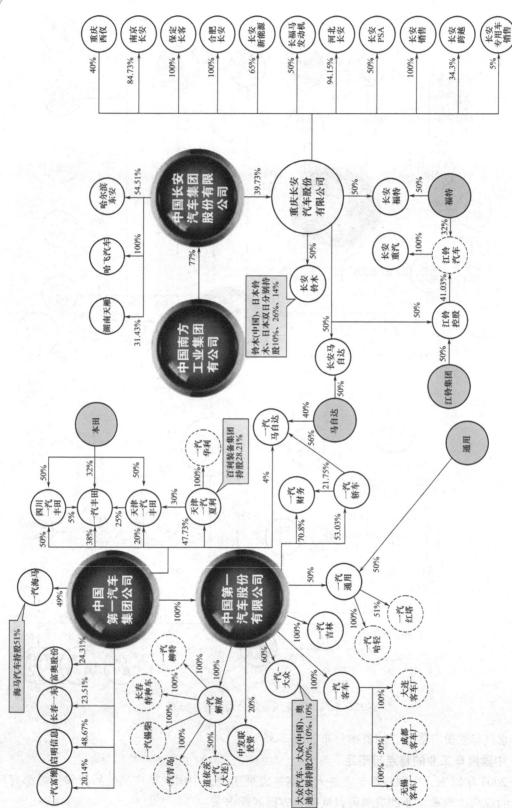

图 2-33 中国第一汽车集团公司的资本分布

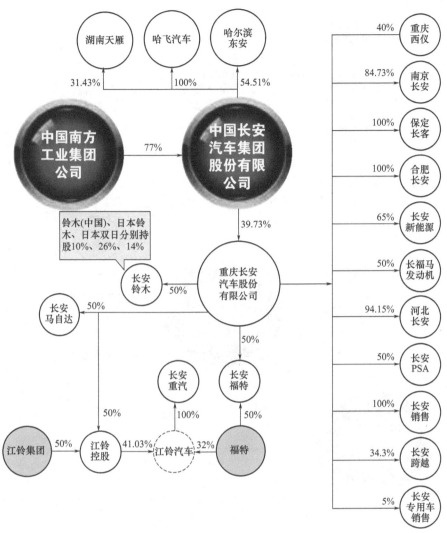

图 2-34 中国长安汽车集团股份有限公司的资本分布

1）汽车产销量高速增长。
2）汽车产品结构发生了很大的变化，汽车产品结构不断优化，轿车比重显著提高。
3）汽车生产集中度明显提高。目前，中国十大汽车厂家产销比重已经达到 90% 以上。
4）汽车产品出口保持高速增长。2005 年汽车产品出口额首次超过进口，已成为世界主要汽车出口国。

与此同时，也应该清楚地看到，中国的汽车工业与发达国家相比还有很大的差距。中国民族轿车工业仍处于起步状态，中国汽车工业的不足主要表现在：
1）自主开发能力较弱。
2）汽车产业散乱局面仍需进一步改进。
3）汽车消费环境还有待进一步改善。

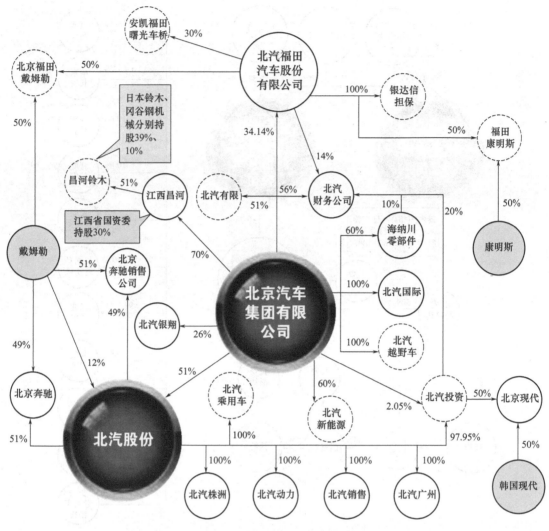

图 2-35 北京汽车股份有限公司的资本分布

第四节 其他车辆行业的发展

车辆工程行业除了汽车工业之外,还涉及工程机械行业、拖拉机行业和摩托车行业等。

一、工程机械的发展

工程机械行业是国民经济发展的重要支柱产业之一,我国已成为世界工程机械第一产销大国,中国制造的工程机械走向了世界各地,综合实力迅速增强,国际竞争力和产业地位大大提升。

工程机械是中国装备工业的重要组成部分。概括地说,凡土石方施工工程、路面建设与养护、流动式起重装卸作业和各种建筑工程所需的综合性机械化施工工程所必需的机械装备,均称为工程机械。它主要用于国防建设工程、交通运输建设、能源工业建设和生产、矿山等原材料工业建设和生产、农林水利建设、工业与民用建筑、城市建设及环境保护等领域。工程机械是保证各种工程建设高速度、高质量、低成本的重要手段。世界工业发达国家都把工程机械作为重点发展行业。

1. 我国工程机械行业的发展历程

我国工程机械行业的发展历程大致可分为六个阶段。

（1）**萌芽时期**（1949年之前）　工程机械最早应用于抗日战争时期的滇缅公路的建设。

（2）**创业时期**（1949~1960年）　我国实施第一个和第二个五年计划，156项工程建设需要大量工程机械，但大部分是进口的，国内筹建了一批以维修为主的、少量生产的工程机械的中小型企业，我国开始步入了工程机械行业形成和发展的起始阶段，未形成独立的行业。

（3）**工程机械行业形成时期**（1961~1978年）　成立了全国行业统一的工程机械管理机构，国务院和中央军委决定在第一机械工业部成立工程机械工业局（五局），并于1961年正式成立，由此对工程机械行业的发展进行统一规划，形成了独立的制造体系；高等学校建立了工程机械专业，培养相应的人才；同时建立了独立的研究所制定全行业的标准，形成了技术情报交流体系。

（4）**全面发展时期**（1979~1998年）　这一时期工程机械管理机构经过几次大变动，主要生产厂家下放至各省、直辖市、自治区管理，随着计划经济向市场经济转变，在市场的推动下，形成了国营和民营工程机械生产厂并存的局面，行业有了很大的发展。

（5）**快速发展时期**（1999~2012年）　随着我国基础设施建设和城乡建设投入的加大，工程机械行业发展很快，成绩显著。2012年统计，全国有1400多家厂商，700多家主机厂，11家进入世界工程机械50强，30多家在A股和H股上市，总销售量近500亿元人民币，超过美国、德国、日本的销售量，位列世界第一，成为工程机械生产大国，但不是生产强国。

（6）**稳定期**（2012年至今）　国家经济结构进行了调整，工程机械发展速度也有所调整，稳中有进，在经历一段不景气的数年后，随着我国实施"一带一路"倡议和国内城乡建设的需要，将会迎来新的发展时期，不但注重发展速度，更注重提高质量，由工程机械生产制造大国向制造强国发展。

2. 我国工程机械行业的现状

（1）**工程机械的年销售量**　我国工程机械，2014年销售量为21.0万台，2015年为13.1万台，2016年为13.7万台，2017年为14.7万台，2018年为15.6万台，2019年为16.9万台，2020年为14.8万台。我国工程机械主要品种保有量达900万台。

（2）**工程机械行业的规模**　2008~2020年中国工程机械全行业的销售收入与增率见表2-3。

表2-3　2008~2020年中国工程机械全行业的销售收入与增率

年份	2020年	2019年	2018年	2017年	2016年	2015年	2014年	2013年	2012年	2011年	2010年	2009年	2008年
销售收入/亿元（不含进出口）	7149	6681	5964	5399	4795	4570	5175	5663	5626	5465	4367	3157	2773
同比（%）	7	12	10.4	12.6	4.93	-11.7	-8.62	0.66	2.96	21.8	38.2	13.8	24.7

(3) 工程机械行业的主要企业 工程机械行业的主要企业包括：徐州工程机械集团有限公司（徐工集团）、三一集团有限公司（三一重工）、中联重科股份有限公司（中联重科）、广西柳工机械股份有限公司（柳工集团）、龙工控股有限公司（龙工）、山河智能装备集团（山河智能）、山推工程机械股份有限公司（山推股份）、中国国机重工集团有限公司（国机重工）、潍柴动力股份有限公司、内蒙古北方重型汽车股份有限公司、厦门厦工机械股份有限公司等。

在2020年全球工程机械制造商50强中，中国企业有9家，三一重工、中联重科、徐工、柳工、山推、龙工、山河智能、福田雷沃、厦工9家中国企业上榜。前10位有3家，为三一重工、徐工集团和中联重科。

3. 我国工程机械行业的发展趋势

（1）节能环保是中国工程机械发展的必然趋势 工程机械内燃机产品是除汽车行业外的第二大能源使用行业，由于其排放密度大，排放指标劣于汽车，因此对环境的污染更为严重。我国对工程机械产品排放要求一直比较宽松，使得市场上大量充斥着高排放的产品，已成为我国目前环境的沉重负担。随着"国六"排放的推进，无论是从减轻环境负担，还是打破对外贸易壁垒等方面考虑，节能环保之路都将成为工程机械发展的主流趋势。中国工程机械产业的发展将更加注重转型升级，而在具体的实施策略中，节能环保将成为主要的发展方向。

（2）中国工程机械将向信息化、自动化、智能化方向发展 在人工智能、大数据、物联网等新一代信息技术推动下，信息化、自动化、智能化已成为工程机械企业发展的主要路径。通过机器人替代、软件信息化、柔性化生产等方式，企业可实现上下游信息透明、协作设计与生产，大大提升了生产服务的质量与效率。随着产业转型升级的持续推进，未来工程机械渗透率有望持续提升，新四化（电动化、网联化、智能化、共享化）将是未来工程机械行业发展的重点，而智能化的普及更是重中之重。

（3）大型化成为工程机械未来重要发展趋势 产品大型化，并非单纯意义上的几何级数的扩大，比如在吨位或其他计算单位上的倍增，其对技术的要求也越来越高。而能否研制出可靠耐用的大型化设备也就成为衡量工程机械企业综合实力的一项重要指标。大型往往意味着更为强大的实力，意味着技术的提高和适应条件的提升。

二、拖拉机行业的发展

中国拖拉机行业是新中国成立以后发展起来的新兴行业。新中国成立前，不要说拖拉机生产，就连维修配件也不能制造。1949年，中国仅拥有拖拉机117台，全部从国外进口。经过70余年的艰苦奋斗，尤其是改革开放40年来的快速发展，拖拉机行业从无到有，从小到大，现已形成能够成批生产大、中、小型拖拉机的生产能力，基本上可满足农、林、牧、副、渔各业生产以及工业产品匹配的需要，发展成为国民经济中不可缺少的具有相当规模的拖拉机制造行业体系。

中国拖拉机行业的发展经历了三个主要阶段。

1. 第一阶段：引进与仿制改进阶段（1950~1965年）

1950年3月，大连习艺机械厂仿制出中国第一台27.4kW的农用轮式拖拉机；同年12

月，山西机器厂参照美国克拉克18.4kW履带式拖拉机试制出中国第一台18.4kW履带式拖拉机，这就是中国拖拉机行业的起点。

在1955～1965年的10年间，中国引进和仿制苏联拖拉机产品，先后建立了第一拖拉机制造厂、长春拖拉机制造厂、天津拖拉机制造厂等10余个大、中型拖拉机制造企业。这些厂家先后生产出东方红-54型、红旗-80型、集材-40型履带式拖拉机和东方红-28型、铁牛-40型等轮式拖拉机。

通过仿制英国福克森拖拉机，分别在江西拖拉机厂、上海拖拉机厂、柳州拖拉机厂生产了丰收-27型、丰收-35型、丰收-37型等水田拖拉机。同一时期，手扶拖拉机产品引进日本的样机，开始了广泛的仿制，1963年，工农-7型手扶拖拉机定型于上海拖拉机厂和常州拖拉机厂。

2. **第二阶段：自行设计研制阶段**（1965～1983年）

从1965年开始，原农业机械部分别组织了2.2kW、3.7kW、7.4～8.8kW手扶拖拉机，7.4～8.8kW小四轮拖拉机，14.7kW、22.1kW、29.4kW、36.8kW、44.1kW轮式拖拉机及58.8kW集材拖拉机的全国联合设计与试制工作。这些机型是：工农-10、工农-12、工农-12K、东风-12、金牛-12和红卫-12等手扶拖拉机；东方红-10、泰山-12、东方红-12等小四轮拖拉机；东方红-20、东方红-30、东方红-40、东风-50、江淮-50和上海-50、铁牛-60、集材-80等轮式拖拉机。这些产品除集材-80外，大都可以水旱通用，并具有较好的运输作业性能，其技术经济指标大体与国际20世纪60年代同类产品的技术水平相当。从1967年起，上述机型陆续进行技术鉴定，并相继投入批量生产。这些拖拉机产品就是中国进入自行设计研制阶段的标志。

到1978年底，中国大、中型拖拉机制造厂已达65个，1979年产量达125573台，其中履带式拖拉机26169台，大、中型拖拉机产销量达到历史最高峰。因此可以认为：在计划经济体制下，20世纪70年代成为中国大中型拖拉机的高速发展时期。

3. **第三阶段：系列产品开始阶段**（1983年至今）

随着农村联产承包责任制的推广，中国农村经济发展速度快速提升，农民对拖拉机的需求量增加，使得工业发展迅猛，各拖拉机企业竞相引进国外先进的拖拉机技术。自1983年起，中国一些大型拖拉机企业先后引进了美国约翰·迪尔公司的"农用拖拉机专有技术"、意大利哥尔多尼公司的"小型拖拉机生产许可证及专有技术"、意大利菲亚特公司的"轻型中等功率拖拉机的技术"、原联邦德国道依茨公司的"道依茨-法尔拖拉机技术"、美国卡特匹勒公司的"5H集材拖拉机专有技术"。通过对这些先进技术的引进、消化和吸收，陆续改进和设计出了多种型号的大、中、小型拖拉机。

进入20世纪90年代，中国的拖拉机市场逐渐呈现低迷发展态势。大、中型拖拉机需求量逐渐减少，生产企业维持在12个左右。

进入21世纪后，拖拉机行业仍在艰难的低谷中爬行。2003年，中国大、中型拖拉机的产销量跌落到10年来的最低点。但是，新一轮拖拉机企业的崛起正随着国家对"三农"（农业、农村、农民）政策的重视在紧锣密鼓地运作之中。2004年，拖拉机市场出现拐点，给多年来在风雨中蹒跚前行的拖拉机行业带来了希望。2004～2019年连续15年发布以"三农"为主题的中央一号文件，强调了"三农"问题在中国社会主义现代化时期"重中之重"

的地位,这使得中国拖拉机行业得到了迅速的发展。

目前,中国的小型拖拉机生产企业有 240 余家,生产能力约 500 万台。中国的大中型拖拉机生产企业约 30 余家,目前生产能力约 80 万台。

中国拖拉机十大品牌分别是: (东方红)、(福田雷沃)、(约翰迪尔)、(时风)、(纽荷兰)、(东风DFA)、(常发)、(五征)、(黄海金马)、(山东常林沭河)。

2010～2020 年中国拖拉机年产量如图 2-36 所示。

图 2-36　2010～2020 年中国拖拉机年产量

从图 2-36 中可以看出,小型拖拉机(功率≤20 马力⊖)产量出现多次起落,总体呈现出"阶梯式"下滑的态势,而且下滑程度逐年严重,2020 年降至 17.8 万台,可见小型拖拉机的产量可能越来越低。

大型(功率>100 马力)和中型(功率为 20～100 马力)拖拉机的年产量从 2016 年开始连续下降。大中型拖拉机的年产量与小型拖拉机的年产量越来越接近,说明大中型拖拉机有较好的发展前景。

近年来,中国拖拉机企业出现了与外国拖拉机企业收购、合资的趋势,如雷沃重工股份有限公司并购了意大利马特马克公司、欧洲高登尼公司;中国一拖集团有限公司收购了法国 McCormick 公司;潍柴控股集团有限公司收购了法国博杜安发动机公司、意大利法拉帝公司、德国欧德思公司、奥地利威迪斯公司;中联重科股份有限公司收购了美国特雷克斯公司;上海纽荷兰农业机械有限公司与意大利菲亚特纽荷兰有限公司合资组建。通过收购、合资外国拖拉机企业,将进一步提高我国拖拉机的质量与档次,逐步与国际先进水平接轨。

⊖　1 马力 = 735.499W。

三、摩托车行业的发展

中国的摩托车工业从20世纪50年代的第一辆"井冈山牌"摩托车算起,已经经历了60多年的风风雨雨。但它真正发展壮大的历史只有改革开放以来的30多年,中国的摩托车工业得到了迅猛的发展,由1980年产量4.9万辆发展到2014年的2126.78万辆,34年增长434倍多。1993年中国摩托车产量为335万辆,首次超过日本当年产量(302万辆),跃居世界第一,并且一直保持至今。

1995年产量为783万辆,超过日本历史上1981年的最高产量(741万辆)。1997年,中国摩托车产量首次突破1000万辆(1003万辆),约占当年世界摩托车总产量(2300万辆)的43%。2006年,中国摩托车产量和销量双双突破2000万辆,分别达到2144.35万辆和2126.67万辆,分别比上年增长20.83%和19.96%。

2008年摩托车产销量达到了最高峰,2008年摩托车生产完成2768.9万辆,销售完成2750.1万辆。

受汽车高速发展、金融危机、欧债危机、国Ⅳ排放标准等因素的影响,2009~2020年摩托车产销量不断下降。

至2019年,全国摩托车保有量0.9亿辆,仅次于汽车的保有量。

2003~2020年中国摩托车的年产销量见表2-4。

表2-4 2003~2020年中国摩托车的年产销量 (单位:万台)

年份	年产量	年销量	年份	年产量	年销量	年份	年产量	年销量
2020年	1702	1707	2014年	2127	2129	2008年	2769	2750
2019年	1737	1713	2013年	2289	2304	2007年	2545	2547
2018年	1558	1557	2012年	2363	2366	2006年	2144	2127
2017年	1715	1713	2011年	2703	2693	2005年	1777	1775
2016年	1682	1680	2010年	2669	2659	2004年	1664	1666
2015年	1883	1882	2009年	2543	2547	2003年	1472	1481

2014年以来,我国摩托车整体产销量均持续走低。2019年,受我国电动摩托车产销快速提升以及250mL及以上大排量摩托车较快增长等因素影响,我国摩托车产销均有回升,全行业产销摩托车1737万辆和1713万辆,同比增长11.5%和10.0%。

根据摩信网统计,2020年,我国摩托车生产企业中,摩托车产量排名前十的分别是大长江、宗申、隆鑫、力帆、银翔、五羊-本田、洛阳北方、新大洲本田、绿源、新日。其中大长江以188.73万辆的年产量排名第一,远超过第二位114.26万辆的宗申。

我国是世界摩托车生产第一大国,也是出口第一大国。2017年出口摩托车达751.09万辆,2018年出口730.92万辆,2019年出口712.48万辆,2020年出口969.53万辆,我国生产的摩托车大约50%在国外销售。

2019年7月1日,我国摩托车国Ⅳ标准正式全面实施。从这一刻起,国内所有销售和注册登记的摩托车都应满足国Ⅳ排放标准,同时停止国Ⅲ标准车辆的上牌申报和销售,这意味着延续了10年之久的摩托车国Ⅲ排放标准翻开了新的一页。

本章相关的主要网站

1. 行业协会或学会相关的网站

（1）中国汽车工程学会　http：//www.sae-china.org/

（2）中国汽车工业协会　http：//www.caam.org.cn/

（3）中国工程机械工业协会　http：//www.cncma.org/

（4）中国汽车工业信息网　http：//www.autoinfo.org.cn/

（5）中国农业机械工业协会　http：//www.caamm.org.cn/

（6）中国农业机械学会　http：//www.agro-csam.org/

（7）中商情报网　http：//www.askci.com/

2. 主要汽车企业的网站

（1）上海汽车工业（集团）总公司　http：//www.saicgroup.com/

（2）东风汽车集团有限公司　http：//www.dfmc.com.cn/

（3）中国第一汽车集团有限公司　http：//www.faw.com.cn/

（4）中国长安汽车集团股份有限公司　http：//www.ccag.cn/

（5）北京汽车股份有限公司　http：//www.baicmotor.com/

（6）广州汽车集团股份有限公司　http：//www.gac.com.cn/

（7）华晨汽车集团控股有限公司　http：//www.brilliance-auto.com/

（8）中国重型汽车集团有限公司　http：//www.cnhtc.com.cn/

（9）长城汽车股份有限公司　http：//www.gwm.com.cn/

（10）奇瑞汽车股份有限公司　http：//www.chery.cn/

（11）安徽江淮汽车集团股份有限公司　http：//www.jac.com.cn/

（12）陕西汽车控股集团有限公司　http：//www.sxqc.com/

（13）郑州宇通集团有限公司　http：//www.yutong.com/

（14）浙江吉利控股集团有限公司　http：//www.geely.com/

（15）比亚迪汽车有限公司　http：//www.byd.com/

（16）厦门金龙汽车集团股份有限公司　http：//www.xmklm.com.cn/

（17）庆铃汽车（集团）有限公司　http：//www.qingling.com.cn/

（18）广西汽车集团有限公司　http：//www.wuling.com.cn/

（19）东南（福建）汽车工业有限公司　http：//www.soueast-motor.com/

3. 主要工程机械企业网站

（1）三一集团有限公司　http：//www.sanygroup.com/

（2）徐州工程机械集团有限公司　http：//www.xcmg.com/

（3）广西柳工机械股份有限公司　http：//www.liugong.cn/

（4）中联重科股份有限公司　http：//www.zoomlion.com/

（5）沃尔沃建筑设备（中国）有限公司　http：//www.volvoce.com.cn/

（6）山推工程机械股份有限公司　http：//www.shantui.com/

（7）中国国机重工集团有限公司　http：//www.sinomach-hi.com/

(8) 龙工控股有限公司　　http：//www.lonking.cn/

(9) 山东临工工程机械有限公司　　http：//www.sdlg.cn/

(10) 小松（中国）投资有限公司　　http：//www.komatsu.com.cn/

4. 主要拖拉机企业网站

(1) 中国一拖集团有限公司　　http：//www.yituo.com.cn/

(2) 山东时风（集团）有限责任公司　　http：//www.shifeng.com.cn/

(3) 常州东风农机集团有限公司　　http：//www.dfamgc.com/

(4) 潍柴雷沃重工股份有限公司　　http：//www.lovol.com.cn/

(5) 山东五征集团有限公司　　http：//www.wuzheng.com.cn/

(6) 约翰迪尔（中国）投资有限公司　　https：//www.deere.com.cn/

(7) 道依茨法尔机械有限公司　　http：//www.deutz-fahr.net.cn/

(8) 中联重科股份有限公司　　http：//www.zoomlion.com/

5. 主要摩托车企业网站

(1) 重庆建设·雅马哈摩托车有限公司　　http：//www.jym.com.cn/

(2) 五羊-本田摩托（广州）有限公司　　http：//www.wuyang-honda.com/

(3) 浙江钱江摩托股份有限公司　　http：//www.qjmotor.com/

(4) 豪爵控股有限公司　　http：//www.haojue.com/

(5) 宗申产业集团有限公司　　http：//www.zongshen.cn/

(6) 济南轻骑铃木摩托车有限公司　　http：//www.qssuzuki.com.cn/

(7) 华晨宝马汽车有限公司　　http：//www.bmw-brilliance.cn/

思 考 题

1. 为何说中国是最早使用车的国家之一？

2. 为何说蒸汽机的发明和应用是第一次工业革命的标志？

3. 蒸汽汽车是哪一年发明的？为什么蒸汽汽车得不到普及？

4. 为何汽车发明日是采用内燃机汽车发明日，而不是采用蒸汽汽车发明日？

5. 世界上第一条汽车流水生产线是哪一年建成的？流水生产线有什么好处？

6. 何谓甲壳虫汽车神话？它对现代车型设计有何借鉴作用？

7. 日本和韩国汽车技术和汽车工业的快速发展有什么值得我们借鉴的地方？

8. 你知道多少家中国大型汽车企业的名称以及它们的年产量、年产值？

9. 你知道多少个中国自主汽车品牌和它们的生产厂家？

10. 你认为中国达到美国、欧洲等发达国家汽车千人保有量的水平会实现吗？会有什么问题？

11. 你对中国汽车工业发展的前景有什么看法？

12. 试展望2030年后世界汽车的发展和汽车工业的状况。

第三章 认识车辆工程专业的平台

车辆工程专业平台为车辆,车辆可分为汽车、火车(铁路机车)、工程机械、军事车辆、摩托车、拖拉机等多种类型。

各个高校的车辆工程专业平台不一,有的侧重火车(铁路机车),如西南交通大学;有的侧重工程机械,如太原科技大学;有的侧重军事车辆,如北京理工大学、解放军理工大学等;有的侧重拖拉机和农用车辆,如中国农业大学、南京农业大学;但大部分学校侧重汽车,如清华大学、吉林大学、同济大学、湖南大学、长安大学、武汉理工大学等。

本章主要介绍汽车的类型、基本构造、基本原理,并简述其他车辆,以使学生认识专业平台。

第一节 汽车的定义与分类

一、汽车的定义

汽车(Automobile)是一种现代交通工具,英文原译为"自动车",在日本也称"自动车",其他文种也多称为"自动车",只有中国例外。

国家标准 GB 7258—2017《机动车运行安全技术条件》中对汽车的定义是:

由动力驱动,具有四个或四个以上车轮的非轨道承载的车辆,包括与电力线相联的车辆(如无轨电车),主要用于:

1)载运人员和/或货物(物品)。
2)牵引载运货物(物品)的车辆或特殊用途的车辆。
3)专项作业。

本术语还包括以下由动力驱动、非轨道承载的三轮车辆:

1)整车整备质量超过400kg、不带驾驶室、用于载运货物的三轮车辆。
2)整车整备质量超过600kg、不带驾驶室、不具有载运货物结构或功能且设计和制造上最多乘坐2人(包括驾驶人)的三轮车辆。
3)整车整备质量超过600kg的带驾驶室的三轮车辆。

美国汽车工程师学会标准 SAE J 687C 中对汽车的定义是:由本身动力驱动,装有驾驶装置,能在固定轨道以外的道路或地域上运送客货或牵引车辆的车辆。

日本工业标准 JISK 0101 中对汽车的定义是:自身装有发动机和操纵装置,不依靠固定轨道和架线仍能在陆上行驶的车辆。

二、汽车的分类

汽车的种类繁多，其分类方法也很多，主要分类方法有：按国家标准分类、按动力装置类型分类、按公安机关管理分类、按发动机布置分类、按驱动方式分类、按发动机位置和驱动方式分类、按行驶道路条件分类以及按行驶机构的特征分类等。

1. 按国家标准分类

国家标准 GB/T 3730.1—2001《汽车和挂车类型的术语和定义》将汽车分为乘用车和商用车两大类。

(1) 乘用车 乘用车是指在其设计和制造上主要用于载运乘客及其随身行李和/或临时物品的汽车，包括驾驶人座位在内最多不超过 9 个座位。它可以装置一定的专用设备或器具，也可以牵引一辆中置轴挂车。乘用车共分为 11 种，其类型和定义见表3-1。

表 3-1 乘用车的类型和定义

	乘用车类型	定 义	示 意 图
1	普通乘用车	车身：封闭式，侧窗中柱有或无 车顶（顶盖）：固定式，硬顶。有的顶盖一部分可以开启 座位：4 个或 4 个以上座位，至少两排。后座椅可折叠或移动，以形成装载空间 车门：2 个或 4 个侧门，可有一后开启门	
2	活顶乘用车	车身：具有固定侧围框架的可开启式车身 车顶（顶盖）：车顶为硬顶或软顶，至少有两个位置：封闭、开启或拆除。可开启式车身可以通过使用一个或数个硬顶部件和/或合拢软顶将开启的车身关闭 座位：4 个或 4 个以上座位，至少两排 车门：2 个或 4 个侧门 车窗：4 个或 4 个以上侧窗	
3	高级乘用车	车身：封闭式。前后座之间可以设隔板 车顶（顶盖）：固定式，硬顶。有的顶盖一部分可以开启 座位：4 个或 4 个以上座位，至少两排。后排座椅前可安装折叠式座椅 车门：4 个或 6 个侧门，也可有一个后开启门 车窗：6 个或 6 个以上侧窗	
4	小型乘用车	车身：封闭式，通常后部空间较小 车顶（顶盖）：固定式，硬顶。有的顶盖一部分可以开启 座位：2 个或 2 个以上座位，至少一排 车门：2 个侧门，也可有一个后开启门 车窗：2 个或 2 个以上侧窗	

(续)

乘用车类型		定　义	示　意　图
5	敞篷车	车身：可开启式 车顶（顶盖）：车顶可为软顶或硬顶，至少有两个位置：第一个位置遮覆车身，第二个位置车顶卷收或可拆除 座位：2个或2个以上座位，至少一排 车门：2个或4个侧门 车窗：2个或2个以上侧窗	
6	仓背乘用车	车身：封闭式，侧窗中柱可有可无 车顶（顶盖）：固定式，硬顶。有的顶盖一部分可以开启 座位：4个或4个以上座位，至少两排。后座椅可折叠或可移动，以形成一个装载空间 车门：2个或4个侧门，车身后部有一仓门	
7	旅行车	车身：封闭式。车尾外形按可提供较大的内部空间 车顶（顶盖）：固定式，硬顶。有的顶盖一部分可以开启 座位：4个或4个以上座位，至少两排。座椅的一排或多排可拆除，或装有向前翻倒的座椅靠背，以提供装载平台 车门：2个或4个侧门，并有一后开启门 车窗：4个或4个以上侧窗	
8	多用途乘用车	上述1～7车辆以外的，只有单一车室载运乘客及其行李或物品的乘用车。但是，如果这种车辆同时具有下列两个条件，则不属于乘用车而属于货车： 1）除驾驶人以外的座位数不超过6个；只要车辆具有可使用的座椅安装点，就算有"座位"存在 2）$P-(M+N\times 68)>N\times 68$ 式中，P为最大设计总质量；M为整车整备质量与一位驾驶人质量之和；N为除驾驶人以外的座位数	
9	短头乘用车	一种乘用车，它一半以上的发动机长度位于车辆前风窗玻璃最前点以后，并且转向盘的中心位于车辆总长的前四分之一部分内	
10	越野乘用车	在其设计上所有车轮同时驱动（包括一个驱动轴可以脱开的车辆），或其几何特性（接近角、离去角、纵向通过角、最小离地间隙）、技术特性（驱动轴数、差速锁止机构或其他形式机构）和它的性能（爬坡度）允许在非道路上行驶的一种乘用车	

（续）

乘用车类型		定 义	示 意 图
11	专用乘用车 旅居车	旅居车是一种至少具有下列生活设施结构的乘用车：座椅和桌子；睡具，可由座椅转换而来；炊事设施；储藏设施	
	防弹车	用于保护所运送的乘员和/或物品并符合装甲防弹要求的乘用车	
	救护车	用于运送病人或伤员并为此目的配有专用设备的乘用车	
	殡仪车	用于运送死者并为此目的而配有专用设备的乘用车	

注：1. 专用乘用车是指运载乘员或物品并完成特定功能的乘用车，它具备完成特定功能所需的特殊车身和/或装备。
    2. 普通乘用车、活顶乘用车、高级乘用车、小型乘用车、敞篷车、仓背乘用车6种乘用车俗称轿车。

（2）商用车 商用车是指在设计和制造上用于运送人员和货物的汽车，以及可以牵引挂车的车辆，分为客车、半挂牵引车和货车3大类。

1）客车。客车是指在设计和制造上用于载运乘客及其随身行李的汽车，包括驾驶人座位在内的座位数超过9座。客车有单层的或双层的，也可牵引一挂车。客车分为8大类，见表3-2。

表3-2　客车的类型和定义

	客车类型	定 义	示 意 图
1	小型客车	用于载运乘客，除驾驶人座位外，座位数不超过16座的客车	
2	城市客车	一种为城市内运输而设计和装备的客车。这种车辆设有座椅及站立乘客的位置，并有足够的空间供频繁停站时乘客上下车走动用	

(续)

客车类型		定 义	示 意 图
3	长途客车	一种为城间运输而设计和装备的客车。这种车辆没有专供乘客站立的位置，但在其通道内可载运短途站立的乘客	
4	旅游客车	一种为旅游而设计和装备的客车。这种车辆的布置要确保乘客的舒适性，不载运站立的乘客	
5	铰接客车	一种由两节刚性车厢铰接组成的客车。在这种车辆上，两节车厢是相通的，乘客可通过铰接部分在两节车厢之间自由走动。这种车辆可以按小型客车、城市客车、长途客车和旅游客车进行装备。两节刚性车厢永久连结，只有在工厂车间使用专用的设施才能将其拆开	
6	无轨电车	一种经架线由电力驱动的客车。这种电车可指定用作多种用途，并按城市客车、长途客车和铰接客车进行装备	
7	越野客车	在其设计上所有车轮同时驱动（包括一个驱动轴可以脱开的车辆）或其几何特性（接近角、离去角、纵向通过角、最小离地间隙）、技术特性（驱动轴数、差速锁止机构或其他形式机构）和它的性能（爬坡度），允许在非道路上行驶的一种车辆	
8	专用客车	在其设计和技术特性上只适用于需经特殊布置安排后才能载运人员的车辆	

2）半挂牵引车。半挂牵引车是指装备有特殊装置用于牵引半挂车的商用车辆，如图 3-1 所示。

3）货车。货车是指一种主要为载运货物而设计和装备的商用车辆，它能否牵引一挂车均可。货车分为 6 种类型，见表 3-3。

图 3-1　半挂牵引车

第三章 认识车辆工程专业的平台

表 3-3 货车的分类与定义

	货车类型	定义	示意图
1	普通货车	一种在敞开（平板式）或封闭（厢式）载货空间内载运货物的货车	
2	多用途货车	在其设计和结构上主要用于载运货物，但在驾驶人座椅后带有固定或折叠式座椅，可运载3个以上的乘客的货车	
3	全挂牵引车	一种牵引牵引杆式挂车的货车。它本身可在附属的载运平台上运载货物	
4	越野货车	在其设计上所有车轮同时驱动（包括一个驱动轴可以脱开的车辆）或其几何特性（接近角、离去角、纵向通过角、最小离地间隙）、技术特性（驱动轴数、差速锁止机构或其他形式机构）和它的性能（爬坡度），允许在非道路上行驶的一种车辆	
5	专用作业车	在其设计和技术特性上用于特殊工作的货车。例如：消防车、救险车、垃圾车、应急车、街道清洗车、扫雪车、清洁车等	
6	专用货车	在其设计和技术特性上用于运输特殊物品的货车。例如：罐式车、乘用车运输车、集装箱运输车等	

2. 其他分类

(1) 按动力装置的类型分类 汽车按动力装置的类型不同可分为汽油机汽车、柴油机汽车、电动汽车、混合动力汽车和燃料电池汽车等（图3-2）。

1）汽油机汽车。以汽油为内燃机燃料的汽车称为汽油机汽车。车用汽油是从石油中提炼出来的，由碳、氢元素组成的烃类化合物。汽油的挥发性好，但抗爆性差，发动机压缩比

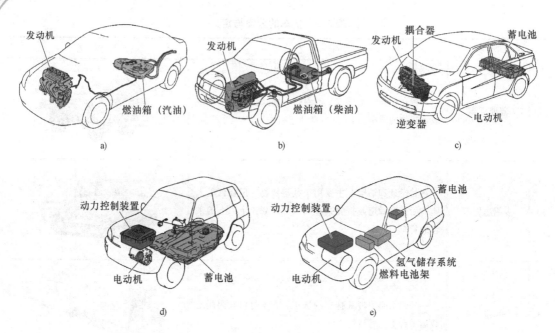

图 3-2 按动力装置类型的汽车分类
a) 汽油机汽车 b) 柴油机汽车 c) 混合动力汽车 d) 电动汽车 e) 燃料电池汽车

小,一般用于轻型汽车上。

2) 柴油机汽车。以柴油为内燃机燃料的汽车称为柴油机汽车。柴油和汽油一样,是从石油中提炼出来的,也是由碳、氢元素组成的烃类化合物,在石油蒸馏过程中,温度在 200~350℃之间的馏分即为柴油。柴油具有良好的抗爆性能,因此,发动机的压缩比大,产生的驱动力矩大,所以广泛用在越野汽车、大型客车、大型货车、农用汽车和工程机械上。

3) 电动汽车。由电动机驱动并且自身装备供电能源(不包括供电架线)的车辆。包括蓄电池式电动汽车、插电式电动汽车、增程式电动汽车等。

4) 混合动力汽车。装备两套动力源的汽车,这种汽车通常装有内燃机-发电机组以及蓄电池。可分为普通混合动力汽车和插电式混合动力汽车两大类。

5) 燃料电池汽车。一种用车载燃料电池装置产生的电力作为动力的汽车。其关键技术是燃料电池。

(2) 按公安机关管理分类 为了便于机动车辆技术检验、核发牌证以及进行专门管理,公安机关根据目前我国汽车工业标准和公安机关管理的需要,将汽车分为大型汽车和小型汽车两种。

(3) 按发动机布置分类 汽车按发动机布置的不同可分为前置发动机汽车、后置发动机汽车、中置发动机汽车、下置发动机汽车和双发动机汽车等。

(4) 按驱动方式分类 汽车按驱动方式的不同可分为前轮驱动汽车、后轮驱动汽车和全轮驱动汽车等。

(5) 按发动机位置和驱动方式分类 汽车按发动机位置和驱动方式的不同可分为前置前驱动汽车(图3-3a)、前置后驱动汽车(图3-3b)、后置后驱动汽车(图3-3c)、中置后驱动汽车（图 3-3d）及前置全轮驱动汽车（图 3-3e）等。

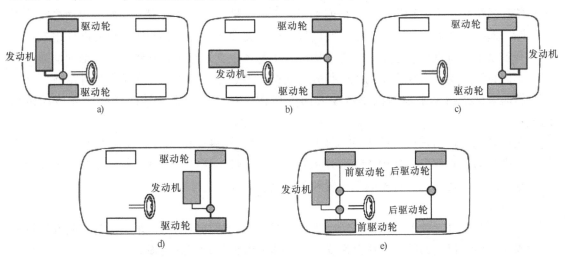

图 3-3 按发动机位置和驱动方式的汽车分类

a）前置前驱动汽车 b）前置后驱动汽车 c）后置后驱动汽车 d）中置后驱动汽车 e）前置全轮驱动汽车

（6）按行驶道路条件分类 汽车按行驶道路条件的不同可分为公路用车和非公路用车。

（7）按行驶机构的特征分类 汽车按行驶机构的特征不同可分为轮式汽车、履带式汽车和半履带式汽车等。

第二节 汽车的总体构造与行驶原理

一、汽车的总体构造

汽车通常由发动机、底盘、车身、电气设备四个部分组成（图3-4）。

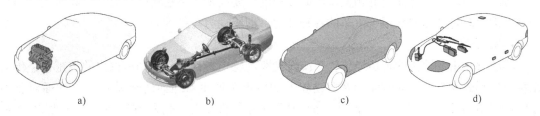

图 3-4 汽车的组成

a）发动机 b）底盘 c）车身 d）电气设备

1. 发动机

汽车发动机是将汽车燃料的化学能转变成机械能的一个机器。大多数汽车都采用往复活塞式内燃机，它一般由曲柄连杆机构、配气机构、燃料供给系统、冷却系统、润滑系统、点火系统（仅汽油发动机）和起动系统等部分组成。

2. 底盘

汽车底盘接收发动机的动力，将发动机的旋转运动转变成汽车的水平运动，并保证汽车按照驾驶人的操纵正常行驶。底盘由传动系统、行驶系统、转向系统和制动系统四部分组成。

传动系统是指将发动机的动能传递到车轮上的全部动力传动装置,并能实现动力的接通与切断、起步、变速、倒车等功能。它由离合器、变速器、传动轴和驱动桥等部件组成。

行驶系统是将汽车各总成、部件连接成一个整体,支承整车,并将旋转运动的动力转变成汽车的直线运动,实现汽车的平顺行驶。它由车架、车桥、车轮和悬架等部件组成。

转向系统是指用来控制汽车行驶方向的机构。它由转向盘、转向器和转向传动机构组成。

制动系统是指用来使行驶中的汽车按照需要降低速度、停止行驶和在坡道上驻车的机构。它由制动控制部分、制动传动部分和制动器等部件组成,一般汽车制动系统至少有两套各自独立的制动装置,即行车制动装置和驻车制动装置。

3. 车身

汽车的车身是驾驶人工作的场所,也是装载乘客和货物的场所。车身应为驾驶人提供方便的操作条件,以及为乘客提供舒适安全的环境或保证货物完好无损。

4. 电气设备

汽车电气设备用于汽车发动机的起动、点火、照明、灯光信号及仪表等监控装置。我国汽车电气系统的电压均采用12V或24V,负极搭铁。汽车的电气设备包括电源系统、起动系统、点火系统、照明装置、信号装置、仪表以及各种电气电子设备,其中电子设备主要有发动机控制系统、变速器控制系统、防抱死制动系统和安全气囊等,这些设备大大地提高了汽车的各种性能。

图3-5所示为汽车的总体结构。

二、汽车的行驶原理

汽车行驶是依靠发动机的动力,经过传动系统降低转速和增大转矩后,传递到驱动轮上,再通过驱动轮与地面间的相互作用而实现的。要确定汽车沿行驶方向的运动状况,则必须掌握沿汽车行驶方向作用于汽车的各种外力,即驱动力与行驶阻力。

1. 驱动力

驱动力是由发动机的转矩经传动系统传到驱动轮上得到的。发动机输出的转矩,经传动系统传递到驱动轮上,此时作用在驱动轮上的转矩T_t产生对地面的圆周力F_0,地面对驱动轮的反作用力F_t(方向与F_0相反)即为驱动汽车的外力,此外力称为汽车的驱动力F_t(图3-6)。

驱动力的产生需要依靠两个作用:

1)依靠发动机提供转矩,经过传动系统改变大小和方向后,传递给驱动轮一定的驱动力矩,进而提供引发驱动力的沿轮胎切向方向的作用力,这是产生驱动力的内部条件。

2)依靠驱动轮与地面间的相互作用,把驱动轮对地面的作用力,转化为地面对驱动轮切向方向的反作用力,这是产生驱动力的外部条件。

汽车每得到一个具体的驱动力,是上述两个方面共同作用、协调一致的结果。

2. 行驶阻力

汽车在水平道路上直线等速行驶时,必须克服来自地面与轮胎相互作用而产生的滚动阻

第三章 认识车辆工程专业的平台

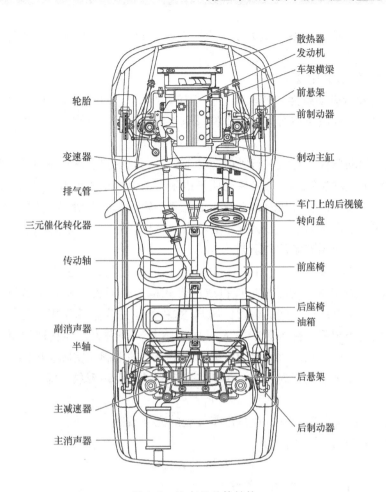

图 3-5 汽车的总体结构

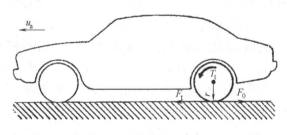

图 3-6 汽车的驱动力

力 F_f 和来自车身与空气相互作用而产生的空气阻力 F_w。

当汽车在坡道上直线上坡行驶时,还必须克服其重力沿坡道的分力,称为坡度阻力 F_i,汽车直线加速行驶时,还需克服加速阻力 F_j。因此,汽车直线行驶时,其总阻力为

$$\sum F = F_f + F_w + F_i + F_j$$

汽车各种行驶阻力中,滚动阻力 F_f 和空气阻力 F_w 是在任何行驶条件下都存在的,坡度阻力 F_i 和加速阻力 F_j 仅在一定的行驶条件下存在。汽车下坡时,F_i 为负值,此时汽车重力沿坡道的分力已不是汽车的行驶阻力,而是动力了。同样,汽车减速行驶时,惯性作用是使

83

汽车前进的，F_j 为负值，也不是阻力了。汽车在水平道路上等速直线行驶时，就没有坡度阻力和加速阻力。

3. 汽车行驶的驱动-附着条件

（1）汽车行驶的驱动条件 若驱动力小于滚动阻力、坡度阻力、空气阻力和加速阻力之和，则汽车无法开动或正在行驶的汽车将减速直至停车，所以汽车行驶的驱动条件为

$$F_t \geq F_f + F_w + F_i + F_j$$

汽车行驶的驱动条件不是汽车行驶的充分条件，它只反映了汽车本身的行驶能力。

可以采用增大发动机转矩、加大传动比等措施来增大汽车驱动力，但这些措施只有在驱动轮与路面之间不发生滑转现象时才有效。如果驱动轮在路面上滑转，则增大驱动力只会使驱动轮加速旋转，地面切向反作用力并不会增大。这种现象表明，汽车行驶除受驱动条件制约外，还受轮胎与地面附着条件的限制。

（2）汽车行驶的附着条件 地面之所以产生切向反作用力，主要是依靠地面与驱动轮接地表面之间的摩擦作用（对轮式拖拉机或履带式拖拉机而言，还有土壤与压入土壤中的驱动轮刺或履带行走器履刺之间的剪切作用）。这种作用称为附着作用，附着作用所能提供的地面反作用力的极限值，称为附着力 F_φ。附着力是一种潜力，当它被利用而表现出来的时候就成了驱动力。很显然，驱动力的发挥受到附着力的限制，实际发出的驱动力，只能小于或等于附着力，而不能大于附着力，否则将发生驱动轮滑转现象，即

$$F_t \leq F_\varphi$$

这就是汽车行驶的附着条件，也是汽车行驶的充分条件。

汽车行驶的充分与必要条件为

$$F_f + F_w + F_i \leq F_t \leq F_\varphi$$

上式称为汽车行驶的驱动-附着条件。

一般情况下，当附着力足够大时，驱动力的最大允许值由最低工作档位上发动机的标定转矩来决定，此时若行驶总阻力超过驱动力，则汽车由于发动机经常超载或频繁熄火而无法正常工作。当发动机转矩足以满足（即驱动力足够大）而附着力不足时，驱动力的最大允许值由附着力决定。若此时行驶总阻力超过附着力，则汽车由于驱动轮产生严重滑转而不能正常工作。

由此可见，发动机的转矩并不是在任何情况下都能充分发挥出来的，有时因受到汽车驱动轮与路面之间附着性能的限制而不能完全被利用。所以，要充分发挥汽车的工作潜力，则应提高汽车的附着性能，同时减小行驶阻力。

第三节 发动机的总体构造

发动机是一种由许多机构和系统组成的复杂机器。无论是汽油机还是柴油机，无论是四冲程发动机还是二冲程发动机，无论是单缸发动机还是多缸发动机，要完成能量转换，实现工作循环，保证长时间连续正常工作，都必须具备一定的机构和系统。汽油机由两大机构和五大系统组成，即由曲柄连杆机构、配气机构、燃料供给系统、润滑系统、冷却系统、点火系统（仅汽油机）和起动系统组成（图3-7）；柴油机由两大机构和四大系统组成，即由曲柄连杆机构、配气机构、燃料供给系统、润滑系统、冷却系统和起动系统组成，柴油机是压燃的，不需要点火系统。

第三章 认识车辆工程专业的平台

图 3-7 汽油机的外形（带中冷）

一、曲柄连杆机构

1. 功用

曲柄连杆机构的功用是：将燃料燃烧时产生的热能转变为活塞往复运动的机械能，再通过连杆将活塞的往复运动变为曲轴的旋转运动而对外输出动力。

2. 组成

曲柄连杆机构由机体组、活塞连杆组和曲轴飞轮组三部分组成。

（1）机体组 机体组主要包括气缸体、气缸盖罩、油底壳、衬垫、气缸盖和气缸垫等不动件（图3-8）。

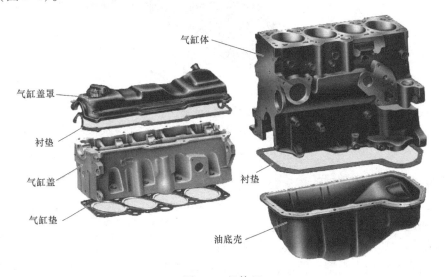

图 3-8 机体组

85

（2）活塞连杆组　活塞连杆组由活塞、活塞环、活塞销和连杆等主要机件组成（图3-9）。

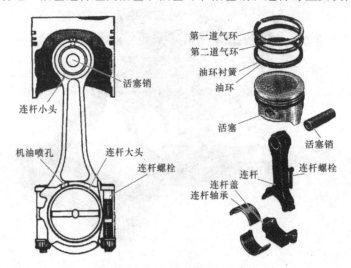

图3-9　活塞连杆组

（3）曲轴飞轮组　曲轴飞轮组主要由曲轴、飞轮、带轮和正时带轮（或链轮）等组成（图3-10）。

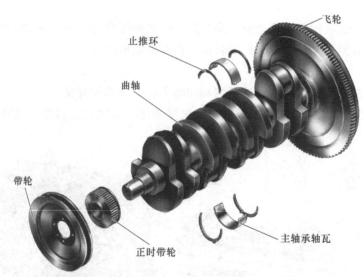

图3-10　曲轴飞轮组

3. 需要进一步学习的知识

需要进一步学习的知识包括：

1）曲柄连杆机构的受力分析。
2）气缸体的功用、类型、特点、结构及材料。
3）气缸套的功用、类型、特点、结构、材料及安装。
4）气缸盖的功用、类型、特点、结构及材料。
5）气缸垫的功用、类型、特点、结构及材料。

6）油底壳的功用、类型、特点、结构及材料。
7）燃烧室的功用、类型、特点、结构及形状。
8）活塞的功用、类型、特点、结构、材料、受力、安装、密封、润滑及加工。
9）气环与油环的功用、类型、特点、结构、材料、受力、安装、密封、润滑及泵油。
10）活塞销的功用、形状、特点、结构、材料、受力、安装及润滑。
11）连杆的功用、类型、特点、结构、材料、受力、安装、密封、润滑及定位。
12）曲轴的功用、类型、特点、结构、材料、受力、安装、密封、润滑及定位。
13）曲轴扭转减振器的功用、类型、特点、结构、材料及安装。
14）飞轮的功用、类型、特点、结构、材料及安装等。

二、配气机构

1. 功用

配气机构的功用是：按照发动机各缸工作过程的需要，定时地开启和关闭进、排气门，使新鲜的可燃混合气（汽油机）或空气（柴油机）得以及时进入气缸，废气得以及时排出气缸。

2. 类型

根据凸轮轴的位置不同，凸轮轴分为下置式、中置式和上置式。配气机构多采用顶置式气门。

配气机构主要包括以下几个部分，即凸轮轴及其传动系统、气门及与气门有关的零部件。图3-11所示为一台顶置凸轮轴直列4缸发动机的配气机构布置情况。该发动机使用正时同步带驱动凸轮轴，采用双凸轮轴直接驱动进、排气门，在凸轮轴和气门之间布置了液压挺柱。

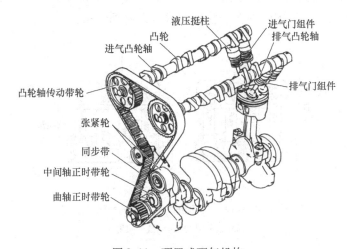

图 3-11 顶置式配气机构

3. 组成

以顶置式为例，配气机构由气门驱动组、气门传动组和气门组三部分组成。

（1）**气门驱动组** 气门驱动组由正时带轮及凸轮轴组成。

（2）**气门传动组** 气门传动组由挺柱、推杆、摇臂轴及支座、摇臂及调整螺钉等组成。

(3) 气门组　气门组由气门、气门导管、气门弹簧、气门锁片及弹簧等组成。

4. 需要进一步学习的知识

需要进一步学习的知识包括：

1）气门的布置形式。
2）凸轮轴三种布置形式的结构特点。
3）凸轮轴三种传动方式的结构特点。
4）每缸气门数及其排列方式。
5）气门间隙及其调整方法。
6）配气相位及配气相位图。
7）气门组的组成、要求及各零件的结构。
8）气门传动组的组成、要求及各零件的结构等。

三、燃料供给系统

根据供给的燃料不同，燃料供给系统一般分为汽油机燃料供给系统和柴油机燃料供给系统。

1. 汽油机燃料供给系统

（1）功用　汽油机燃料供给系统的任务是将汽油经过雾化和蒸发（汽化）并与空气按一定比例均匀混合成可燃混合气，再根据发动机各种不同工况的要求，向发动机气缸内供给不同质（即不同浓度）和不同量的可燃混合气，以便在临近压缩终了时点火燃烧而放出热量燃气膨胀做功，最后将气缸内的废气排至大气中。

（2）类型　目前汽油机的燃料供给系统有：缸外喷射和缸内喷射两大类（图3-12），其中，缸外喷射应用较广，缸内喷射在一些新型汽车上得到应用。

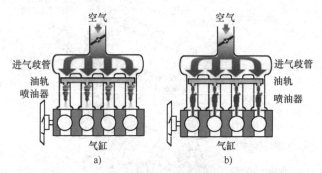

图3-12　汽油机供油系统的类型
a) 缸外喷射　b) 缸内喷射

缸外喷射式汽油供给系统主要由燃油供给系统、进气系统和电子控制系统三部分组成（图3-13）。

发动机电控单元（ECU）收集发动机的运转工况信息，根据发动机的转速、节气门开度、冷却液温度、进气温度、排气中的氧浓度、蓄电池电压及进气流量等信号，按照预先给定的程序，计算出最佳汽油喷射量和最佳喷射正时，并发出指令，由汽油喷油器按时、按量地进行喷射。

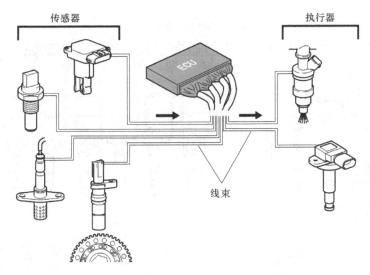

图 3-13　缸外喷射式汽油供给系统的组成

(3) 需要进一步学习的知识　需要进一步学习的知识包括：

1）汽油的特性、牌号、使用性能与选用。
2）可燃混合气成分与汽油机性能的关系。
3）可燃混合气成分对发动机性能的影响。
4）汽车发动机各种工况对可燃混合气成分的要求。
5）电控汽油喷射系统的优点、组成与控制原理。
6）电控汽油喷射系统供油系统的组成及各部件的结构特点与工作原理。
7）电控汽油喷射系统进气系统的组成及各部件的结构特点与工作原理。
8）电控汽油喷射系统电子控制系统的组成及各部件的结构特点与喷油量控制原理。

2. 柴油机燃料供给系统

(1) 功用　柴油机燃料供给系统的功用是：根据柴油机的工作要求，定时、定量、定压地将雾化质量良好的柴油按一定的喷油规律喷入气缸内，并使其与空气迅速而良好地混合和燃烧。燃料供给系统是柴油机最重要的辅助系统，它的工作情况对柴油机的功率和经济性能都有重要的影响。

(2) 组成　柴油机燃料供给系统有传统机械式和电控式两大类。其中，传统机械式燃料供给系统主要用于对排放要求不高的非道路行驶车辆，已趋于淘汰，而电控式燃料供给系统用于道路行驶的汽车。电控式柴油机燃料供给系统有电控直列泵式、电控分配泵式、泵喷嘴式、高压共轨式等类型，其中，电控高压共轨式燃料供给系统应用较广。

如图 3-14 所示的电控高压共轨式燃料供给系统主要由电控单元（ECU）、高压油泵、共轨管和高压油管、电控喷油器以及各种传感器和执行器等组成。低压燃油泵将燃油输入高压油泵，高压油泵将燃油加压送入高压共轨管，高压共轨管中的压力由电控单元根据共轨压力传感器信号以及需要进行调节，高压共轨管内的燃油经过高压油管，根据柴油机的运行状态，由电控单元从预置的脉谱图中确定合适的喷油定时、喷油持续期，由电控喷油器将燃油喷入气缸。

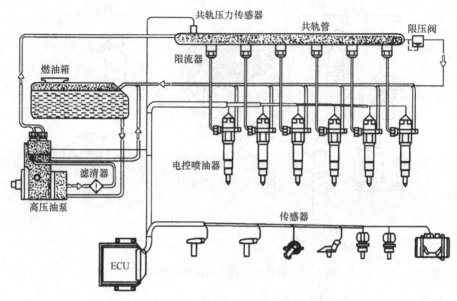

图 3-14 电控高压共轨式燃料供给系统

(3) 需要进一步学习的知识 需要进一步学习的知识包括：

1) 柴油的特性、牌号、使用性能及选用。

2) 柴油机混合气的形成及特点。

3) 传统机械式柴油供给系统（柱塞泵式、分配泵式）的构造组成、供油原理、供油量调节方法。

4) 电控直列泵式柴油供给系统的构造组成、供油原理、供油量控制方法。

5) 电控分配泵式柴油供给系统的构造组成、供油原理、供油量控制方法。

6) 电控泵喷嘴式柴油供给系统的构造组成、供油原理、供油量控制方法。

7) 高压共轨式柴油供给系统的构造组成、供油原理、供油量控制方法。

四、点火系统

1. 功用

点火系统的功用是：点燃式发动机为了正常工作，按照各缸点火次序，定时地供给火花塞以足够高能量的高压电（15000～30000V），使火花塞产生足够强的火花，点燃可燃混合气。

2. 类型

发动机点火系统的类型有很多，主要类型如图 3-15 所示。

目前汽车均采用无分电器式点火（直接点火）系统。

3. 组成

无分电器式点火（直接点火）系统的主要装置如下（图 3-16）：

(1) 传感器 感知发动机的工作状态，为电控单元提供信息。

(2) 电控单元 根据发动机转速、空气流量、节气门位置、蓄电池电压、冷却液温度、

第三章 认识车辆工程专业的平台

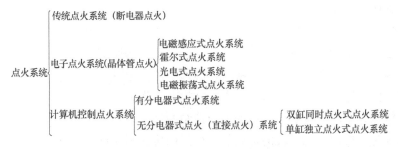

图 3-15 点火系统的主要类型

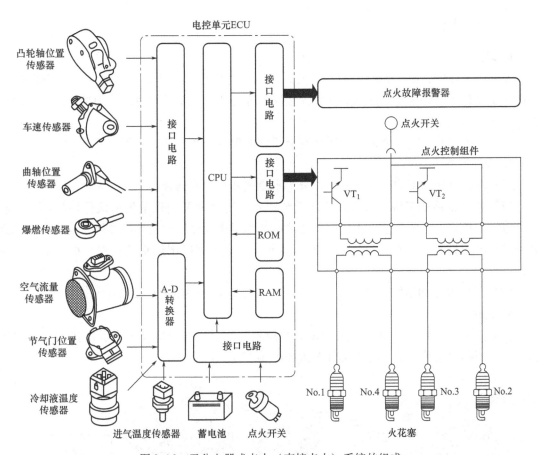

图 3-16 无分电器式点火（直接点火）系统的组成

进气温度、爆燃等信号，算出最佳点火正时提前角度，再发出点火信号，达到控制点火正时的目的。

(3) **点火控制组件** 执行电控单元的命令，为点火提供高压电。

(4) **高压线** 把点火控制组件中的点火线圈产生的高压电传送给火花塞。

(5) **火花塞** 利用高压电击穿气隙，产生火花点燃气缸内的可燃混合气。

4. 需要进一步学习的知识

需要进一步学习的知识包括：

1）对点火系统的要求。

91

2）点火系统的工作过程。

3）点火时刻对发动机的性能要求。

4）点火线圈的功用、要求、类型、特点、结构及工作原理。

5）分电器的功用、要求、类型、特点、结构及工作原理。

6）火花塞的功用、要求、类型、特点、结构及工作原理。

7）半导体点火系统的特点与点火提前角控制原理。

8）微型计算机控制点火系统的特点与点火提前角控制原理。

9）点火提前角的闭环控制原理等。

五、冷却系统

1. 功用

发动机工作时,由于燃料的燃烧,气缸内的气体温度高达1927～2527℃,使发动机零部件的温度升高,特别是直接与高温气体接触的零部件,若不及时冷却,则难以保证发动机正常工作。

冷却系统的功用就是使发动机保持在最适宜的温度范围(80～90℃)内工作。

2. 冷却方式

根据冷却介质的不同,冷却系统可分为水冷式和风冷式两种。

(1) 水冷式冷却系统 水冷式冷却系统以水为冷却介质,热量先由机件传递给水,靠水的流动把热量带走然后散入大气中。散热后的水再重新流回到受热机件处,适当调节水路和冷却强度,就能保持发动机的正常工作温度,同时还可以用热水预热发动机,便于冬季起动。

(2) 风冷式冷却系统 风冷式冷却系统中高温零部件的热量直接散入大气。

3. 组成

目前汽车发动机均采用强制循环式水冷却系统,它主要由冷却风扇、散热器、散热器盖、节温器和水泵等组成,各零部件布置如图3-17所示。

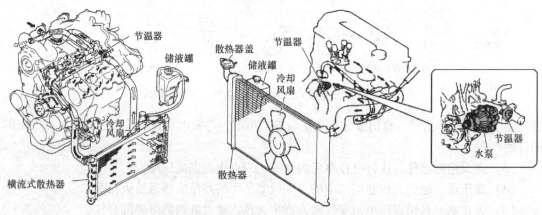

图3-17 冷却系统的组成

(1) 冷却风扇 风扇旋转送风辅助散热器进行热交换。

(2) 散热器 散热器又名水箱,其作用是利用冷风冷却被加热的冷却液。散热器的芯管常用扁形直管，周围制有散热片，芯管有竖置和横置两种方式。

（3）散热器盖 散热器盖具有较高的密封性，其作用是使冷却系统保持一定的压力，提高冷却液的沸点。

（4）节温器 节温器是控制冷却液液流的开关阀，从而使冷却液保持适当的温度。

（5）水泵 水泵的作用是使冷却液循环。

4. 需要进一步学习的知识

需要进一步学习的知识包括：

1) 对冷却系统的要求。
2) 冷却液的作用、使用性能、组成、类型及选用。
3) 散热器的功用、要求、类型、特点、结构及工作原理。
4) 冷却风扇的功用、要求、类型、特点、结构及工作原理。
5) 节温器的功用、要求、类型、特点、结构及工作原理。
6) 水泵的功用、要求、类型、特点、结构及工作原理等。

六、润滑系统

1. 功用

在发动机运转时，必须向各润滑部位提供机油进行润滑。润滑系统的功用就是不断地使机油循环，从而润滑发动机的各个部位，使发动机的各个零件都能发挥出最大的性能。其作用归纳起来如下：

（1）润滑作用 润滑作用是指将零件间的直接摩擦变为间接摩擦，减少零件磨损和功率损耗。

（2）密封作用 密封作用是指利用润滑油的黏性，提高零件的密封效果。例如：活塞与气缸套之间保持一层油膜，增强了活塞的密封作用。

（3）散热作用 散热作用是指通过润滑油的循环，将零件摩擦时产生的热量带走。

（4）清洗作用 清洗作用是指利用润滑油的循环，将零件相互摩擦时产生的金属屑带走。

（5）防锈作用 防锈作用是指使零件表面附上一层润滑油膜，可以防止零件表面被氧化锈蚀。

根据发动机类型和润滑部位的不同，润滑系统的润滑方式也不同。

2. 组成

润滑系统主要由油底壳、机油泵、机油滤清器、机油压力开关、机油尺等组成（图3-18）。

发动机工作时，机油泵将机油从油底壳吸入，并压送到机油滤清器，经机油滤清器滤清后的机油流入主油道，然后分别流入曲轴轴承、凸轮轴轴承和连杆轴承等处，最后又重新回到油底壳。

由于轿车发动机转速高、功率大、凸轮轴多为顶置，机油泵一般由中间轴驱动；配气机构多采用液压挺柱；在主油道与机油泵之间多用单级全流式滤清器，以简化滤清系统。集滤器为固定淹没式，避免机油泵吸入表面泡沫，以保证润滑系统工作可靠。

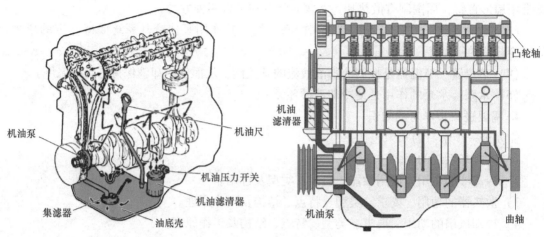

图 3-18 润滑系统的组成

3. 需要进一步学习的知识

需要进一步学习的知识包括：

1）发动机机油的功用、类型、规格、使用性能、选用及更换。
2）机油泵的功用、要求、类型、特点、结构及工作原理。
3）机油滤清器的功用、类型、结构及工作原理。
4）机油冷却器的功用、类型、结构及工作原理等。

七、起动系统

1. 功用

所谓发动机起动，就是用外力转动静止的曲轴，直至曲轴达到能保证混合气形成、压缩和燃烧并顺利运行的转速（称为起动转速，通常在 50r/min 以上），使发动机自行运转的过程。

常用的起动方法有手摇起动和起动机起动。手摇起动就是把手摇臂嵌入曲轴前端的起动爪内，用人力转动曲轴起动，手摇起动简单但不方便，劳动强度大且不安全，现已很少使用。现代汽车都采用电力起动机起动，由于这种方法操作方便、起动迅速且安全可靠，因此得到了广泛的应用。

起动机的作用是由直流电动机产生动力，经传动机构带动发动机曲轴转动，从而实现发动机的起动。

2. 组成

起动系统主要由起动机、起动机继电器、点火开关和起动齿圈等组成。图 3-19 所示为起动机、起动齿圈在发动机上的分布位置。

起动机主要由直流电动机、传动机构和控制机构组成。

直流电动机在直流电压的作用下产生旋转力矩，称为电磁力矩或电磁转矩。起动发动机时，它通过驱动齿轮、飞轮的齿圈驱动发动机的曲轴旋转，使发动机起动。

起动机的传动机构安装在电动机电枢轴上。在起动发动机时，将驱动齿轮与电枢轴连成一体，并使驱动齿轮与起动齿圈啮合，将起动机产生的电磁力矩传递给发动机的曲轴，使发

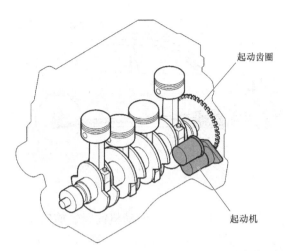

图 3-19 起动机、起动齿圈在发动机上的分布位置

动机起动；发动机起动后，飞轮转速提高，带着驱动齿轮旋转，将使电枢轴超速旋转而损坏。因此，在发动机起动后，驱动齿轮转速超过电枢轴转速时，传动机构应使驱动齿轮与电枢轴自动脱开，防止电枢轴超速。为此，起动机的传动机构必须具有超速保护装置。

控制机构的作用是控制起动机主电路的通、断，并控制驱动齿轮与电枢轴的连接。起动机的控制机构也称为操纵机构，有直接操纵式控制机构和电磁操纵式控制机构两种形式。

3. 需要进一步学习的知识

需要进一步学习的知识包括：

1）发动机机油的功用、类型、规格、使用性能、选用及更换。
2）起动机的功用、要求、类型、结构特点及工作原理。
3）汽油机的预热方式和柴油机的预热方式等。

第四节 底 盘

底盘是汽车的基础。一般汽车底盘由传动系统、行驶系统、转向系统和制动系统组成，以适应汽车行驶时行驶速度与所需的牵引力随道路及交通条件的变化而变化；承受外界对汽车施加的各种作用力（包括重力）以及相应的地面反作用力；改变汽车行驶方向和保持直线行驶；需要时使行驶的汽车减速；在需要停车时，能使汽车在驾驶人离车情况下在原地（包括斜坡上）停住不动。汽车底盘的技术状态直接影响汽车的使用。

一、传动系统

1. 功用

由于发动机与驱动车轮装置在不同位置上，两者之间相隔很长的距离，因此必须设置一个传动系统。传动系统的作用是：传递动力、增大转矩、变换速度、保证两驱动车轮能做等速和不等速滚动、切断动力。

2. 组成

传动系统主要由离合器、变速器、万向传动装置及安装在驱动桥中的主减速器、差速器和半轴组成（图 3-20）。

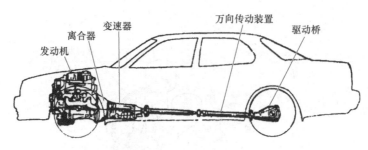

图 3-20 传动系统的组成

3. 典型结构

（1）**轿车传动系统** 图 3-21 所示为一种发动机前置、前轮驱动而且采用独立悬架的轿车传动系统示意图。在图示的布置方案中，发动机、离合器和变速器都布置在驱动桥（前桥）的前方，而且三者与主减速器、差速器装配成一个十分紧凑的整体，固定在车架或车身架上。这样，在变速器和驱动桥之间也就没有必要设置万向节和传动轴，发动机可以纵置，也可以横置。在发动机横置的情况下，由于变速器轴线与驱动桥轴线平行，主减速器可以采用结构和加工都较简单的圆柱齿轮副，由于取消了纵贯前后的传动轴，车身底板高度得以降低，有助于提高汽车高速行驶时的稳定性。整个传动系统集中在汽车前部，因而其操纵机构比较简单。图 3-21 所示方案中，半轴两端用万向节分别与差速器和驱动轮轴连接，是因为前轮既是驱动轮，又是转向轮，而且采用了独立悬架。这种发动机和传动系统的布置形式目前已在微型和轻型轿车上广泛应用，在中、高级轿车上应用得也日益增多。货车没有采用这种方案是因为上坡时作为驱动轮的前轮附着力太小，不能获得足够大的牵引力。

图 3-21 轿车传动系统示意图

（2）**货车传动系统** 图 3-22 所示为货车传动系统示意图。发动机纵向布置在汽车的前部，后轮为驱动轮。发动机的转矩经传动系统，即离合器、变速器、由传动轴和万向节组成的万向传动装置以及安装在驱动桥内的主减速器、差速器和半轴,传递给驱动轮。驱动轮得到的转矩施加给地面一个向后的作用力,并因此而使地面对驱动轮产生一个向前的反作用力,这个反作用力称为驱动力或牵引力。当驱动力足以克服行驶阻力时,汽车才会起步和正常行驶。

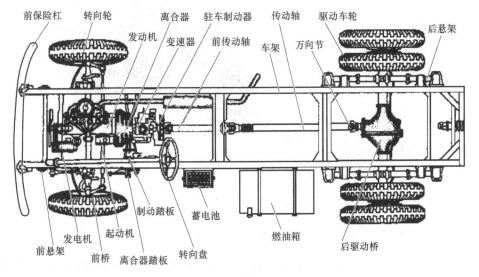

图 3-22　货车传动系统示意图

(3) 大型客车传动系统　图 3-23 所示的布置方案用于发动机后置、后轮驱动的大型客车。发动机、离合器和变速器都横置于驱动桥之后,驱动桥采用非独立悬架。主减速器与变速器之间距离较大,其相对位置经常变化。由于这些原因,有必要设置万向传动装置和角传动装置。大型客车采用这种布置形式更容易做到汽车总质量在前、后车轴之间的合理分配。但是,在此情况下,发动机冷却条件较差,发动机和变速器、离合器的操纵机构都较复杂。

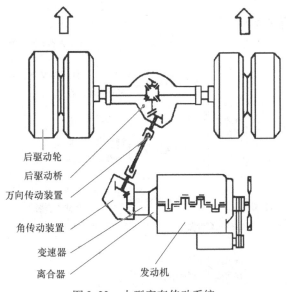

图 3-23　大型客车传动系统

（4）越野汽车传动系统　对于要求能在坏路或无路区域行驶的越野汽车，为了充分利用车轮与地面之间的附着条件，以获得尽可能大的牵引力，总是将全部车轮都作为驱动轮。图 3-24 所示为 4×4 轻型越野汽车传动系统示意图。

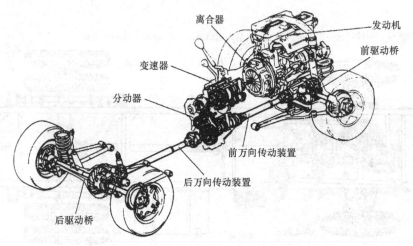

图 3-24　4×4 轻型越野汽车传动系统示意图

为了将变速器输出的动力分配给前、后驱动桥，在变速器与两驱动桥之间设置有分动器，并且相应地增设了自分动器通向前驱动桥的万向传动装置。分动器虽然也装在车架上，但若不与变速器直接连接，且相距较远时，考虑到安装精度和车架变形的影响，两者之间也需要采用万向传动装置。前驱动桥半轴与前驱动轮之间设置万向节，是为了满足前轮兼作转向轮的需要。

4. 离合器

（1）功用　离合器的功用是：使发动机与传动系统平稳接合或彻底分离，便于起步和换档，并防止传动系统过载。

（2）类型　离合器的类型很多，主要类型如图 3-25 所示。

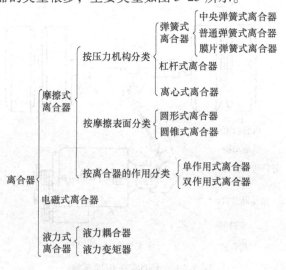

图 3-25　离合器的主要类型

(3) 组成 离合器主要由主动部分、从动部分、压紧部分和操纵部分组成。

1) 主动部分。离合器主动部分由装在曲轴上的飞轮和压盘组成（图3-26）。

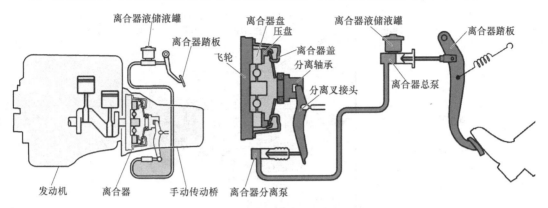

图3-26 离合器的构造

2) 从动部分。离合器从动部分即指双面带摩擦衬片的从动盘。

3) 压紧部分。离合器压紧部分由压紧弹簧和离合器盖组成。

4) 操纵部分。离合器操纵部分包括离合器踏板、分离叉、分离杠杆、分离轴承和分离套筒，大型汽车上设有液压助力装置。

5. 变速器

(1) 作用 变速器的作用是：改变汽车的行驶速度和转矩；利用倒档实现倒车；利用空档暂时切断动力传递。

(2) 类型 变速器的类型如图3-27所示。

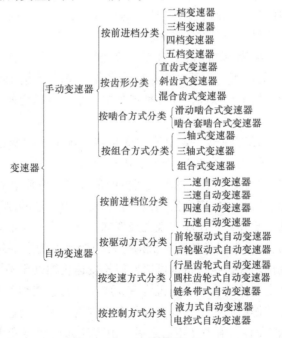

图3-27 变速器的类型

(3) 手动变速器 手动变速器主要由驱动轴、输出轴、差速器、倒档齿轮和 1~5 档齿轮等组成（图 3-28）。

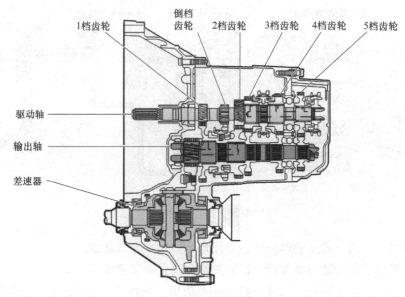

图 3-28 手动变速器的组成

1）变速器输入轴。通过离合器，变速器输入轴和曲轴连接在一起。输入轴的作用是输入动力，输入轴又称为第一轴。

2）变速器输出轴。变速器输出轴直接与汽车的驱动轴或传动轴连接。输出轴的作用是输出动力，输出轴又称为第二轴。

3）变速机构。变速器齿轮分别装在变速器的输入轴及输出轴或中间轴上，通过变换齿轮的传动比，使输出轴获得所需要的转速和转矩。

4）换档操纵机构。换档操纵机构的作用是：改变啮合齿轮的组合，达到变速操作的目的。

5）同步器。同步器的作用是：帮助变速齿轮啮合，保证变速操纵平顺。

变速器的结构复杂、加工精度高，在各种产品中，很少有像变速器这样的装置，每个零件的加工要求都很高。

(4) 自动变速器 自动变速器主要由液力变矩器、行星齿轮变速机构、油泵和电子控制系统（液力式或电液式）等几个部分组成（图 3-29）。

1）液力变矩器。液力变矩器位于自动变速器的最前端，它安装在发动机的飞轮上，其作用与采用手动变速器的汽车中的离合器相似。它利用液力传递的原理，将发动机的动力传给自动变速器的输入轴。此外，它还能实现无级变速，并具有一定的减速增矩功能。

2）行星齿轮变速机构。行星齿轮变速机构是自动变速器的主要组成部分，它包括齿轮变速机构和换档执行机构。换档执行机构可以使齿轮变速机构处于不同的档位，以实现不同的传动比。大部分自动变速器的齿轮变速机构有 3 或 4 个前进档和 1 个倒档。这些档位与液力变矩器相配合，就可获得由起步至最高车速整个范围内的无级变速。

3）油泵。油泵通常安装在液力变矩器之后，由飞轮通过液力变矩器壳直接驱动，为液力变矩器、控制系统及换档执行机构的工作提供一定压力的液压油。

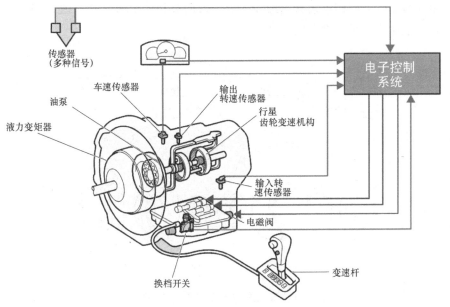

图 3-29 自动变速器的组成

4）电子控制系统。新型汽车自动变速器的控制系统有液力式和电液式两种。液力式控制系统包括由许多控制阀组成的阀板总成以及液压管路。电液式控制系统除了阀板及液压管之外，还包括 ECU、传感器、执行器及控制电路等。阀板总成通常安装在齿轮变速器下方的油底壳内。驾驶人通过自动变速器的操纵手柄改变阀板内手动阀的位置。控制系统根据手动阀的位置及节气门开度、车速、控制开关的状态等因素，利用液压自动控制原理或电子自动控制原理，按照一定的规律控制齿轮变速器中的换档执行机构的工作，实现自动换档。

此外，在自动变速器的外部还设有一个液压油散热器，用于散发自动变速器内液压油在工作过程中产生的热量。

6. 万向传动装置

（1）功用 万向传动装置连接两根轴线不重合而且相对位置经常发生变化的轴，并能可靠地传递动力。万向传动装置的布置如图 3-30 所示。

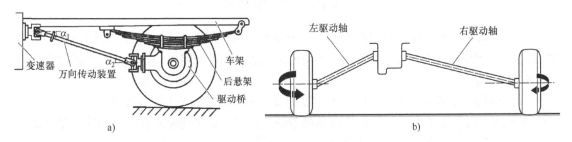

图 3-30 万向传动装置的布置
a）后轮驱动 b）前轮驱动

（2）组成 万向传动装置主要由万向节、传动轴组成，有的装有中间轴承。

前轮驱动轿车的万向传动装置由球笼式等速万向节和传动轴组成（图 3-31）。货车的万向传动装置一般由十字轴刚性万向节和传动轴组成。

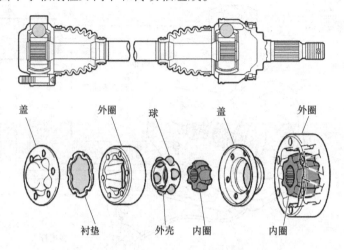

图 3-31　前轮驱动轿车的万向传动装置

7. 主减速器

（1）**功用**　主减速器的功用是：将变速器传来的转矩进一步增大并降低转速，以保证汽车在良好的路面上有足够的驱动力和适当的车速。此外，对于纵置发动机还具有改变转矩旋转方向的作用。

（2）**类型**　主减速器的类型如图 3-32 所示。

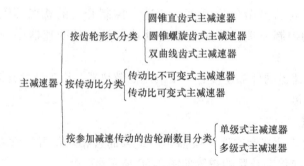

图 3-32　主减速器的类型

（3）**组成**　目前，轿车、轻型货车、中型货车等均采用单级主减速器（图 3-33），由一对锥齿轮组合而成，轴承预紧度和主、从动齿轮之间的啮合间隙可通过调速垫片进行调整。

8. 差速器

（1）**功用**　差速器是汽车上的一个重要装置，其基本结构在不断地改进。

汽车转弯时，由于内、外轮的转弯半径不同，使左、右驱动轮的转速不相等。差速器的功用就是避免轮胎打滑，使汽车圆滑地转弯。

（2）**组成**　差速器主要由行星齿轮、行星齿轮轴、半轴齿轮和差速器壳等组成（图 3-34）。

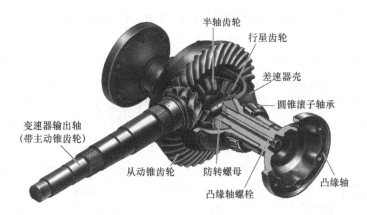

图 3-33 单级主减速器的构造

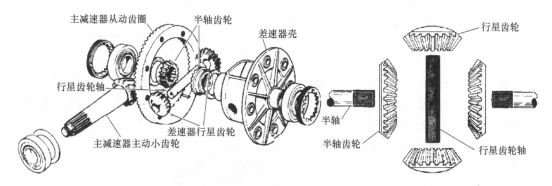

图 3-34 差速器的组成

9. 需要进一步学习的知识

需要进一步学习的知识包括:

1) 离合器的功用、要求、类型、结构、工作原理及使用。
2) 变速器的功用、要求及类型。
3) 手动变速器的类型、结构、变速原理及动力传动路线。
4) 组合变速器的结构与传动原理。
5) 同步器的结构与工作原理。
6) 分动器的功用、结构、工作原理与使用。
7) 自动变速器的类型、结构及档位控制原理。
8) 万向传动装置中不等速万向节、准等速万向节和等速万向节的构造与传动原理。
9) 各种主减速器的结构、安装及调整。
10) 差速器的差速原理、类型及结构特点。
11) 全浮式半轴支承和半浮式半轴支承的结构特点等。

二、行驶系统

1. 功用

汽车行驶系统的功用是:把来自传动系统的转矩转化为地面对车辆的牵引力;承受外界

对汽车施加的各种作用和力矩；减小振动，缓解冲击，保证汽车正常、平顺地行驶。

2. 组成

行驶系统一般由车架、车桥、车轮和悬架组成（图3-35）。车架是全车的装配基体，它将汽车的各相关总成连接成一整体。车轮分别支承着从动桥和驱动桥。为减小车辆在不平路面上行驶时车身所受到的冲击和振动，车桥又通过弹性前悬架和后悬架与车架连接。在某些没有整体车桥的行驶系统中，两侧车轮的心轴也可分别通过各自的弹性悬架与车桥连接，即为独立悬架。

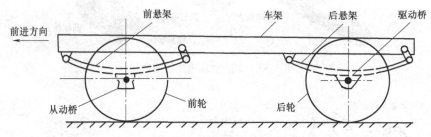

图 3-35　行驶系统的组成

车轮（图3-36）是介于轮胎和车轴之间承受负荷的旋转组件，通常由轮辋和轮辐两个主要部件组成。轮辋是在车轮上安装和支承轮胎的部件，轮辐是在车轮上介于车轴和轮辋之间的支承部件。车轮除上述部件外，有时还包含轮毂。

3. 需要进一步学习的知识

需要进一步学习的知识包括：

1）车架的功用、要求、类型、结构及特点。

2）车桥的类型、结构及特点。

3）转向轮四个定位参数（主销后倾角、主销内倾角、前轮外倾角和前轮前束）的作用与调整。

4）普通斜交轮胎与子午线轮胎的结构、特点及使用。

5）轮胎的规格及使用。

6）减振器的功用、要求、类型、结构、特点及工作原理。

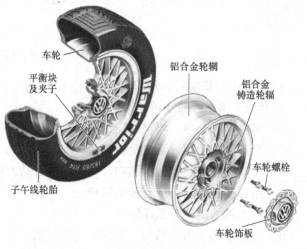

图 3-36　车轮

7）弹性元件的类型、结构、特点。

8）独立悬架和非独立悬架的类型、结构、特点及工作原理等。

三、转向系统

1. 功用

转向系统的功用是：改变和保持汽车行驶方向。

2. 组成

汽车转向系统分为机械转向系统和动力转向系统两大类。

（1）机械转向系统 机械转向系统以驾驶人的体力作为转向能源，其中所有传力件都是机械的。机械转向系统由转向操纵机构、转向器和转向传动机构三大部分组成，其一般布置情况如图 3-37 所示。

（2）动力转向系统 动力转向系统是兼用驾驶人体力和发动机动力作为转向能源的转向系统。在正常情况下，汽车转向所需的能量只有一小部分由驾驶人提供，而大部分是由发动机通过转向加力装置提供的。但在转向加力装置失效时，一般还是能由驾驶人独立承担汽车转向任务的。因此，动力转向系统是在机械转向系统的基础上加设一套转向加力装置而形成的。

图 3-38 所示为液压动力转向系统的组成，其中属于转向加力装置的部件是转向储油罐和转向液压泵。

3. 需要进一步学习的知识

需要进一步学习的知识包括：

1）两侧转向轮偏转角之间的理想关系式。

2）转向器的功用、要求、类型、结构、特点及工作原理。

3）转向传动机构的功用、结构及特点。

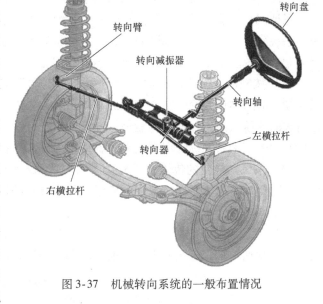

图 3-37 机械转向系统的一般布置情况

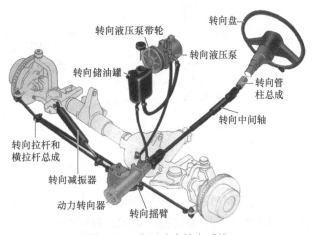

图 3-38 液压动力转向系统

4）液压助力装置和气压助力装置的组成、结构、特点及工作原理等。

四、制动系统

1. 功用

制动系统的功用是：根据需要使汽车减速或在最短的距离内停车，以保证行车的安全；使驾驶人敢于发挥出汽车的高速行驶能力，从而提高汽车运输的生产率；使汽车能可靠地停放在坡道上。

2. 类型

（1）按制动系统的作用分类 可分为行车制动系统、驻车制动系统、应急制动系统及辅助制动系统等。用以使行驶中的汽车降低速度甚至停车的制动系统称为行车制动系统；用以使已停驶的汽车驻留原地不动的制动系统称为驻车制动系统；在行车制动系统失效的情况下，保证汽车仍能实现减速或停车的制动系统称为应急制动系统；在行车过程中，辅助行车制动系统降低车速或保持车速稳定，但不能将车辆紧急制停的制动系统称为辅助制动系统。行车制动系统和驻车制动系统是每一辆汽车都必须具备的。

（2）**按制动操纵能源分类** 可分为人力制动系统、动力制动系统和伺服制动系统等。以驾驶人的肌体作为唯一制动能源的制动系统称为人力制动系统；完全靠由发动机的动力转化而成的气压或液压形式的势能进行制动的系统称为动力制动系统；兼用人力和发动机动力进行制动的制动系统称为伺服制动系统或助力制动系统。

（3）**按制动能量的传输方式分类** 可分为机械制动系统、液压制动系统、气压制动系统、电磁制动系统等。同时采用两种以上传能方式的制动系统称为组合制动系统。

3. 组成

（1）**液压制动系统** 液压制动系统的基本组成如图3-39所示。液压制动系统主要由制动主缸、制动轮缸、真空助力器、前轮制动器和后轮制动器等组成。

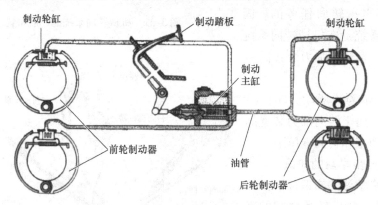

图3-39 液压制动系统的基本组成

（2）**气压制动系统** 气压制动传动装置是利用压缩空气作为动力源的动力式制动装置。驾驶人只需按不同的制动强度要求，控制制动踏板的行程，便可控制制动气压的大小来获得所需要的制动力。

气压制动系统由两大部分组成（图3-40）：一是气源部分，它包括空气压缩机、调压机构（卸荷阀和调压阀）、储气筒、气压表和安全阀等部件；二是控制部分，它包括制动踏板、控制阀、控制管路、制动气室、制动灯开关等部件。

现代汽车的气压制动系统远不止这些基本部件，都是双管路控制系统，外加不少改善制动性

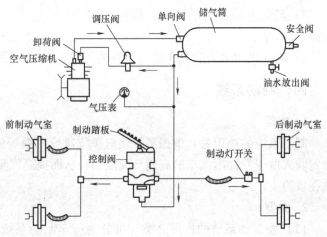

图3-40 气压制动系统的组成

能的泵类、阀类装置，使得气压制动系统变得更为复杂，也更加完善。

（3）车轮制动器 汽车车轮制动器分为鼓式和盘式两种，它们之间的区别在于前者的摩擦副中旋转元件为制动鼓，其圆柱面为工作表面；后者摩擦副中的旋转元件为圆盘状制动盘，其端面为工作表面。

盘式制动是由摩擦衬块夹紧制动盘产生制动，鼓式制动是由摩擦衬片压紧旋转的制动鼓内侧产生制动。两种制动方式都产生大量的摩擦热，制动装置就是把行驶中汽车的动能转换为热能，使汽车减速的装置（图3-41）。

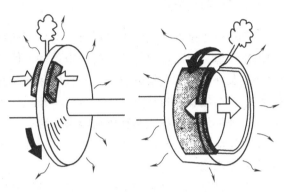

图3-41 制动器的制动原理

（4）驻车制动器

1）功用。驻车制动器的功用是：停驶后防止汽车滑溜；坡道起步；行车制动失效后，临时使用或配合行车制动器进行紧急制动。

2）组成。驻车制动器有两种形式：一种是安装在变速器或分动器后，称为中央制动器（图3-42）；另一种是利用后桥的行车制动器，兼作驻车制动器。

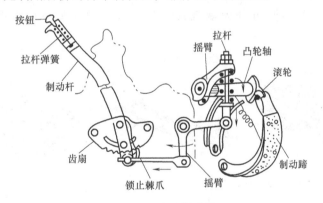

图3-42 中央制动器

4. 需要进一步学习的知识

需要进一步学习的知识包括：

1）制动器的功用、要求、类型、结构及特点。
2）制动轮缸式制动器间隙的调整原理。
3）盘式制动器的功用、要求、类型、结构及特点。
4）制动主缸的功用、类型、结构及特点。
5）真空助力器的功用、要求、类型、结构及特点。
6）气压增压器的功用、要求、类型、结构及特点。
7）气压制动系统的组成、结构、特点及工作原理。
8）全液压制动系统的组成、结构、特点及工作原理。

9）制动力调节装置的类型与调节原理。

第五节　车　身

一、车身的作用

汽车车身既是驾驶人的工作场所，也是容纳乘客和货物的场所。车身应对驾驶人提供便利的工作环境，对乘员提供舒适的乘坐条件，保护他们免受汽车行驶时的振动、噪声、废气的侵袭以及外界恶劣气候的影响，并且应保证完好无损地运载货物且装卸方便。汽车车身上的一些结构措施和装备还有助于安全行车和减轻车祸等严重事故的后果。车身应保证汽车具有合理的外部形状，在汽车行驶时能有效地引导周围的气流，减少空气阻力和燃料消耗。此外，车身还应有助于提高汽车的行驶稳定性和改善发动机的冷却条件。保证车内通风是对车身的主要要求之一。

汽车车身是一件精致的综合艺术品，应以其明晰的雕塑形体、优雅的装饰件和内部覆饰材料以及悦目的色彩使人获得美的感受，点缀人们的生活环境。

二、车身的分类

1. 按承载形式分类

车身按承载形式的不同可分为承载式车身、非承载式车身和半承载式车身三大类（图3-43）。

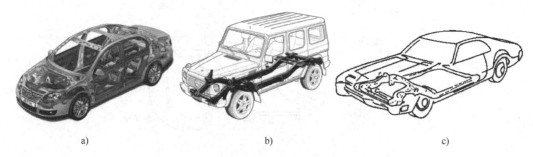

图3-43　按承载形式分类的车身
a）承载式车身　b）非承载式车身　c）半承载式车身

（1）**承载式车身**　承载式车身的结构特点是没有车架。车身由底板、骨架、内蒙皮和外蒙皮、车顶等组焊成刚性框架结构，整个车身构件全部参与承载，所以称为承载式车身。由于无车架，因此也称为无车架式车身。

对承载式车身而言，由于整个车身都参与承载，强度条件好，因此可以减轻车身的自重。因无须车架，车室内空间可增大，地板高度可降低，整车的高度也可下降，有利于提高轿车的行驶稳定性和上、下车的方便性。

（2）**非承载式车身**　非承载式车身的结构特点是有独立的车架，所以也称车架式车身。车身用弹簧或橡胶垫弹性地固定在车架上面，底盘总成如传动、驱动、转向以及发动机总成等也安装在车架上。安装和承载的主体是车架。车身只承受所载人员和行李的重量。

由于汽车的振动是通过车架传至车身（乘坐区）的，而车架与车身之间为弹性连接，这样车身所受冲击小、振动小，乘坐的舒适性提高了，车身所受载荷也减小了。

对于非承载式车身，其发动机和底盘总成直接安装在车架上，然后与车身组装成一体，这对车身的改型和改装带来了方便。而且，车身的维修也比较方便。

由于非承载式车身只承受人和行李的重量，不参与承载，所以整车质量和尺寸增大了。这对整车的动力性和燃油经济性以及行驶稳定性有不利的影响。

（3）**半承载式车身** 半承载式车身的结构与非承载式车身的结构基本相同，也是属于有车架式的。它们之间的区别在于：半承载式车身与车架的连接不是柔性的而是刚性连接，即车架与车身焊接或用螺栓固定。

由于是刚性连接，所以车身只是部分参与承载，车架是主承载体。

2. 按汽车用途分类

车身按汽车用途的不同可分为轿车车身、客车车身、货车车身等几大类。

三、车身参数

汽车车身的主要尺寸参数有外廓尺寸、轴距、轮距、前悬、后悬、接近角、离去角、通过角、最小离地间隙、最小转弯直径、货车车头长度和车厢尺寸等。汽车外廓尺寸包括汽车的长、宽、高，如图3-44所示。

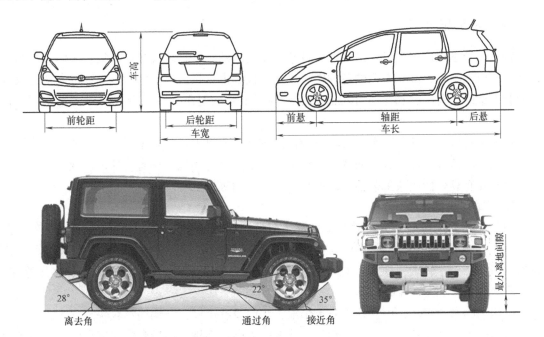

图3-44 汽车车身的主要尺寸参数

（1）**汽车长度** 是指汽车长度方向两极端点间的距离。在测量长度时不包括汽车牌照但包括汽车牌照架，保险杠的长度一般计算在内。

（2）**汽车宽度** 是指汽车宽度方向两极端点间的距离。在测量车宽的时候，过车辆两侧固定凸出部位（但不包括后视镜、侧面标志灯、示位灯、转向指示灯、挠性挡泥板、折叠式踏板、防滑链以及轮胎与地面接触变形部分)。

(3) **汽车高度** 是指汽车最高点至地面间的距离。在测量车高时,轮胎气压应符合设计要求,并且空载。

(4) **汽车轴距** 是指汽车前轴中心至后轴中心的距离。

(5) **汽车轮距** 是指同一车桥左右轮胎胎面中心线间的距离。

(6) **汽车前悬** 是指汽车最前端至前轴中心的距离。

(7) **汽车后悬** 是指汽车最后端至后轴中心的距离。

(8) **汽车接近角** 是指车辆空载时汽车前端凸出点向前轮引的切线与地面的夹角,且前轴前面任何固定在车辆上的零部件不得在此平面的下方。

(9) **汽车离去角** 是指车辆空载时汽车后端凸出点向后轮引的切线与地面的夹角,且后轴后面任何固定在车辆上的零部件不得在此平面的下方。

(10) **汽车通过角** 是指汽车空载时,水平面(地面)与切于前、后轮轮胎外缘的两平面交于车体下部较低部位时所夹的最小锐角。

(11) **汽车最小离地间隙** 是指汽车满载时,最低点至地面的距离。就是指地面与车辆底部刚性物体之间的距离。

(12) **汽车最小转弯直径** 是指当转向盘转到极限位置,汽车以最低稳定车速转向行驶时,外侧转向轮的中心平面在支承平面上滚过的轨迹圆直径。

四、轿车车身

轿车车身是现代汽车工业最引以为自豪的创新之一,也是现代社会最吸引人们目光的事物之一。川流不息、五光十色的各种轿车成为现代都市一景。即使因为汽车数量大增造成现代社会严重的交通问题和生态环境恶化,但轿车车身造型作为一种现代优秀文化是不可否认的。

轿车车身包含内部空间布置和车身构件的设计。人机工程学是车身内部布置的指导原则之一,它要求营造合理、舒适的驾驶工作场所和乘员旅行环境。车身构件设计既要尽量减轻重量,还要有良好的制造工艺性,因而是一项复杂的机械工程。

1. 轿车车身的类型

(1) **按轿车的类型分类** 轿车车身按轿车类型的不同可分为四门轿车、双门轿车(两排座位)、双门轿车(单排座位)、旅行车、四门硬顶轿车、双门硬顶轿车、高级轿车(两排座位)、高级轿车(三排座位)、四门敞篷车、双门敞篷车、跑车、运动车、多用途车、厢式车等车身,如图3-45所示。

硬顶车的车顶轻巧,中立柱没有上半部,车门没有窗框,结构简洁轻快。

高级轿车与其他轿车的主要区别是:前者的主座在后排,而后者的主座在前排;前者由聘任驾驶人驾驶,而后者由车主自己驾驶。

(2) **按舱数分类** 轿车车身按舱数的不同可分为三厢车、两厢车和单厢车(图3-46)。

1) 三厢车。三厢车的"三厢",是指一个发动机舱、一个乘员舱、一个行李舱。大多数车身均采用三厢车,如桑塔纳、捷达、奥迪A6等。

图3-45 按轿车的类型不同分类的车身
a) 四门轿车 b) 双门轿车（两排座位） c) 双门轿车（单排座位） d) 旅行车
e) 四门硬顶轿车 f) 双门硬顶轿车 g) 高级轿车（两排座位） h) 高级轿车（三排座位）
i) 四门敞篷车 j) 双门敞篷车 k) 跑车 l) 运动车 m) 多用途车 n) 厢式车

发动机舱用来安置汽车的发动机、变速器等重要组成。后来，发动机舱的作用越来越重要起来，现代汽车的发动机舱还肩负着被动安全性的重要使命，即当汽车发生意外的正面碰

图 3-46 按轿车舱数不同分类的车身
a) 三厢车 b) 两厢车 c) 单厢车

撞时，发动机舱会折曲变形以吸收碰撞产生的巨大能量，减少碰撞对车内外人员的猛烈冲击，起到保护车内乘员的作用。

车身中部的乘员舱设计坚固、刚性大，遇到碰撞和翻滚的冲击时车厢变形小，能够防止车门在运动中自行打开甩出乘客，减小乘员因车厢变形挤压致伤的危险，并有利于车祸后乘员能顺利地打开车门逃生。

行李舱不仅要负责行李的放置，它还肩负着降低后车追尾所致伤害的功能。

三厢式轿车中间高两头低，从侧面看前后对称，造型美观大方。三厢式小轿车的缺点是车身尺寸长，在交通拥挤的大城市里行驶及停泊不是很方便。

2）两厢车。两厢车是指将乘员舱和行李舱做成同一个厢体，并且发动机独立的布置形式。这种布局形式能增大车内空间，因此多用于小型车和紧凑型车。两厢车尾部有宽敞的后车门，使这种汽车具备了使用灵活、用途广泛的特点。但两厢车的尾部容易产生明显的紊乱气流，不仅影响车身的流线型，而且还容易导致后风窗蒙上灰尘。因此，两厢车一般都会装备后刮水器。

3）单厢车。就是发动机舱与乘员舱的构架是连贯一体，使三个舱被整合在一起的车身。单厢车最大的优点就是车内空间宽大、车身结构更为坚固安全、具有更优良的空气动力学特性，能大大降低风阻系数，节约能耗。但单厢车也有致命的缺点，就是没有单独的发动机舱，在发生正面撞击时没有缓冲。

由于严格的安全法规，除日本外，北美和欧洲已禁止生产这种原始形态的"单厢车"。但受该车型的启发，结合两厢车和面包车的特点，产生了颇具魅力的新型的"单厢车"，比较常见的"毕加索"就是很有代表性的一种单厢车。

2. 轿车车身的发展

轿车诞生一百多年来，其车身经过了马车形、箱形、甲壳虫形、船形、鱼形、楔形、贝壳形和子弹头形等演变（图 3-47）。

3. 轿车车身的组成

承载式车身构件按照其功能和强度可分成结构件和非结构件，结构件通过点焊或激光焊接工艺连接在一起，构成一个高强度的整体式车身箱体，这就是车体焊接总成。非结构件是指车身面板、内饰件和外饰件等，它们通过螺栓、胶粘、铰接或焊接等方式覆盖在车体外面，起到密封车身、减小空气阻力、美化的作用，通常也称它们为车身覆盖件。车身结构件和非结构件如图 3-48 所示。

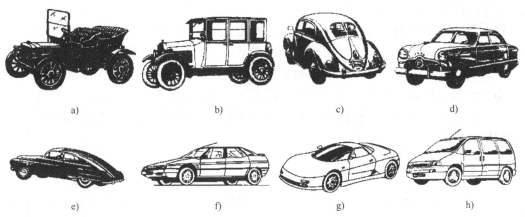

图 3-47 轿车车身外形的演变
a) 马车形汽车 b) 箱形汽车 c) 甲壳虫形汽车 d) 船形汽车 e) 鱼形汽车
f) 楔形汽车 g) 贝壳形汽车 h) 子弹头形汽车

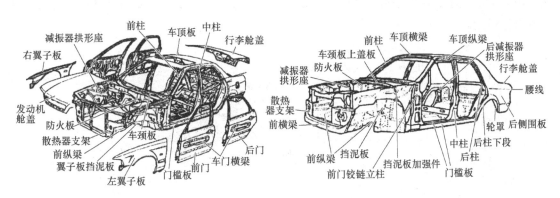

图 3-48 车身的组成

第六节 电气设备

一、电气设备的组成

现代汽车上所装电气设备种类繁多、功能各异,主要分为电源和用电设备两大部分。电源部分包括蓄电池、发电机及其调节器。

用电设备主要有:点火系统、起动系统、照明系统、信号系统、仪表系统、显示系统、空调系统、辅助电气设备及电子控制系统等。

起动系统由蓄电池供电,将电能转变为机械能带动发动机转动。完成起动任务后,立即停止工作。

点火系统是汽油机不可缺少的组成部分,其功能是按发动机工作顺序产生高压电并通过火花塞跳火,保证适时、准确地点燃气缸内的可燃混合气。有蓄电池点火系统和电子点火系统两大类。

照明及信号系统包括前照灯、各种照明灯、信号灯以及电喇叭、蜂鸣器等,保证各种运行条件下的行车安全。

仪表及显示系统包括各种机械式或电子式的燃油表、机油压力表、冷却液温度表、电流表、车速里程表及各种显示装置等，用以指示发动机与汽车的工作情况。

附属电气设备包括电动刮水器、电动玻璃升降器、空调系统、声像系统、防盗系统、电动座椅、电动天窗、GPS 设备等，以提高汽车行驶的安全性、经济性和舒适性。

电子控制系统包括燃油喷射控制系统、防抱死制动控制系统、自动变速器控制系统和电子悬架控制系统等。

二、供电系统

汽车的供电系统由蓄电池、发电机及其调节器组成（图 3-49）。在发动机正常工作的情况下，发电机向点火系统及其他用电设备供电，并同时向蓄电池充电。当汽车上的用电设备耗电量过大，所需功率超过发电机的额定功率时，蓄电池和发电机同时向全部用电设备供电。当发动机低速运行时，发电机不发电或发出的电压很低，此时汽车用电设备所需的电能完全由蓄电池供给。在发动机起动时，起动机、点火系统和仪表等主要用电设备所需电能也由蓄电池供给。

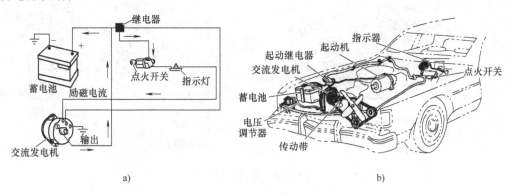

图 3-49　供电系统
a）组成　b）在汽车上的分布位置

1. 蓄电池的功用

蓄电池的主要功用如下：

1）发动机起动时，向起动机和点火系统供电。

2）发动机低速运转、发电机电压较低或不发电时，向用电设备供电，同时还向交流发电机励磁绕组供电。

3）发动机中高速运转、发电机正常供电时，将发电机剩余电能转换为化学能储存起来。

4）发电机过载时，协助发电机向用电设备供电。

5）稳定系统电压、保护电子设备。因为蓄电池相当于一只大容量电容器，所以不仅能够保持汽车用电系统的电压稳定，而且还能吸收电路中出现的瞬时电压，防止电子设备击穿损坏。

蓄电池按是否需要维护分为传统型（需维护）和免维护型两大类（图 3-50）。

a) b)

图 3-50 蓄电池

a）传统型 b）免维护型

2. 交流发电机

硅整流交流发电机（图 3-51）的主要功用是：当发电机输出电压高于蓄电池电压时，便代替蓄电池向全车用电设备（除起动机）直接供电，同时对蓄电池进行充电。

三、照明设备

汽车在夜间或雾中行驶时，需要用灯光来照亮道路的前方，同时要有发光的标志和信号，便于联络和保障行车安全。因此，汽车上必须有照明设备。

汽车照明分外部照明和内部照明两大类。外部照明主要有：前照灯（图 3-52）、雾灯、牌照灯和防空灯等。内部照明主要有：厢灯、顶灯、阅读灯、踏步灯、工作灯、发动机舱灯和仪表灯等。

图 3-51 硅整流交流发电机

图 3-52 前照灯

四、仪表系统

为了使驾驶人能够随时掌握汽车各系统的工作情况，在汽车驾驶室的仪表板上装有各种指示仪表及各种报警装置（图 3-53）。

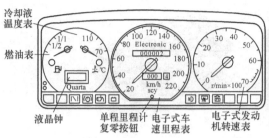

图 3-53　轿车仪表

汽车一般采用组合仪表板，组合仪表板主要由车速表、转速表、冷却液温度表、燃油表、时钟等组成。仪表电路为薄膜印制电路，冷却液温度表与燃油表制成一个总成，为了防止电源电压变化给燃油表、冷却液温度表的指示精度带来影响，燃油表和冷却液温度表配有仪表稳压器。

五、信号系统

1. 转向信号灯

转向信号灯安装在车身前端和后端的左、右两侧，由驾驶人在转向之前，根据将向左转弯或向右转弯，相应地开亮左侧或右侧的转向信号灯，以通知交通警察、行人和其他汽车上的驾驶人。为了在白天能引人注目，转向信号灯的亮度很强，此外，为引起对方注意，在转向信号灯电路中装有转向信号闪光器，借以使转向信号灯发生闪烁。闪烁式转向信号灯可以单独设置，也可以与前小灯合成一体，在后一种情况下，一般用双灯泡。也有的后转向信号灯和后灯合成一体。转向信号闪光器有电热式、电容式和晶体管式三种。

2. 制动信号灯

制动信号灯装在汽车后部，在驾驶人踩下制动踏板时即发亮，发出即使在白天也能明显看出的强烈红光，以提醒后车驾驶人注意。制动信号灯有一个或两个；可以单独设置，也可以和后灯合装成一体。

3. 倒车信号灯及倒车报警器

有些汽车的后部装有倒车信号灯和倒车报警器，当驾驶人倒车时，倒车信号灯发亮，同时报警器的电喇叭发出断续的响声，用以警告车后的行人和车辆驾驶人。倒车信号灯以及报警器均由装在变速器盖上的倒车灯开关控制。

4. 喇叭

为警告行人和其他车辆驾驶人注意安全，汽车上都有声响信号装置——喇叭。汽车喇叭按其能源不同有电喇叭和气喇叭两种。

电喇叭按其外部形状不同分为螺旋形（也称蜗牛形）、长筒形和盆形三种；按音调不同又可分为单音、双音和三音喇叭。当装用多音喇叭时，为减小通过喇叭按钮开关的电流和线路中的电压降，应加装喇叭继电器。

气喇叭按结构形状不同也可分为长筒形和螺旋形两种，按音调不同又可分为单音和双音两种。

六、空调系统

1. 功用

轿车、客车和货车驾驶室装有空调系统,其功用是在车外环境温度较高时降低车内温度,使乘客感到凉爽。冷气装置工作时,必须使汽车的门窗紧闭,以保证车内良好的密封。

2. 组成

空调系统主要由压缩机、冷凝器、储液干燥器和蒸发器等组成,如图 3-54 所示。冷凝器用于散发热量,故又称为散热器;蒸发器用于吸收热量,故又称为吸热器。

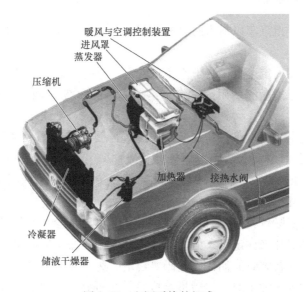

图 3-54 空调系统的组成

第七节　汽车的性能指标

汽车的性能指标主要是指汽车的动力性、使用经济性、制动性、平顺性、通过性、安全性、操纵稳定性和环保性。

一、汽车的动力性

影响汽车行驶平均速度的最主要性能是汽车的动力性。

汽车的动力性是指汽车在良好路面上直线行驶时由汽车受到的纵向外力决定的、所能达到的平均行驶速度。它表示了汽车以最大可能的平均行驶速度运送货物或乘客的能力。汽车的动力性是汽车各种使用性能中最重要、最基本的性能。

从获得尽可能高的平均行驶速度的观点出发,汽车的动力性主要可由下面三个指标来评定,即:

1)汽车的最高车速,单位为 km/h。

2)汽车的加速时间,单位为 s。

3)汽车能爬上的最大坡度,简称最大爬坡度,单位为% 或(°)。

汽车的最高车速是指在水平良好的路面（混凝土或沥青路面）上能达到的最高行驶车速。

汽车的加速时间表示汽车的加速能力。常用原地起步加速时间和超车加速时间来表示汽车的加速能力。

汽车的爬坡能力是用满载时汽车在良好路面上的最大爬坡度来表示的。显然，最大爬坡度是指1档最大爬坡度。对于轿车，一般不强调它的爬坡能力，货车一般在30%（即16.5°左右），越野汽车可达60%（即30°左右）或更高。

二、汽车的使用经济性

汽车燃料经济性是指汽车以最少的燃料消耗量完成单位运输工作的能力，它是汽车的主要使用性能之一。

燃油经济性通常用一定运行工况下汽车行驶百公里的燃油消耗量或一定燃油量使汽车行驶的里程来衡量。汽车的燃油费用约占汽车运输成本的30%，因此，提高燃油经济性可以降低运输成本。

百公里燃油消耗量是指汽车在一定运行工况下行驶100km的燃油消耗量。一般情况下，燃油消耗量采用容积（L）计算，百公里油耗是最常采用的燃油经济性评价指标。

厂家标出某种车的油耗（如6.5L/100km）是该车在经济车速时最省油的百公里耗油量。其实，这样的油耗指标在日常驾驶中是永远也达不到的。

由于等速油耗与实际行驶情况有很大差别，实际上不能全面地评定汽车的燃油经济性。现在一般都采用循环油耗来评定汽车的燃油经济性。循环油耗是指在一段指定的典型路段内汽车以设定的不同工况行驶时的油耗，起码要规定等速、加速和减速三种工况，复杂的还要计入起动和怠速停驶等多种工况，然后折算成百公里油耗。例如，我国有15工况循环油耗（乘用车）、6工况循环油耗（货车）和城市4工况循环油耗（客车）。

工业和信息化部规定，从2010年1月1日起，建立轻型汽车燃料消耗量公示制度，即车企必须在车辆出厂前在车身上粘贴实际油耗标识，消费者对所购买车辆的油耗情况将一目了然。工业和信息化部油耗测试采用2000年颁布的欧洲循环驾驶法，工业和信息化部油耗包含市区工况和市郊工况，在欧洲循环驾驶法中，认定市区为30%，市郊为70%。

三、汽车的制动性

汽车的制动性是指行驶中的汽车能在短距离内停车且维持行驶方向稳定，以及在下长坡时能控制一定车速的能力。

制动性是汽车的主要性能之一，是汽车安全行驶的保证，直接关系到生命财产的安全。汽车只有具有良好的制动性能，才能充分发挥动力性，提高汽车的平均技术速度，从而获得较高的工作效率。

汽车制动性主要通过制动效能、制动效能的恒定性和制动时的方向稳定性三方面进行评价。

制动效能是指汽车迅速降低行驶速度直至停车的能力，是制动性最基本的评价指标。它是用制动力、制动减速度、制动距离和制动时间等指标来评定的。

制动效能的恒定性主要是指制动效能的抗热衰退能力，反映了汽车高速制动或下长坡连续制动时制动效能的稳定程度。

制动时的方向稳定性是指制动时汽车不发生跑偏、侧滑及失去转向控制的能力。制动时方向稳定性较好的汽车，能够按驾驶人给定的方向行驶，即能够维持直线行驶或能按预定弯道行驶。

四、汽车的平顺性

汽车的平顺性是指保持汽车在行驶过程中乘员所处的振动和冲击环境在一定舒适度范围内的性能。因此，平顺性主要根据乘员主观感觉的舒适性来评价。对于载货汽车，还包括保持货物完好的性能。平顺性既是决定汽车舒适性最主要的方面，也是评价汽车性能的主要指标。

五、汽车的通过性

汽车的通过性是指汽车在一定载质量条件下能以足够高的平均车速通过各种坏路及无路地带和克服各种障碍的能力。坏路及无路地带，是指松软土壤、沙漠、雪地和沼泽等松软地面及坎坷不平地段；各种障碍，是指陡坡、侧坡、台阶和壕沟等。

汽车通过性可分为轮廓通过性和牵引支承通过性。前者是指汽车通过坎坷不平路段和障碍（如陡坡、侧坡、台阶和壕沟等）的能力；后者是指汽车能顺利地通过松软土壤、沙漠、雪地、冰面和沼泽等地面的能力。

汽车在松软地面上行驶时，驱动轮对地面施加向后的水平力，地面随之发生剪切变形，相应的剪切力便构成土壤对汽车的推力，该力比在一般硬路面上的附着力要小得多；而汽车遇到的土壤阻力（指轮胎对土壤的压实作用和推移作用产生的压实阻力、推土阻力及充气轮胎变形引起的弹性迟滞损耗阻力）要比在硬路面上的滚动阻力大得多。因此，常不能满足汽车行驶的附着力条件的要求，这是松软路面限制汽车行驶的主要原因。

汽车的通过性主要取决于汽车的支承-牵引参数及几何参数，也与汽车的其他性能，如动力性、平顺性、机动性、稳定性和视野性等密切相关。

六、汽车的安全性

汽车的安全性一般分为主动安全性、被动安全性、事故后安全性和生态安全性。

汽车主动安全性，是指汽车本身防止或减少道路交通事故发生的性能，主要取决于汽车的总体尺寸、制动性、行驶稳定性、操纵性、信息性以及驾驶人工作条件（操纵机构人机特性、座椅舒适性、噪声、温度和通风、操纵轻便性等）。此外，汽车动力性（特别是超车的时间和距离）也是很重要的影响因素。

汽车被动安全性，是指交通事故发生后，汽车本身减轻人员伤害和货物损失的能力。又可分为汽车内部被动安全性（减轻车内乘员受伤和货物受损）以及外部被动安全性（减轻对事故所涉及的其他人员和汽车的损害）。

汽车事故后安全性，是指汽车能减轻事故后果的性能。这是指能否迅速消除事故后果，并避免新的事故发生。

汽车生态安全性，是指发动机排气污染、汽车行驶噪声和电磁波对环境的影响。

七、汽车的操纵稳定性

汽车的操纵稳定性包括相互联系的两个部分，即操纵性和稳定性。操纵性是指汽车能够准确地响应驾驶人转向指令的能力；稳定性是指汽车在行驶过程中，具有抵抗改变其行驶方向的各种干扰，并保持稳定行驶而不致失去控制甚至翻车或侧滑的能力。实际上两者是很难截然分开的，稳定性的好坏直接影响操纵性，常统称为汽车操纵稳定性。

汽车的操纵稳定性不仅影响汽车驾驶的操纵方便程度，而且也是决定高速汽车安全行驶的一个主要性能。随着汽车保有量的增加和车速的提高，汽车的操纵稳定性显得越来越重要，被人们称为"高速行车的生命线"。

汽车的操纵稳定性涉及的问题较为广泛，需要采用较多的物理参量从多方面来进行评价。可以通过考查下列关系来评价操纵稳定性的好坏。

1）在一定车速下，汽车质心轨迹曲线与转向盘转角的关系。
2）以一定角速度转动转向盘后，汽车转向角速度与时间的关系。
3）汽车在圆周行驶时其转向盘上的作用力与汽车侧向加速度的关系。
4）为保证额定车速行驶的汽车的轨迹曲率半径能按额定要求变化，而必须在转向盘上施加的作用力。

八、汽车的环保性

随着汽车工业的迅速发展，汽车保有量急剧增加，汽车排放对大气的污染、汽车噪声对环境的危害和电磁干扰对环境的影响已构成汽车三大公害。目前，世界许多国家都制定了汽车排放、噪声和电磁干扰标准，这对汽车生产和使用维修部门都提出了新的要求。

汽车的有害气体主要通过汽车尾气排放、曲轴箱窜气和汽油蒸气三个途径进入大气中，造成对大气的污染。汽车排放的污染物主要是 CO、HC、NO_x 和细微颗粒物等。

噪声是汽车的第二公害。按照噪声产生的过程，汽车噪声源大致可分为与发动机转速有关的声源和与车速有关的声源。图3-55说明了这些基本噪声源。

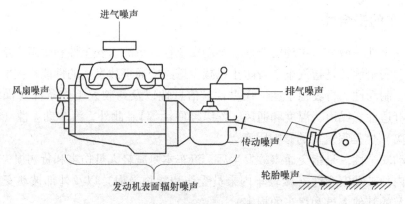

图3-55 主要噪声源示意图

与发动机转速有关的噪声源主要有：进气噪声、排气噪声、冷却系统风扇噪声和发动机表面辐射噪声。用发动机带动旋转的各种发动机附件（如空气压缩机和发电机等）的噪声，也属于此类。

与车速有关的噪声源包括：传动噪声（变速器、传动轴等）、轮胎噪声和车体产生的空气动力噪声。

汽车电磁噪声分为汽车内部的电磁噪声和汽车外部的电磁噪声。汽车内部的电磁噪声，是指车用发电机、继电器和开关等部件工作时及开关触点断开瞬间所发生的噪声；汽车外部的电磁噪声是指人为的各种电气设备（如高压输电线、铁轨和广播电台设备）所辐射出来的对汽车引起干扰的电磁辐射和雷电、静电等自然现象引起的噪声。

第八节　其他车辆的构造与原理

一、铁路列车

铁路列车俗称火车，它在独立的轨道上行驶，是人类历史上最重要的交通工具之一。

1. 铁路列车的类型与组成

铁路列车主要由铁路机车和铁路车辆两大部分组成，其中铁路机车俗称为"火车头"，是铁路列车行驶的牵引动力；铁路车辆是运送旅客和货物的工具，它一般没有动力装置。将铁路车辆连挂成一列，由机车牵引在线路上运行，从而达到铁路列车运送旅客和货物的目的。

（1）铁路机车　铁路机车采用的牵引动力种类很多，常根据运用和牵引动力来划分。

1）按运用分类。铁路机车按运用的不同可分为客运机车、货运机车和调车机车。客运机车也就是牵引客车的机车，相对货运机车来说，客运机车的牵引力要小一些，速度要快些。货运机车当然是用来牵引货车的。我国除了重载列车外，一般的货运列车编组为60节，载质量约为3500t。货运机车的牵引力要比客运机车大得多，但速度没有客运机车那么快。调车机车主要是在车站完成车辆转线以及货场取送车辆等各项调车作业，它的特点是机动灵活，因此车身较短，能通过较小的曲线半径，而对速度要求不高。

2）按牵引动力分类。铁路机车按牵引动力的不同可分为蒸汽机车、内燃机车和电力机车（图3-56）。

a)

b)

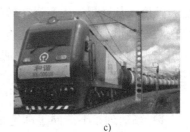
c)

图3-56　铁路机车的类型
a) 蒸汽机车　b) 内燃机车　c) 电力机车

蒸汽机车是通过蒸汽机把燃料的热能转换成机械能，用来牵引列车的一种机车。蒸汽机车已逐渐被其他新型牵引形式所取代。

内燃机车一般以柴油为燃料,热效率较高(可达30%左右),灵活机动,独立性强,单节机车功率大;但机车构造较复杂,制造、维修等费用较高,制造大功率的车用柴油机受到限制。另外,内燃机车对大气和环境污染比较大。

电力机车是19世纪70年代在欧洲最早出现的,随着工频单机交流供电在电气化铁道干线上的应用,它已成为电力牵引的主要方式。电力机车构造简单,所用电能可由多种能源(如火力、电力、核能等)转换而来,机车电气设备工作稳定、安全可靠,而且具有起动快、功率大、效率高、不污染环境等许多优点,适合于山区铁路和运输繁忙的区段采用。从世界各国铁路牵引动力发展趋势看,电力机车被公认为是最有发展前途的一种铁路机车。在城际旅客运输中,应大力发展动车组的运输方式。

(2) 铁路车辆 铁路车辆是运送旅客和货物的工具,一般没有动力装置,只有通过机车牵引在线路上运行,才能达到运送旅客和货物的目的。

铁路车辆的类型很多,通常按用途、轴数和重量来进行分类。

1) 按用途分类。铁路车辆按用途的不同可分为客车、货车及特种用途车。其中客车按照旅客旅行生活上的需要和长、短途旅客的不同要求,有硬座车、软座车、硬卧车、软卧车、餐车、行李车和邮政车等;货车则根据运送货物的要求不同,有棚车、敞车、平车、砂石车、罐车和保温车等。

2) 按轴数分类。按轴数的不同,铁路车辆可分为四轴车、六轴车和多轴车。四轴车的四根轴分别组成两个相同的转向架,缩短了车辆的固定轴距,并能相对于车底架自由转动,便于通过曲线。目前,我国铁路上大部分车辆都采用这种形式。对于载质量较大的车辆,为使每一车辆加在线路上的重量(即轴重)不超过按线路强度所规定的吨数,一般都做成六轴或多轴车。

3) 按重量分类。铁路车辆按载质量的不同有50t、60t、75t、90t等多种。

铁路车辆的种类虽然很多,但它们的构造都是相似的,一般由车体、车底架、走行部、车钩缓冲装置和制动装置五个基本部分组成。

2. 高速列车

高速列车是指能以高速度持续运行的列车,最高行驶速度一般要达到200km/h之上。高速列车属于现代化的高速交通工具,是火车顶尖科学技术的集中体现,可以大幅提高列车旅行速度,从而提高火车运输效率。高速列车快捷舒适、平稳安全、节能环保,深受当代人们的欢迎,世界各国都大力支持用新型高速列车来满足日益增长的出行需求。

根据列车行驶速度不同,通常把120km/h以下称为普速、120~160km/h之间称为快速、160~200km/h称为准高速、200km/h以上称为高速。

(1) 高速列车的特征

1) 高速列车不等同于高速铁路。高速列车是车,高速铁路是路,两者虽然紧密相关,但不是同一个概念。只有铁路系统和列车系统相互兼容,高速列车才能在相应线路上运行。高速列车既能在高速铁路上行驶,也能在快速铁路、城际铁路和普通铁路上行驶。高速列车在不同等级的铁路线上,可开行的最高车速会有所差异,主要取决于该段铁路系统的设计速度范围。

2) 高速列车不等同于电力机车。根据不同动力能源,高速列车可采用蒸汽机车、内燃机车、电力机车、气垫列车和混合机车。但目前的高速列车均采用电力机车。

3）高速列车不等同于高速机车。机车是牵引或推送铁路车辆运行但本身不装载营业载荷的自推进车辆，俗称火车头（动车组出现后，有的机车和车厢融为一体形成动力车厢）。列车是由至少一节机车或动力车厢与若干节车厢或车皮编组后形成的一列车辆。高速机车只有牵引功能，高速列车才有载客运营功能。

4）高速列车不等同于动车组。高速列车既可采用单节机车牵引，也可采用多节动车牵引；既能采用动力集中式动车组，也能采用动力分散式动车组。但是，我国的高速列车均是动力分散式电力动车组，这是因为动车组能很好地适应列车的高速行驶。

(2) 中国高速列车 CRH 系列 CRH 是英文 China Railway High-speed 的简写，即中国高速铁路，简称中国高铁。中国高速列车 CRH 系列主要有 CRH1、CRH2、CRH3、CRH5 等（表3-4），但没有 CRH4。

表3-4 中国高速列车系列

型号（系列）	构造速度/（km/h）	特　点
CRH1	250	和谐号 CRH1 型电力动车组是中国引进改造的客运列车种类之一，主要为市域铁路和城际铁路服务，在国家干线铁路中作为长途卧铺列车，构造速度在 200～250km/h 之间。后期衍生车型有 CRH1A、CRH1B、CRH1A-A、CRH1E、CRH1A-A/1E-A（ZEFIRO 250）等系列
CRH2	350	和谐号 CRH2 主要为国家干线铁路、区际干线铁路和城际市郊铁路等各种新建高级铁路服务，构造速度在 200～350km/h 之间。CRH2 系列车型是国内大功率动车组的主力军，车辆在高速、起停、安全、检测、耐寒、抗沙和卧铺等方面均运用广泛，城际列车、长途列车、高速列车和高速综合检测列车等都能看到其身影，后续很多国产高速列车亦以它为基础技术平台研制。后期衍生车型有 CRH2A、CRH2B、CRH2C、CRH2E、CRH2G 等系列
CRH3	350	和谐号 CRH3 型电力动车组是中国引进改造的客运列车种类之一，主要为国家干线铁路和区际铁路服务，构造速度在 250～350km/h 之间。后期衍生车型有 CRH3A、CRH3C 等系列
CRH5	250	和谐号 CRH5 型电力动车组是中国引进国外技术改造的客运列车种类之一，主要为北方干线或区际铁路服务，构造速度为 250km/h。后期衍生车型有 CRH5A、CRH5G、CRH5E、CRH5J、CRH5G 等系列。整个系列都比较耐高寒
CRH6	200	和谐号 CRH6 型是为满足中国区域经济快速发展和城市群崛起对城际轨道交通的需求而研制的一种新型运输工具，CRH6 型动车组适用于城市间以及市区和郊区间的短途通勤客运，满足载客量大、快速乘降、快起快停的运营要求。构造速度在 140～200km/h 之间，采用 6 辆、8 辆、16 辆、20 辆编组。后期衍生车型有 CRH6A、CRH6F、CRH6A-A、CRH6S 等系列
CRH380	380	和谐号 CRH380 是中国标准动车组问世以前世界上商业运营速度最快、科技含量最高、系统匹配最优的动车组，持续车速为 350km/h，构造速度为 380km/h 及以上。后期衍生车型有 CRH380A、CRH380B、CRH380C、CRH380D 等系列
CR400	400	复兴号 CR400 中国标准动车组，运营速度为 350km/h。后期衍生车型有复兴号 CR400AF、CR400BF、CR400BF-A 等系列

中国高速列车 CRH 系列均使用构造速度 200km/h 以上的动力分散式电力动车组，座位类

型分为二等座（基本座席）、一等座、商务座、特等座和动卧（动车组列车软卧、高级软卧）。

（3）中国高速列车的命名　中国高速列车主要有和谐号、复兴号两种命名。

1）和谐号。和谐号电力动车组，英文代号为 CRH，是指 2004 年中国引进德国、日本等国的高速动车组技术，在消化吸收再创新的基础上，生产的高速动车组系列的总称。"和谐号"，寓意"建设和谐铁路、打造和谐之旅、构建社会主义和谐社会"。"CRH"的商标权由中国铁道科学研究院集团有限公司（简称铁科院）注册并享有。

和谐号电力动车组是我国铁路全面实施自主创新战略取得的重大成果，标志着我国铁路客运装备的技术水平达到了世界先进水平。

和谐号已有 CRH1、CRH2、CRH3、CRH5、CRH6、CRH380 等型号（系列）。

2）复兴号。复兴号动车组列车，英文代号为 CR，是中国标准动车组的中文命名，由中国铁路总公司牵头组织研制、具有完全自主知识产权、达到世界先进水平的动车组列车，是世界上运营时速最高的高铁列车。

复兴号已有 CR400AF、CR400BF、CR300AF、CR300BF、CR200J 五种型号（系列）。

3. 地铁列车

地铁（城市轨道交通）是在城市中修建的快速、大运量、用电力牵引的轨道交通。列车在全封闭的线路上运行，位于中心城区的线路基本设在地下隧道内，中心城区以外的线路一般设在高架桥或地面上。

地铁列车是指组编成列，可以正常载客的若干地铁车辆的完整组合。

地铁车辆是指在地铁线路上可编入列车中运行的单节车，地铁车辆可以是有动力的动车或无动力的拖车。

地铁车型是指地铁所用车辆的型号。我国将城市轨道交通列车分为 A、B、C 三种型号以及 L 型（表 3-5）。

表 3-5　城市轨道交通列车的类别

地铁车型	A 型车	B 型车	C 型车	L 型车
车辆长度/m	21~24	19~21	15~19	属于直线电机列车，不分尺寸和车辆定员以及每辆车辆的车门数
车辆宽度/m	3	2.8	2.6	
每辆最大载客量/人	310	240	210	
每辆列车通常一侧的门数/个	5	4	4	

注：选用 A 型或 B 型列车的轨道交通路线称为地铁，采用 4~8 节编组列车；选用 C 型列车的轨道交通路线称为轻轨，采用 2~6 节编组列车。

一般地铁车辆主要由车体、动力转向架和非动力转向架、牵引缓冲连接装置、制动装置、受流装置、车辆内部设备、车辆电气设备等组成。

（1）车体　车体是容纳乘客和司机驾驶（对于有司机室的车辆）的地方，又是安装与连接其他设备和部件的基础。一般有底架、端墙、侧墙及车顶等。

（2）动力转向架和非动力转向架　动力转向架和非动力转向架装置位于车体和轨道之间，用来牵引和引导车辆沿着轨道行驶，承受与传递来自车体及线路的各种载荷并缓冲其动力作用，是保证车辆运行品质的关键部位。一般由构架、弹簧悬挂装置、轮对轴箱装置和制动装置等组成。

（3）牵引缓冲连接装置 车辆编组成列安全运行必须借助于连接装置。为了改善列车纵向平稳性，一般在车钩的后部装设缓冲装置，以缓和列车的冲动。

（4）制动装置 制动装置是保证列车安全运行所不可少的装置，除了常规的空气制动装置外，还有再生制动、电阻制动和磁轨制动等。

（5）受流装置 从接触导线（接触网）或电导轨（第三轨）将电流引入动力的装置称为受流装置或受流器。受流装置有杆形、弓形、侧面、轨道式、受电弓等形式。

（6）车辆内部设备 主要包括服务于乘客的车体内的固定附属装置，如车电、通风、取暖、空调、座椅、拉手等；以及服务于车辆运行的设备装置，如蓄电池箱、继电器箱、主控制箱、电动空气压缩机组、总风缸、电源变压器、各种电气开关、接触器箱等。

（7）车辆电气设备 是指车辆上各种电气设备与控制电路，如主控制电路系统、辅助电路系统、控制电路系统等。

4. 轻轨列车

轻轨列车指的是在轨距为1435mm双轨上运行的列车，列车运行利用自动化信号系统。

轻轨列车既不是地铁列车、单轨列车，更不是国铁列车（如和谐号系列）。选用C型列车的轨道交通线路称为轻轨，采用2~4节编组列车，列车的车型和编组决定了车轴重量和站台长度。

5. 单轨列车

单轨列车是指只有一条铁轨的列车。

单轨铁路是铁路的一种，特点是使用的轨道只有一条，而非传统铁路的两条平行路轨。单轨铁路的路轨一般用混凝土制造，比普通钢轨宽很多。单轨列车主要应用在城市人口密集的地方，用来运载乘客。

单轨列车主要有悬挂式和跨座式两大类。悬挂式单轨列车悬挂在轨道之下。跨座式单轨列车跨坐在路轨之上，两旁盖过路轨。

6. 磁悬浮列车

磁悬浮列车是指以超导电磁铁相斥原理建设的铁路运输系统。区别于通常的轮轨黏着式铁路，其最高速度可以达到350~500km/h（图3-57）。

图3-57 磁悬浮列车

（1）磁悬浮列车的运行原理 高速磁悬浮列车是运用磁铁"同性相斥，异性相吸"的性质，使磁铁具有抗拒地心引力的能力，即"磁性悬浮"。由于磁铁有同性相斥和异性相吸两种形式,故磁悬浮列车也有两种相应的形式:一种是利用磁铁同性相斥原理而设计的电磁运行系统的磁悬浮列车,它利用车上超导体电磁铁形成的磁场与轨道上的线圈形成的磁场之间所产生的相斥力,使车体悬浮运行;另一种则是利用磁铁异性相吸原理而设计的电动力运行系统的磁悬浮列车,它是在车体底部及两侧倒转向上的顶部安装磁铁,在 T 形导轨的上方和伸臂部分下方分别设反作用板和感应钢板,控制电磁铁的电流,使电磁铁和导轨间保持 10mm(误差为 ±2mm)的间隙,并使导轨钢板的吸引力与车辆的重力平衡,从而使车体悬浮于车道的导轨面上运行。

通俗地讲就是,在位于轨道两侧的线圈里流动的交流电,能将线圈变为电磁体。它与列车上的超导电磁体的相互作用,就使列车开动起来。列车前进是因为列车头部的电磁体(N极)被安装在靠前一点的轨道上的电磁体(S极)所吸引,同时又被安装在轨道上稍后一点的电磁体(N极)所排斥。当列车前进时,在线圈里流动的电流流向就反转过来了。其结果就是原来那个 S 极线圈,现在变为 N 极线圈了;反之亦然。这样,列车由于电磁极性的转换而得以持续向前奔驰。根据车速,通过电能转换器调整在线圈里流动的交流电的频率和电压。

(2)磁悬浮列车的组成 磁悬浮列车主要由悬浮系统、推进系统和导向系统三大部分组成,如图 3-58 所示。

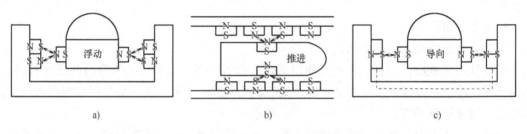

图 3-58 磁悬浮列车的组成
a)悬浮系统 b)推进系统 c)导向系统

悬浮系统是结合在机车上的电磁铁和导轨上的铁磁轨道相互吸引产生悬浮,在车辆下部的导向电磁铁与轨道磁铁的反作用下,车轮与轨道之间保持一定的侧向距离,实现轮轨在水平方向和垂直方向的无接触支承和无接触导向。

磁悬浮列车的驱动运用同步直线电动机的原理,当沿线布置的变电所向轨道内侧的驱动绕组提供三相调频调幅电力时,由于电磁感应作用承载系统连同列车一起就像电动机的"转子"一样被推动做直线运动。

导向系统是一种通过侧向力来保证悬浮的机车能够沿着导轨的方向运动的装置。

(3)磁悬浮列车存在的主要技术问题 尽管磁悬浮列车技术有许多优点,但仍然存在一些不足:

1)由于磁悬浮系统是以电磁力实现悬浮、导向和驱动功能的,断电后磁悬浮的安全保障措施,尤其是列车停电后的制动问题仍然是要解决的问题。磁悬浮列车的高速稳定性和可靠性还需很长时间的运行考验。

2)常导磁悬浮技术的悬浮高度较低,因此对线路的平整度、路基下沉量及道岔结构方面的要求比超导技术更高。

3）超导磁悬浮技术由于涡流效应悬浮能耗比常导技术更大，冷却系统重，强磁场对人体与环境都有影响。

二、工程车辆

工程机械涉及面广，主要有挖掘机械、铲土运输机械、工程起重机械、叉车及工业运搬车辆、压实机械、桩工机械、路面机械、混凝土机械、市政环卫机械（含园林机械）、军用工程机械等类型。

1. 挖掘机

（1）用途 挖掘机是一种以开挖土石方为主的工程车辆，主要用于各类建设工程的土石方施工。

（2）类型

1）按作业方式分类。挖掘机按作业方式的不同可分为周期作业式和连续作业式两大类。周期作业式有单斗挖掘机和挖掘装载机等；连续作业式有多斗挖掘机、多斗挖沟机等。后者在建筑施工中很少使用。

2）按功用分类。挖掘机按功用的不同有专用型和通用型之分。专用型供矿山采掘用，通用型主要用在各种建设施工中。

3）按传动方式分类。挖掘机按传动方式的不同可分为机械式和液压式两类。目前机械式挖掘机已被液压式挖掘机所取代，除大型采矿挖掘机外，中小型挖掘机都是液压式挖掘机。

4）按行走方式分类。挖掘机按行走方式的不同可分为履带式、轮式和步履式三种。

（3）基本构造 挖掘机主要由工作装置、回转机构、回转平台、行走装置、动力装置、液压系统、电气系统和辅助系统等组成。工作装置是可更换的，它可以根据作业对象和施工的要求进行选用。图3-59所示为单斗液压挖掘机构造简图。

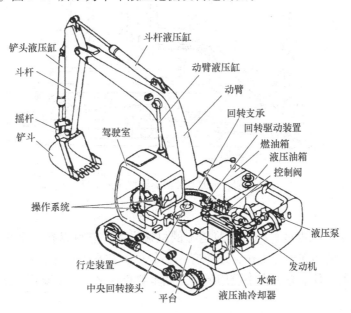

图3-59 单斗液压挖掘机构造简图

2. 推土机

(1) 用途　推土机是一种在拖拉机前面装推土铲的机械设备,用于铲土、运土、填土、平地、松土、压实以及清除杂物等作业。

(2) 类型

1) 按行走装置分类。推土机按行走装置的不同可分为履带式和轮式。履带式推土机附着性能好、接地比压小、通过性好、爬坡能力强,适宜在山区和恶劣的条件下作业。轮式推土机行走速度快,机动灵活,不破坏路面,近年来发展较快。当前,推土机仍以履带式为主。

2) 按发动机功率分类。推土机按发动机功率的不同可分为小型(<75kW)、中小型(75~118kW)、中型(118~169kW)、大型(169~235kW)和特大型(>235kW)五个级别。

3) 按底盘传动形式分类。推土机按底盘传动形式的不同可分为机械传动、液力机械传动和全液压传动三种。液力机械传动应用最广,机械传动只用于小型推土机。

4) 按用途分类。推土机按用途的不同可分为通用型和专用型两种。通用型是按标准进行生产的机型,广泛用于土石方工程中。专用型用于特定的工况,如采用三角形履带板以降低接地比压的湿地推土机和沼泽地推土机,还有水陆两用、水下和无人驾驶、高原等工况下作业的推土机。

(3) 基本构造　履带式推土机以履带式拖拉机配置推土铲刀而成,轮式推土机以轮式牵引车配置推土铲刀而成。有些推土机后部装有松土器,遇到坚硬土质时,先用松土器松土,然后推土。推土机主要由发动机、底盘、液压系统、电气系统、工作装置和辅助设备等组成,图3-60所示为带激光导向的履带式推土机。

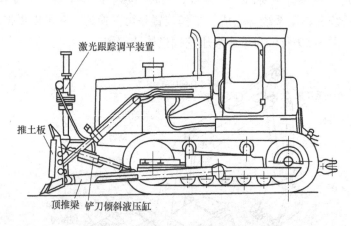

图3-60　带激光导向的履带式推土机

3. 铲运机

(1) 用途　铲运机也是一种挖土兼运土的机械设备,它可以在一个工作循环中独立完成挖土、装土、运输和卸土等工作,还兼有一定的压实和平地作用。铲运机运土距离较远,铲斗的容量也较大,是土方工程中应用最广泛的重要机种之一,主要用于土方的填挖和运输作业。

(2) 基本构造 自行式铲运机的结构如图 3-61 所示，有的在单轴铲斗后还装有一台发动机，铲土时可采用两台发动机同时驱动。单轴牵引车主要由液力机械传动装置、全液压转向装置、轮边减速器和内胀式气压制动装置等机构组成。铲运斗由辕架、提升液压缸、斗门、斗门液压缸、铲斗、卸土板、卸土液压缸、后轮和尾架等组成，采用液压操纵。

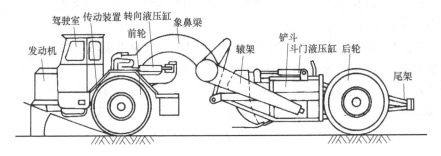

图 3-61 自行式铲运机的结构

4. 平地机

（1）用途 平地机是一种功能多、效率高的工程机械，适用于公路、铁路、矿山、机场等大面积的场地平整作业，还可进行轻度铲掘、松土、路基成形、边坡修整、浅沟开挖及铺路材料的推平成形等作业。

（2）类型

1）按发动机功率分类。平地机按发动机功率的不同可分为轻型、中型、重型和超重型四种类型。56kW 以下的为轻型平地机，56~90kW 的为中型平地机，90~149kW 的为重型平地机，149kW 以上的为超重型平地机。

2）按行走方式分类。平地机按行走方式的不同可分为拖式平地机和自行式平地机两种。拖式平地机因机动性能差、操作费力，已处于淘汰中。自行式平地机因机动灵活、生产效率高，而得到很大发展，已取代了拖式平地机。

（3）基本构造 平地机主要由发动机、传动系统、制动系统、液压系统、前桥、后桥、前机架、后机架、工作装置及驾驶室等组成（图 3-62）。

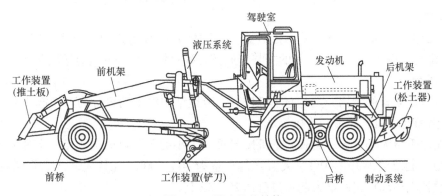

图 3-62 平地机的结构

5. 装载机

（1）用途 装载机是一种作业效率较高的铲装机械，用来装载松散物料和爆破后的矿石以及对土壤进行铲掘作业，同时还能用于清理、刮平场地以及短距离装运物料及牵引作业。如果更换相应的工作装置后，还可以完成推土、挖土、松土、起重以及装载物料等工作。

（2）类型

1）按发动机功率分类。装载机按发动机功率的不同可为小型、中型、大型和特大型四种类型。功率小于 74kW 的为小型，功率在 74~147kW 的为中型，功率在 147~515kW 的为大型，功率大于 515kW 的为特大型。

2）按行走方式分类。装载机按行走方式的不同可分为轮式和履带式两种。轮式装载机以轮式底盘为基础，配置工作装置和操纵系统而组成，其优点是重量轻、运行速度快、机动灵活、作业效率高、行走时不破坏路面。目前国产轮式装载机应用非常广泛。

（3）基本构造 轮式装载机由工作装置、行走装置、发动机、传动系统、转向系统、制动系统、液压系统、操纵系统和辅助系统组成，如图 3-63 所示。

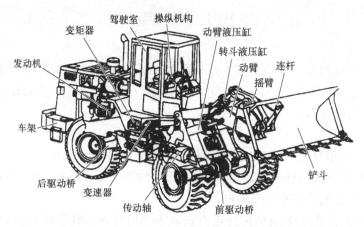

图 3-63 轮式装载机总体结构

工作装置由动臂、动臂液压缸、铲斗、连杆、转斗液压缸及摇臂组成。动臂和动臂液压缸铰接在前车架上，动臂液压缸的伸长或缩短使工作装置举升或下降，从而使铲斗举起或放下。铲斗液压缸伸缩带动摇臂摆动，从而带动铲斗放下或卸料。

6. 起重机

（1）用途 起重机本身自带行走装置，机动性好，转场方便、快速，作业适应性好，用于各种建设工程和设备安装工程的安装作业及各种材料、构件的垂直运输和装卸工作。

（2）类型

1）按行走装置的结构分类。起重机按行走装置结构的不同可分为汽车起重机、轮胎起重机、全路面起重机、履带起重机等。

2）按起重量大小分类。轮式起重机按起重量大小的不同可分为小型（起重量在 12t 以下）、中型（起重量为 16~40t）、大型（起重量为 40~100t）和特大型（起重量在 100t 以上）。少数特大型起重机的最大起重量已达 200t 以上。

（3）基本构造 轮式起重机一般由吊臂、上车、配重、回转支承装置、支腿等工作装置及汽车底盘或轮胎底盘组成，如图 3-64 所示。

为了实现工程起重机的功能，工程起重机一般由底座支承部分和上车作业部分等组成。

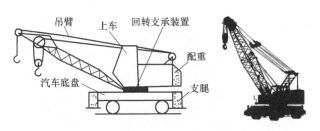

图 3-64 轮式起重机的总体构造

底座支承部分包括可上路行驶的底盘和支腿等承载结构，同时底盘还通过中心回转体为上车作业提供动力；上车作业部分包括由使上车实现 360°全回转的回转支承、回转减速机、回转液压系统组成的回转机构，由变幅液压缸和变幅液压系统组成的变幅机构，由卷扬减速机、起升钢丝绳、起升液压系统组成的起升机构，以及可动力伸缩的主臂、副臂、转台、配重、上车作业室、电气控制系统和照明系统等。

7. 压路机

（1）用途 在建设工程中，压路机主要用来对道路路基、路面、建筑物基础、堤坝和机场跑道等进行压实，以提高土方基础的强度，降低雨水的渗透性，保持基础稳定，防止沉陷。

（2）类型

1）按工作原理分类。压路机按工作原理的不同可分为静力作用压路机、振动式压路机、冲击式压路机三种类型。

2）按机器结构重量分类。压路机按机器结构重量的不同可分为轻型、小型、中型、重型和超重型。

3）按行驶方式分类。压路机按行驶方式的不同可分为自行式、拖式和手扶式。

4）按驱动轮数量分类。压路机按驱动轮数量的不同可分为单轮驱动、双轮驱动和全轮驱动。

5）按振动轮外部结构分类。压路机按振动轮外部结构的不同可分为光轮、凸块（羊脚）和橡胶滚轮。

6）按振动内部结构分类。压路机按振动内部结构的不同可分为振动、振荡和垂直振动。

（3）基本构造 图 3-65 所示为振动压路机总体结构。该机采用全液压控制、双轮驱动、单钢轮、自行式结构，属于超重型压路机。振动轮和驱动车部分通过中心铰接架铰接在一起，车架是压路机的主骨架，其上装有发动机、行驶和振动及转向系统等各种装置。

8. 叉车

（1）用途 叉车是用于装卸货物的工程车辆，广泛应用于港口、货站、仓库、工厂车间等的搬运装卸工作。

（2）类型

1）按原动机分类。叉车按原动机的不同可分为蓄电池电动叉车、汽油机叉车和柴油机叉车。

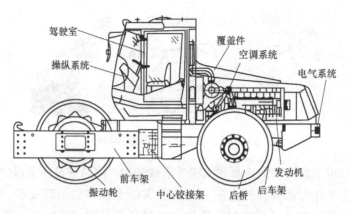

图 3-65 振动压路机的总体结构

2）按行走的传动方式分类。叉车按行走传动方式的不同可分为液力机械传动、液压传动和机械传动三种形式。

(3) 基本构造 叉车一般由发动机、底盘、工作装置等组成。底盘有动力传动系统、行走、转向、制动及平衡重几大部分，工作装置由货叉、门架、液压系统组成，如图 3-66 所示。

三、拖拉机

1. 拖拉机的类型

(1) 按用途分类 拖拉机按用途的不同可分为普通型拖拉机、园艺型拖拉机、中耕型拖拉机和特殊用途拖拉机。

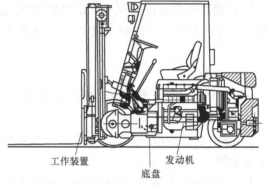

图 3-66 叉车总体构造

1）普通型拖拉机。普通型拖拉机具有常规结构特点，应用范围广泛，适用于一般条件下的各种农田移动作业、固定作业和运输作业等。

2）园艺型拖拉机。园艺型拖拉机主要用于果园、菜地、茶林等各项作业，其特点是体积小、底盘低、功率小、机动灵活。

3）中耕型拖拉机。中耕型拖拉机主要用于中耕作业，也兼用于其他作业，具有较高的地隙和较窄的行走装置，可用于玉米、高粱、棉花等高秆作物的中耕。

4）特殊用途拖拉机。特殊用途拖拉机适用于在特殊工作环境或某种特殊需要下作业，如山地拖拉机、沤田拖拉机（船形）、水田拖拉机和葡萄园拖拉机等。

(2) 按结构特点分类 拖拉机按结构特点的不同可分为轮式、履带式（或称链轨式）、手扶式和船形四种。

1）轮式拖拉机。轮式拖拉机应用最为广泛，按驱动形式的不同可分为两轮驱动与四轮驱动：前者的驱动形式代号用 4×2 来表示（分别表示车轮总数和驱动轮数），主要用于一般农田作业及运输作业；后者的驱动形式代号用 4×4 表示，主要用于土质黏重、负荷较大的农田作业及泥道运输作业等，具有较高的牵引效率。

2）履带式拖拉机。履带式拖拉机主要用于土质黏重、潮湿地块田间作业和农田水利、土方工程及农田基本建设。

3）手扶式拖拉机。手扶式拖拉机是只有一根行走轮轴、一个或两个驱动轮的轮式拖拉机。在农田作业时操作者多为步行，用手扶持操纵，习惯上称为手扶拖拉机。有些手扶拖拉机安装有用于支承及辅助转向的尾轮。

4）船形拖拉机。船形拖拉机主要用于沤田作业，船式底盘提供支承，桨式叶轮驱动。

(3) 按功率大小分类 拖拉机按功率大小的不同可分为大型、中型和小型三种。

1）大型拖拉机。大型拖拉机是指功率在73.6kW（100马力）以上的拖拉机。

2）中型拖拉机。中型拖拉机是指功率为14.7~73.6kW（20~100马力）的拖拉机。

3）小型拖拉机。小型拖拉机是指功率在14.7kW（20马力）以下的拖拉机。

几种常见拖拉机的外形如图3-67所示。

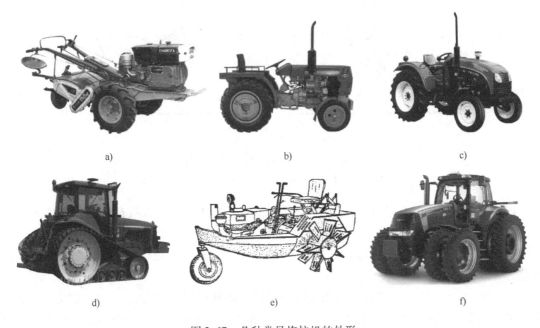

图3-67 几种常见拖拉机的外形

a）手扶式拖拉机 b）小四轮拖拉机 c）中型拖拉机 d）履带式拖拉机
e）船形拖拉机 f）大型拖拉机

2. 拖拉机的总体结构

拖拉机与汽车的总体结构基本相似，一般由发动机、底盘、工作装置和电气设备组成（图3-68）。

(1) 发动机 发动机是拖拉机行驶和工作的动力源，一般采用柴油机，主要由曲柄连杆机构、配气机构、燃油供给系统、润滑系统、冷却系统、起动系统以及预热装置等组成。

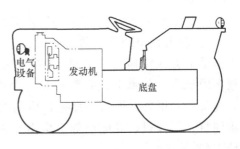

图3-68 拖拉机的总体结构

柴油机的结构与汽车的柴油机相同。

（2）底盘 拖拉机的底盘是指发动机和电气设备以外的所有系统和装置。底盘将发动机和各个系统、部件连接成一个整体，并将发动机的动力转变为拖拉机行驶的驱动力和牵引力。拖拉机底盘由传动系统、转向系统、制动系统、行走系统、悬挂系统五个基本部分组成，各部分的功能和组成与农用汽车基本相同。拖拉机底盘各系统示意图如图3-69所示。

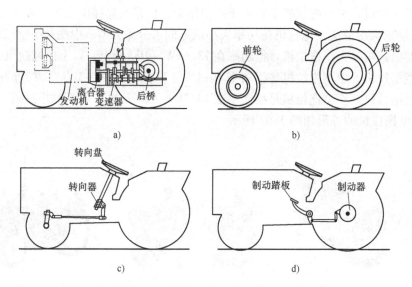

图3-69 拖拉机底盘各系统示意图
a）传动系统 b）行走系统 c）转向系统 d）制动系统

（3）工作装置 拖拉机工作装置主要用于牵引、悬挂、驱动农机具，进行各种农机作业，如图3-70所示。

拖拉机的工作装置包括通过它们带动的农机具工作的牵引装置、动力输出装置和液压悬挂装置等。

1）牵引装置。有些农机具如牵引式收割机械、播种机等都没有各自的行走装置，它们都由拖拉机牵引着进行工作。把拖拉机与农机具连接起来的装置称为牵引装置。拖拉机牵引装置上连接农机具的铰接点称为牵引点。牵引点的位置可进行左右与上下调节。

牵引装置的主要尺寸及安装位置都应标准化，以适应与不同类型的牵引式农机具实现合理的连接并正常工作。

牵引装置可分为两大类：固定式牵引装置和摆杆式牵引装置。

2）动力输出装置。动力输出装置是将拖拉机发动机功率的一部分乃至全部以旋转机械能的方式传递到农机具上的一种工作装置，它包括动力输出轴和动力输出带轮。很多农机具，如牵引式收割机械、播种机、撒肥机、喷雾机等自身没有动力，它们除靠拖拉机牵引外，同时还靠拖拉机的动力输出提供工作动力。另有一些机械如脱粒机、排灌机、搅拌机、发电机等，可由动力输出轴直接带动或通过动力输出带轮带动来进行工作。

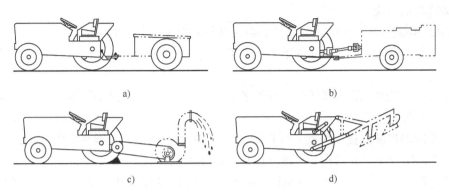

图 3-70 拖拉机的工作类型
a) 牵引作业 b) 牵引及动力输出作业 c) 固定作业 d) 悬挂农机具作业

3) 液压悬挂装置。用液压提升和控制农机具的整套装置称为液压悬挂装置。其功用是：连接和牵引农机具；操纵农机具的升降；控制农机具的耕作深度或提升高度；给拖拉机驱动轮增重，以改善拖拉机的附着性能；把液压能输出到作业机械上进行其他操作。

液压悬挂装置由液压系统、操纵机构和悬挂机构三部分组成（图3-71）。液压系统是提升农机具的动力装置。除工作介质（液压油）外，一般由液压泵、液压缸、分配器等液压元件和附属装置组成。操纵机构用来操纵分配器的主控制阀，以控制液压油的流动方向，它由手柄操纵机构和自动控制机构两部分组成。悬挂机构用来连接农机具，传递液压升降力和拖拉机对农机具的牵引力，并保持农机具的正确工作位置。

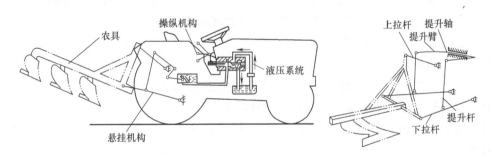

图 3-71 液压悬挂装置

由于液压悬挂机组比牵引机组操纵方便、机动性高，便于自动调节耕深，能提高牵引性能和劳动生产率，且结构简单、重量轻。因此，目前国产大、中、小型拖拉机普遍采用液压悬挂装置。

（4）电气设备部分 拖拉机的电气设备主要由发电机、起动机、调节器、蓄电池、灯系、辅助电器等构成，各电器的原理和结构特点与汽车的电器相同。

四、摩托车

摩托车是指由汽油机驱动，靠手把操纵前轮转向的两轮或三轮车。

1. 摩托车的分类

自 1885 年德国的"汽车之父"特利布·戴姆勒发明摩托车以来,摩托车经历了百余年风雨,已成为各国人民不可缺少的重要交通工具之一,正在向着更新、更快和更安全的方向发展。

经过 130 多年的发展,摩托车品种越来越多。各国分类方法不同,标准也不尽统一。但基本上有以下四种分类方法。

(1) 按国家标准分类 根据 GB/T 15089—2001《机动车辆及挂车分类》的规定,摩托车属于 L 类,即少于四轮的机动车辆。L 类又分为以下五类:

1) L_1 类。装用排量不超过 50mL 的发动机,最高设计车速不超过 50km/h 的两轮车。这实际上指的是轻便两轮摩托车。

2) L_2 类。装用排量不超过 50mL 的发动机,最高设计车速不超过 50km/h 的三轮车。这实际上指的是轻便三轮摩托车。

3) L_3 类。装用排量超过 50mL 的发动机,或设计车速超过 50km/h 的两轮车。这是通常讲的两轮摩托车。

4) L_4 类。装用排量超过 50mL 的发动机,或设计车速超过 50km/h,三个车轮相对于车辆的纵向中心平面为非对称布置的车辆(如边三轮摩托车)。

5) L_5 类。装用排量超过 50mL 的发动机,或设计车速超过 50km/h,三个车轮相对于车辆的纵向中心平面为对称布置的车辆,通常称为正三轮摩托车。

(2) 按用途和结构特点分类 摩托车按用途和结构特点的不同可分为三大类 15 种车型。

1) 两轮摩托车。两轮摩托车又分为普通摩托车、微型摩托车、越野摩托车、普通竞赛摩托车、微型竞赛摩托车、越野竞赛摩托车和特种摩托车。

2) 边三轮摩托车。边三轮摩托车又分为普通边三轮摩托车和特种边三轮摩托车(包括警用和消防用两种)。

3) 正三轮摩托车。正三轮摩托车又分为普通正三轮摩托车(包括客用和货用两种)和专用正三轮摩托车(包括容罐式、自卸式和冷藏式三种)。

(3) 按动力源分类 摩托车按动力源的不同可分为内燃机摩托车、电动摩托车和混合动摩托车。

1) 内燃机摩托车。内燃机摩托车是指由内燃机驱动的摩托车,即通常所说的摩托车,包括电动两轮摩托车和电动三轮摩托车。

2) 电动摩托车。电动摩托车是指由电力驱动的摩托车,包括电动两轮摩托车和电动三轮摩托车。

3) 混合动摩托车。混合动摩托车是指由内燃机和可再充电能/能量储存装置中获得动力的摩托车,包括插电式混合动力摩托车和增程式混合动力摩托车。

几种典型摩托车的外形如图 3-72 所示。

(4) 按公安机关分类 为了便于摩托车技术检验、审核、发放牌证以及进行专门管理,公安机关按管理的需要,将摩托车按其排量与车速分为轻便摩托车和摩托车两大类,见表 3-6。

第三章 认识车辆工程专业的平台

图 3-72 几种典型摩托车的外形
a）二轮坐式摩托车　b）二轮骑式摩托车　c）正三轮摩托车　d）边三轮摩托车
e）竞技摩托车　f）四轮摩托车

表 3-6　我国公安机关对摩托车的分类

分　类	发动机排量/mL	电动机最大连续额定功率总和/kW	车速/(km/h)	总质量/kg
轻便摩托车	≤50	≤4	≤50	—
摩托车	>50~250	>4	>50	≤400

2. 摩托车的组成

摩托车主要由发动机、电气系统、传动系统、行驶系统和操纵制动系统等组成，如图 3-73 所示。

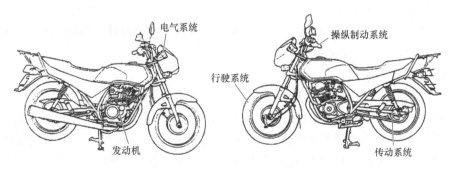

图 3-73　摩托车的组成

137

(1) 发动机 发动机是摩托车的动力来源，通过可燃混合气在气缸内进行燃烧，将热能转变为机械能，从而驱动摩托车行驶。发动机有四冲程和二冲程之分；也有单缸、多缸和V形多缸之分。发动机的性能和工作状况直接影响摩托车整车的性能和工作状况。发动机一般由两大机构和五大系统组成。

两大机构：曲柄连杆机构和配气机构。

五大系统：燃料供给系统、进/排气系统、冷却系统、润滑系统和点火系统。

有的摩托车采用废气涡轮增压，以提高进气量。

(2) 传动系统 传动系统包括离合器、变速器和传动装置等，其作用是将发动机的动力经过一定的变化传到后轮，使后轮得到与不同的路面及负荷相适应的各种速度和前进力。

(3) 行驶系统 行驶系统的作用是使摩托车构成一个整体，支承全车重量并保证摩托车的行驶，将传动系统传来的转矩转换成驱动摩托车行驶的牵引力，同时承受和传递路面作用于车轮上的各种反力，使摩托车在不同的路面上平稳地行驶，确保安全。

行驶系统主要包括车架总成、尾架、前叉总成、后悬挂总成和前、后车轮总成等部件。

(4) 操纵制动系统 操纵制动系统的作用是直接控制行驶方向、行驶速度、照明和信号等，以确保行车安全。它包括方向把操纵总成和制动总成。

一般手控换档变速手柄、离合器握把、灯光及电喇叭的控制开关等装在左把手上，而油门转把、前轮制动手柄装在右把手上。脚控换档变速杆装在左边的脚踏板上，后轮制动由靠右侧的制动踏板控制。

(5) 电气系统 电气系统的作用是起动发动机、点燃混合气、发出声响信号、用于灯光照明等。电气系统一般包括电源系统、点火系统、照明系统和仪表信号系统四大部分。采用电起动的摩托车，还包括电起动系统。随着社会发展，摩托车电气系统不断采用新技术，如电子燃油喷射系统、电控制动防抱死装置（ABS）、发动机排气及其他控制电路、电动支架等。

仪表的作用是指示车速、里程、发动机转速以及充电电流大小等。摩托车的电器与仪表，通过贯穿全车的电缆、相应的操纵开关及各种插接件连接在一起，构成了摩托车整车电气设备系统。

驾驶摩托车时，驾驶人的四肢分工是：左手负责离合器握把，进行点火提前装置的控制、按揿喇叭和变换灯光等工作；右手负责油门转把，进行前制动器握把的操纵；左脚负责换档变速；右脚负责后制动器的控制。

3. 摩托车的工作原理

摩托车之所以能够行驶，主要是靠发动机的化油器或电控供油系统将汽油与空气按照一定的比例在气缸内进行混合，形成相应浓度的可燃气体，再经点火系统的点燃，被燃烧着的气体膨胀产生压力便推动气缸内的活塞进行运动，活塞有了一定的行程则带动活塞连杆做功，迫使曲轴转动并从曲轴尾部将动力传出，传出的动力一部分储存在惯性飞轮上，一部分通过传动轴（链条或传动带）送到离合器，凭借离合器有分离和接合的控制功能再把这部分动力送至变速器，变速器根据摩托车行驶具体情况的需要，通过传动轴（链）转动把动力传给后桥总成，经后传动装置中的从动齿轮便可带动摩托车的后轮（驱动轮）旋转，驱使摩托车行走（图3-74）。

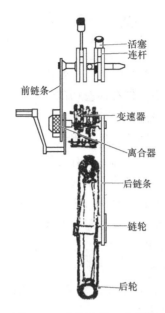

图3-74　摩托车的工作原理

综上所述，摩托车工作的基本原理是：发动机源源不断地产生热能，经曲轴连杆把热能变成旋转力，再由变速传动装置用旋转力带动后车轮转动，当克服地面摩擦力之后便可驱动摩托车行驶。

本章相关的主要网站

1. 中国大学精品开放课程（爱课堂）　　http://www.icourses.cn/home/

2. 中国大学MOOC　http://www.icourses.cn/imooc/

3. "汽车构造"国家精品在线开放课　　http://www.icourse163.org/course/UJS-1001755301

4. "汽车理论"国家精品资源共享课　　http://www.icourses.cn/sCourse/course_2977.html

5. "汽车运用工程"国家精品资源共享课　　http://www.icourses.cn/sCourse/course_3405.html

6. "汽车电器与电子技术"国家精品资源共享课　　http://www.icourses.cn/sCourse/course_3890.html

7. "汽车新能源与节能技术"国家精品资源共享课　　http://www.icourses.cn/sCourse/course_6737.html

8. "汽车拖拉机学"国家精品资源共享课　　http://www.icourses.cn/sCourse/course_2753.html

9. 汽车论坛　https://www.qclt.com/

10. 汽车之友　http://www.autofan.com.cn/

11. 汽车之家　https://www.autohome.com.cn/

12. 汽车工程师之家　http://www.cartech8.com/
13. 中国汽车工程学会　http://www.sae-china.org/

思 考 题

1. 何谓汽车？
2. 汽车的总体构造包括哪几个部分？各部分的作用是什么？
3. 汽车发动机包括哪几个部分？各有什么功用？
4. 汽油机燃料供给系统的作用是什么？
5. 发动机进、排气门为什么要早开启迟关闭？
6. 发动机的冷却系统有何作用？冷却方式有几种？
7. 汽车发动机排出的废气中有害成分有哪些？
8. 汽车传动系统由哪些部件组成？FF和FR分别表示什么？
9. 离合器有哪些基本功用？摩擦式离合器是如何工作的？
10. 万向传动装置的功用有哪些？
11. 驱动桥的主要功用是什么？
12. 汽车行驶系统由哪些主要部件组成？各部分的功用是什么？
13. 汽车制动系统的功用是什么？
14. 什么是承载式车身和非承载式车身？
15. 单厢、两厢和三厢轿车有什么区别？
16. 汽车是采用前驱好还是后驱好？
17. 为何独立悬架的两侧车轮可以互不干扰？
18. 影响汽车空气阻力有哪些因素？
19. 轮胎是怎样产生噪声的？
20. 汽车驱动力与附着力有何关系？
21. 为何汽车一般具有一定的不足转向特性？
22. 车身重就意味强度高吗？
23. 和谐号电力动车组有哪些型号或系列？
24. 复兴号电力动车组有哪些型号或系列？
25. 磁悬浮列车是如何行驶的？
26. 工程机械有哪些类型？
27. 拖拉机为何只采用柴油机为动力，而不用汽油机？
28. 摩托车有哪几种类型？

第四章 认识车辆工程学科的前沿技术

随着经济与社会的发展，人们对汽车的使用性能和环保提出了更高的要求。汽车传统的机械装置已经无法满足这些需求，以电子技术和信息技术为核心的汽车工业技术革新、技术发明层出不穷，新能源、新材料、电子技术、计算机技术与汽车融为一体的现代汽车技术应运而生。世界汽车技术的发展趋势可以用"节能、环保、安全、智能"八个字来概括。

本章主要介绍汽车节能、减排、安全、智能化、NVH、先进制造等新技术，以了解汽车工程学科的一些前沿问题。

第一节 汽车节能技术

在全球气候不断恶化，能源危机日益加重的严峻形势下，汽车节能技术的研究尤为重要，其中发动机节能技术、整车轻量化和新能源汽车是节能的重要途径和手段。

一、发动机节能技术

发动机节能技术是汽车节能的关键，其主要目的是提高发动机热效率和发动机升功率。

1. 提高发动机热效率的措施

发动机热效率是指发动机利用燃料热能的有效程度，目前一般汽油发动机的热效率仅为30%左右。提高发动机热效率就可以节能。其主要措施有：高压缩比、稀薄燃烧技术（均质稀薄燃烧）、缸内直喷技术、进气增压（涡轮增压和谐波增压）、增压中冷技术、可变配气技术（可变气门正时和可变气门升程）、改善进/排气过程、改变混合气在气缸中的流动方式、改进点火配置、提高点火能量（如独立点火）、优化燃烧过程、电控喷射技术、高压共轨技术及绝热发动机技术等。

2. 提高发动机升功率

升功率（kW/L）是指发动机每升气缸工作容积所发出的功率。体现发动机品质的高低主要是通过动力性和燃油经济性，也就是说发动机要是具有较好的功率、良好的加速性和较低的燃料消耗量，那么发动机的品质就高。影响发动机功率和燃料消耗量的因素有很多，其中影响最大的因素有排量、压缩比、配气正时。

升功率表示单位气缸工作容积的利用率，升功率越大表示单位气缸工作容积所发出的功率越大。那么，当发动机功率一定时，升功率越大发动机的质量利用率就越高，相对而言发动机就越小，材料也就越省。升功率的高低反映出发动机设计与制造的质量。由于升功率（N）的大小主要取决于气缸平均有效压力（p）和转速（n）的乘积，即 $N=pn$，因此提高升功率就要从提高气缸压力和转速入手，具体措施如下：

(1) 提高充气量　提高充气量是四冲程发动机增加热量的首要条件。因为燃料燃烧需要空气，燃料与空气比较，后者更难以充入气缸，所以就要改善换气条件，减小进气阻力、增大气门通道截面面积，有些发动机就采用四气门形式。当多气门结构布置困难时，首先要满足进气门的需要，不管气门布置形式如何，都是进气门数量等于或者大于排气门数量。

(2) 提高转速以增加单位时间内的充气量　现代轿车的发动机一般都是高转速发动机，转速均在 5000r/min 以上。

(3) 改善混合气质量和燃烧过程　改善混合气质量和燃烧过程的主要措施是采用电控燃油喷射系统，因为该系统中空气与燃油的混合地点从节气门处移至喷油器处，燃油直接与吸入的空气混合，从本质上改善了混合气的均匀性，这样在所有工况下都能够使混合气的质量尽可能达到最佳状态。

(4) 提高发动机的机械效率　提高发动机机械效率的主要措施是增加有效功的输出、减少机械损失，主要是减小零件之间的摩擦。此外，还涉及零件加工的精度、表面加工质量、润滑质量和温度的控制及减少附件等。

二、汽车轻量化节能技术

随着人们对汽车安全性、舒适性以及环保性能要求的提高，以及汽车安装空调、安全气囊、隔热隔声装置、废气净化装置、卫星导航系统等越来越普及，都无形中增加了汽车的质量、耗油量和耗材量。

减小汽车自身质量是节约能源的基本途径之一。汽车轻量化是目前的前沿和热点问题，已成为汽车优化设计和选材的主要发展方向。

汽车轻量化的主要途径包括使用轻质材料和结构的优化设计，此外，先进成形工艺或焊接工艺的应用能带来明显的轻量化效果。一般全钢结构的车身通过优化设计可以减重 7% 左右，采用铝合金的车身可以带来 30%~50% 的轻量化效果，而要想减轻更多的重量就只能求助于纤维复合材质。优化结构的主要途径是利用有限元分析方法和优化设计方法进行结构分析和结构优化设计，以减小零部件的质量和数量。先进的加工工艺则是为了应对材料和结构的变更，而提出的新的工艺。

1. 汽车材料轻量化

采用轻质材料是汽车轻量化的主流。汽车上的轻质材料主要有铝合金、镁合金、高强度钢和复合材料等。

(1) 铝合金　铝的密度是 $2.70 \times 10^3 \mathrm{kg/m^3}$，铝的力学性能与其纯度之间的关系密切，纯铝软、强度低，但与某些金属组成铝合金后，不仅在某种程度上保持铝固有的特点，同时又显著地提高了它的硬度和强度，使之几乎可与软钢甚至结构钢相媲美。车用铝材料均以铝合金的形式出现。铝合金在汽车上的应用，最初主要是以铸造方法生产的发动机及其零部件，随后应用于轮毂等构件。以推出的全铝空间框架式车身为其主要代表。

汽车铝合金可分为铸造铝合金和变形铝合金（含锻造铝合金）两大类。当前汽车用铝以铸件为主，约占汽车用铝量的80%。

铸造铝合金主要用于制造离合器壳体、变速器壳体、后桥壳、转向器壳体、摇臂盖和正时齿轮壳体等壳体类零件和发动机部件，以及保险杠、轮辋、转向节、液压泵体、制动钳、液压缸及制动盘等非发动机结构件，而且今后有进一步扩大应用的趋势。

变形铝合金在汽车上主要用于制造保险杠、发动机罩、发动机体、车门、行李舱盖等车身面板，车轮的轮辐、轮毂罩、车轮外饰罩，制动器总成的保护罩、消声罩、防抱死制动系统、热交换器、车身框架、座椅骨架和车厢底板等结构件以及仪表板等装饰件。

未来铝合金材料的发展包括开发满足特定零部件使用要求的新合金，成形性能与焊接性能优良的高强度铝合金开发，开展对具有相同力学性能、不同物理性能（密度和弹性模量）材料的可行性研究，研究合金热力学性能对零部件性能的影响，开发新型抗划伤合金等。

（2）镁合金 镁是比铝更轻的金属材料，它可在铝减重基础上再减轻15%~20%。尽管镁在当前汽车用材中所占的比例不到1%，但是在轻量化的驱动下，镁材料技术开发的力度不断加大，已步入快速阶段。

近年来，很多种轿车铸件开始采用镁合金，以适应汽车轻量化的要求。这些镁合金铸件包括：离合器外壳、发动机罩壳、变速器外壳、变速器上盖、发动机罩盖、转向盘、座椅支架、仪表板框架、车门内板、轮辋、转向支架、制动支架和气门支架等，甚至还有气缸盖和气缸体。有60多种零部件已采用或正在开发应用镁合金。

（3）高强度钢 高强度钢是常规高强度钢（屈服极限大于210MPa）、超高强度钢（屈服极限大于550MPa）和先进高强度钢（AHSS）的总称。采用高强度钢板，既可以减小汽车自身的质量，又可以提高汽车的安全性和可靠性。

高强度钢材使用对象分为两部分：一部分是汽车车身、减振及车轮用部件；另一部分是底盘和排气系统。如需要具备防碰撞功能的零件，有：汽车门内防撞梁，汽车前、后保险杠防撞板，车身A柱、B柱，发动机支承梁，仪表板支架，门槛加强板，汽车座椅骨架等车身部件；车轮轮辐和轮辋高强度钢板；高强度弹簧、高碳传动轴管、高强度发动机螺栓等。汽车结构件用各种特殊钢强度一般都达到1000MPa，如汽车转向节、转向扭杆等。

（4）塑料 塑料应用于汽车始于19世纪60年代，主要用在汽车的内饰件上，如车内顶棚、仪表板、转向盘、车门内板、座椅和扶手等，目的是实现汽车内饰件柔软化，使乘客有安全舒适感。到了20世纪70年代，能源危机促使汽车制造业开始大量采用塑料，以减轻汽车自重，降低油耗。20世纪80年代以后，汽车零部件的塑料化得到迅速发展，出现了塑料覆盖件、塑料功能件和结构件。

塑料在汽车上的应用遍及所有总成，业内习惯将它们分成内装件、外装件和功能件（其他结构件），汽车用塑料制品如图4-1所示。

表4-1列出了目前汽车上主要塑料零部件所用的材料，其中，主要车用塑料材料有PP、PUR、PVC、ABS、PA和PE。

图 4-1　汽车用塑料制品

表 4-1　目前汽车上主要塑料零部件所用的材料

应用部位	零部件	主要品种
外装件	保险杠及面饰、车身板、照明系统、装饰件（镜座、门把手、侧面饰条）	PTO、PC、聚酯、PP、PUR、PA、SMC、PUR-RIM、PC、丙烯酸树脂、PS、ASA-AES、PVC
内装件	内饰件、仪表板、转向轮、空气导管、其他（座椅、车顶蒙里、门内板等）	发泡 PUR（用于减振）、PVC 为基纤维、ABS、ABS/PC 合金、PC、PP、改性 PPE、PVC、SMA、PUR、PVC、混合 PUR-RIM、ABS、GMT
电气	零件盒、开关插座、插头、灯光系统、电路板、导线	高耐热聚苯乙烯、PP、聚酯、乙酰树脂（开关）、PPS、PBT、再生 PET、PA、PPA、PVC
传动系统	轴承、CV 接头、U 形接头	PA、乙酰树脂
燃料系统	燃油箱、燃油管	HDPE、PA
底盘	悬架系统、制动器	乙酰树脂、PA、PP 芳香族聚酯胺纤维（制动摩擦片）
发动机	进气系统、供油系统、冷却系统	聚酯、PP（空气清洁系统）、PA（进气歧管）、PA（散热器）、PPS（水泵）

（5）**复合材料**　复合材料是指将两种或两种以上物理性质和化学性质不同的物质结合起来而制得的一种多相固体材料。

复合材料具有重量轻、强度高、加工成形方便、弹性优良、耐蚀性和耐候性好等特点。复合材料基于这些优良性能，在现在的车身制造中得到了越来越广泛的应用，特别是纤维增强材料应用最广、用量最大。在车身制造中应用较多的纤维增强材料主要有：玻璃纤维增强材料、碳纤维增强材料和高弹性机体材料等，其中尤以玻璃纤维增强材料应用最为广泛。与碳纤维增强材料相比，虽然碳纤维增强材料的力学性能更加稳定，但其价格昂贵，使得碳纤维增强材料只是用在极少数的顶级乘用车或赛车上，而玻璃纤维增强材料的应用却较为普遍。玻璃纤维增强复合材料中应用最广泛的是玻璃纤维增强塑料，也就是通常所说的玻璃钢，它是以不饱和聚酯为基体，以玻璃纤维及其制品增强的一种复合材料，可以代替钢板来制造车身大型覆盖件。

2. 汽车零部件优化设计轻量化

在轻量化材料应用的过程中，零部件设计技术也得到相应的发展，主要表现在新的选材与设计理念的出现,面向新材料的零部件设计方法和规范的制定等。

3. 汽车零部件制造轻量化

针对新材料的应用,国外开发出了一系列先进的零部件加工技术与设备,其中有很多已进入工业化应用。它们主要包括各种先进的成形技术、连接技术和表面处理技术。

在成形技术方面,采用激光拼焊、液压成形、气体热成形、电磁成形、半固态铸造等技术,均可减少零件数量和材料消耗,减轻整车重量。

在连接技术方面,采用激光焊接铆接与自冲铆接、粘接及复合连接等技术,代替传统的铆接、电阻焊,可以提高连接质量,工艺性好也减轻了自重。

在表面处理技术方面,采用微弧氧化、金属铝涂层、含氟协合涂层、气相沉积及离子注入等方法,可使镁合金表面处理理想,以提高镁合金零部件的使用量,从而减轻车重。

三、新能源汽车

新能源汽车是指采用非常规的车用燃料作为动力来源(或使用常规的车用燃料、采用新型车载动力装置),综合车辆的动力控制和驱动方面的先进技术,形成的技术原理先进、具有新技术、新结构的汽车。

新能源汽车包括混合动力汽车、电动汽车、燃料电池汽车、太阳能汽车、燃气汽车和代用燃料汽车等。

1. 混合动力汽车

(1) 混合动力汽车的特点 混合动力汽车(Hybrid Electric Vehicle,HEV)是在一辆汽车上同时配备电力驱动系统和辅助动力单元(Auxiliary Power Unit,APU)的汽车,其中APU是燃烧某种燃料的原动机或由原动机驱动的发电机组,目前HEV所采用的原动机一般为柴油机、汽油机或燃气轮机。汽车在不同位置或不同工况下使用不同的驱动方式。例如:城市内行驶使用电能源,蓄电池驱动;城间行驶使用内燃机驱动。

混合动力汽车的燃油经济性可以达到三倍于传统中型汽车,即每升燃油可行驶34km,折合为3L/100km。

混合动力汽车既能发挥电驱动汽车在城市里运行时低排放、低噪声的优点,同时又能保留内燃机汽车能长距离运行的优点,还可以利用驱动系统中的电机回收汽车制动能量。当汽车起动和爬坡时可以利用电动机的辅助转矩,使汽车配置的内燃机排量减小。当汽车在城市内处于低速运行时,可完全依靠电动机运行。在长途运输过程中可利用内燃机为电驱动系统中的蓄电池充电。

(2) 混合动力汽车的类型 混合动力汽车主要有:串联式、并联式、混联式和插电式等类型。(图4-2)。

1) 串联式混合动力汽车。串联式混合动力汽车是由发动机带动发电机,电能在控制器的调节下带动电动机运转,以驱动车轮。发动机始终在热效率高而排放较低的单一最佳工况下运转,单一工况运转也便于排气后处理装置始终保持高净化率。低负荷运转时,发动机发出的功率超过驱动车辆的需要,多余的电能向蓄电池充电;而高负荷运转时,除发电机发出的电能外,电池组可提供额外的电能。但最高输出功率要受到电动机功率的限制,如图4-2a所示。串联式混合动力汽车适合在城区运行,如公交汽车等。

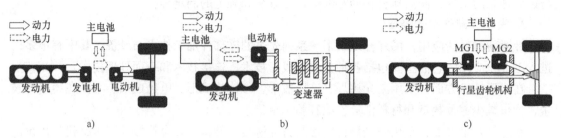

图 4-2 混合动力汽车的类型
a) 串联式 b) 并联式 c) 混联式

2) 并联式混合动力汽车。并联式混合动力汽车的发动机和电动机可以分别独立地向汽车的驱动系统提供动力,而需要大功率时可以共同提供动力,弥补了串联系统最大功率不足的缺陷,如图 4-2b 所示。并联式混合动力汽车比较适合经常在郊区和高速公路上行驶。

3) 混联式混合动力汽车。混联式混合动力汽车通过一种行星齿轮系统组成的动力分配装置,将整个系统耦合在一起,根据行驶工况灵活采取串联或并联方式,以达到热效率最高、排气污染最低的效果如图 4-2c 所示。一般控制策略为:起步或低负荷行驶时,由电池电能驱动;匀速行驶时由发动机提供动力;加速行驶时,发动机与电池共同提供动力;停车或滑行时,发动机带动发电机向电池充电;制动和减速时通过能量回收系统向电池充电。串/并联灵活驱动方式兼有串联和并联的特点,但控制系统最复杂。

4) 插电式混合动力汽车。又称为外接充电式混合动力汽车,是指汽车的驱动力由驱动电动机及发动机同时或单独供给,并且可由外部提供电能进行充电,纯电动模式下续驶里程符合我国相关标准规定的汽车。

2. 电动汽车

电动汽车是指以电力驱动的车辆。电力可以从高架电线网上获取,如无轨电车、有轨电车,也可以从移动电源(蓄电池)获取。本文主要介绍从蓄电池获取电能,在道路上行驶的电动汽车,俗称纯电动汽车或蓄电池电动汽车。

(1) 电动汽车与燃油汽车的区别 电动汽车与燃油汽车的主要区别在于能源、动力、速度控制和传动等方面,见表 4-2。

表 4-2 电动汽车与燃油汽车的主要区别

区别项目	燃油汽车	电动汽车
能源系统	汽油或柴油	燃料电池或蓄电池
动力系统	发动机	电动机
速度控制系统	变速器、离合器	调速控制器
传动系统	变速器、离合器、传动轴	传动轴、驱动桥

(2) 电动汽车的结构原理 电动汽车的能量传递如图 4-3 所示。

当汽车行驶时,由蓄电池输出电能(电流)通过控制器驱动电动机运转,电动机输出的转矩经传动系统带动车轮前进或后退。电动汽车续驶里程与蓄电池容量有关,蓄电池容量受诸多因素限制。要提高一次充电续驶里程,必须尽可能地节省蓄电池的能量。电动汽车主

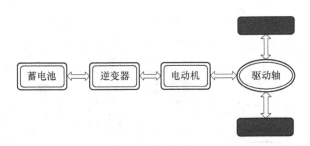

图 4-3　电动汽车的能量传递

要由电力驱动系统、电源系统和辅助系统三部分组成。

1）电力驱动系统。电力驱动系统主要包括电子控制器、功率转换器、电动机、机械传动装置和车轮等。它的功用是将储存在蓄电池中的电能高效地转化为车轮的动能,并能够在汽车减速制动时,将车轮的动能转化为电能充入蓄电池。

2）电源系统。电源系统主要包括电源、能量管理系统和充电机等。它的功用是向电动机提供驱动电能、监测电源使用情况,以及控制充电机向蓄电池充电。

3）辅助系统。辅助系统主要包括辅助动力源、空调器、动力转向系统、导航系统、刮水器、收音机以及照明和除霜装置等。辅助系统除辅助动力源外,其余的依据车型的不同而不同。

(3) 电动汽车的关键技术　电动汽车的主要关键技术有:电动汽车及控制技术、电池及管理技术、整车控制技术、整车轻量化技术及充电技术等。

3. 燃料电池汽车

采用燃料电池作为电源的电动汽车称为燃料电池汽车。燃料电池汽车一般以质子交换膜燃料电池作为车载能量源。

(1) 燃料电池汽车的基本组成　燃料电池汽车主要由储氢罐、燃料电池组、电动机控制系统、驱动电动机、超级电容或辅助蓄电池及热交换器等部件组成,如图 4-4 所示。

(2) 燃料电池汽车的工作原理　作为燃料的氢在汽车搭载的燃料电池中,与大气中的氧气发生氧化还原化学反应,产生出电能来带动电动机工作,由电动机带动汽车中的机械传动结构,进而带动汽车的前桥(或后桥)等行走机械结构工作,从而驱动汽车前进,如图 4-5 所示。

燃料电池汽车是电动汽车的一种,其核心部件为燃料电池。通过氢气和氧气的化学作用,而不是经过燃烧,直接变成电能动力。燃料电池虽然称电池但不是电池,而是相当于一台氢燃料发电机。它由正极、负极和夹在正负极中间的电解质板所组成。燃料电池的反应结果会产生极少的二氧化碳和氮氧化物,副产物主要是水,因此被称为绿色新型环保汽车。

燃料电池汽车的氢燃料可通过几种途径得到。有些汽车直接携带着纯氢燃料,另外一些汽车有可能装有燃料重整器,能将烃类燃料转化为富氢气体。单个的燃料电池必须结合成燃料电池组,以便获得必需的动力,满足汽车使用的要求。

(3) 燃料电池汽车的特点　与传统汽车相比,燃料电池汽车的优点是:节能、转换效率高、不需要石油燃料且稳定性和可靠性高于内燃机;零排放或近似零排放;汽车的性能接近内燃机方式驱动的汽车水平;减少了机油泄漏带来的水污染;降低了温室气体的排放;提高了燃油经济性;提高了发动机燃烧效率;结构简单、运行平稳、无噪声。

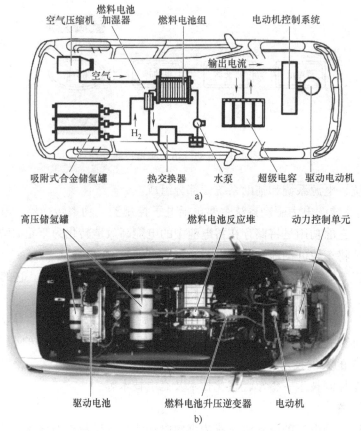

图 4-4 燃料电池汽车的基本组成
a) 布置示意图 b) 实物图

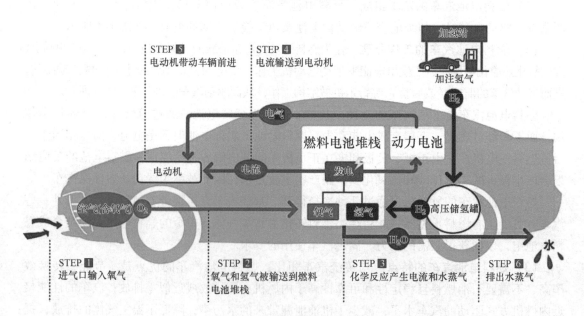

图 4-5 燃料电池汽车的工作原理

与传统汽车相比，燃料电池汽车的缺点是：燃料种类单一、要求高质量的密封、造价太高、需要配备辅助电池系统。

（4）燃料电池汽车的关键技术　燃料电池汽车的关键技术主要包括燃料电池技术、电机技术、控制器技术，这三项技术也是一直制约燃料电池汽车大规模进入市场的关键因素。

4. 太阳能汽车

太阳能汽车是利用太阳能电池将太阳能转换成电能，并利用该电能作为能源驱动行驶的汽车，它是电动汽车的一种。

（1）太阳能汽车的特点　太阳能汽车的能源来自太阳，是真正的绿色能源汽车，其特点如下：

1）节约能源。

2）能源利用率高。太阳能汽车很少通过齿轮机构传递能量，这样既可以防止能量损耗，同时又通过驱动电动机进行动力驱动，而电动机的能量利用率又非常高，最终使得太阳能汽车能源利用率高。

3）减少环境污染。太阳能汽车消耗的能量是电能，不产生废气。

4）灵活、操控性好。由于太阳能汽车中很多部件都是电子部件，所以可以保证很好的操作性。

（2）太阳能汽车的工作原理　如图4-6所示，首先车身表面的太阳能电池板把太阳能转化为电能，此电能通过峰值功率跟踪器给负荷供给能量。从峰值功率跟踪器出来的电能给电动机的速度控制装置及蓄电池供电，使电动机驱动。一般情况下，电动机转矩通过侧链等传动机构和减速机构传到车轮上，使车轮转动。

图4-6　太阳能汽车

（3）太阳能汽车的关键技术　太阳能汽车的应用技术涉及光电、电机、电子、控制、汽车工程、机械、化学等各个方面。作为电动汽车密不可分的一部分，其应用关键技术可以归纳为五个主要方面：光电技术、车体技术、电力驱动技术、储能电池技术和能量管理系统技术。

5. 代用燃料汽车

（1）代用燃料的种类　所谓代用燃料，是指能够取代或部分取代目前内燃机传统燃料（汽油、柴油和煤油）的燃料。能作为内燃机实际使用的代用燃料，要求发动机本身不应做大的改动就能利用，应有足够的资源，加工、运输、使用和保管比较方便且安全可靠，使用代用燃料的发动机的动力性、经济性、排放性、耐久性和可靠性不应降低。

代用燃料很广泛，可分为气体代用燃料和液体代用燃料。气体代用燃料主要有天然气、液化石油气和氢气等。液体代用燃料主要有乙醇、甲醇、二甲醚、生物柴油等。

（2）天然气汽车　按照所使用天然气燃料状态的不同，天然气汽车可以分为压缩天然气（CNG）汽车和液化天然气（LNG）汽车。目前世界上使用较多的是压缩天然气汽车。

按照燃料使用状况的不同，天然气汽车可分为专用燃料天然气汽车、两用燃料天然气汽车和双燃料天然气汽车。

天然气汽车与普通燃油汽车相比，在结构上主要增加了燃气供给系统。天然气供给系统由储气部件（加气头、储气瓶）、供气部件（高压气管、减压器、喷轨等）、控制部件（燃气ECU、模拟器等）和燃料转换部件（切换器等）组成，如图4-7所示。

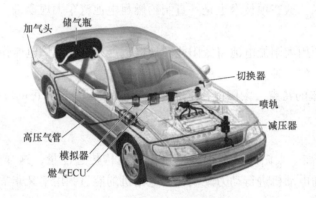

图 4-7 天然气汽车

天然气汽车的关键技术有：加气站技术、发动机技术、气瓶技术和混合控制技术。

（3）**液化石油气汽车** 以液化石油气为燃料的汽车称为液化石油气汽车。液化石油气汽车与燃油汽车相比，其特性见表4-3。

表 4-3 液化石油气汽车与燃油汽车相比的特性

液化石油气汽车优点	液化石油气汽车缺点
减少污染	汽车动力性有所下降
有较好的抗爆性	低温起动性能变差
低温起动性好	续驶里程较短
经济性好	汽车以双燃料方式并存时，整车成本较高
安全性好	补给液化石油气不方便

（4）**氢气汽车** 氢气汽车是在传统发动机的基础上加以修改后，可以直接用氢气作为燃料进行燃烧而产生动力的汽车。氢燃料的燃烧产物只有 H_2O 和 NO_x，不会产生颗粒、积炭等，从而大大减小了发动机的磨损，减轻了润滑油被污染的程度，可以认为氢是发动机最清洁的燃料，氢燃料汽车不污染环境，是一种环境友好的绿色交通工具。其缺点是氢燃烧效率低，大约只有38%，且由于氢燃料热值高、火焰传播速度快和着火范围宽等，氢燃料发动机容易出现早燃、回火、敲缸、负荷高以及 NO_x 排放偏高等情况。

（5）**甲醇汽车** 甲醇汽车是指利用甲醇燃料作为能源驱动的汽车。甲醇作为燃料在汽车上的应用主要有掺烧和纯甲醇替代两种。掺烧是指将甲醇以不同的比例（如M10、M15、M30等）掺入汽油中，作为发动机的燃料，一般称为甲醇汽油；纯甲醇替代是指将高比例甲醇（如M85、M100）直接用作汽车燃料。

甲醇汽油是指把甲醇部分添加在汽油里，用甲醇燃料助溶剂复配的M系列混合燃料。目前我国市场上使用的甲醇汽油主要有M5、M15、M50、M85以及M100等。

（6）乙醇汽车 乙醇汽车是指使用车用乙醇汽油作为主要动力燃料的机动车。乙醇燃料已成为国际上普遍公认可降低环境污染和取代化石燃料的主要资源。为此，世界上一些知名的汽车巨头纷纷把目光投向乙醇汽车的研发和推广上。

车用乙醇汽油是指在汽油组分油中，按体积比加入一定比例（中国暂按10%）的变性燃料乙醇混配而成的一种新型清洁车用燃料。

乙醇汽油的特性和优点：首先，能增加汽油中的氧含量，使燃烧更充分、彻底，有效地降低了尾气中有害物质的排放；其次，有效提高汽油的标号，使发动机运行平稳；最后，有效消除火花塞、气门、活塞顶部及排气管、消声器部位积炭的形成，并可以延长主要部件的使用寿命。

（7）二甲醚汽车 二甲醚汽车是指使用二甲醚作为动力燃料的机动车。

二甲醚作为环保、清洁、安全的新型替代能源，已经得到国际社会的公认。二甲醚是汽车发动机，特别是柴油发动机燃料的理想替代品。

二甲醚汽车具有节能环保、安全性高及燃烧效率高等优点。

针对我国自然条件和"富煤、少油、有气"的能源资源特色，发展洁净能源二甲醚，对于我国经济发展与环境保护的平衡具有重大的战略意义。

（8）生物柴油汽车 生物柴油汽车是指以生物柴油作为动力的一种新型能源柴油车。

柴油作为一种重要的石油炼制产品，在各国燃料结构中占有较高的份额，已成为重要的动力燃料。随着世界范围内车辆柴油化趋势的加快，未来柴油的需求量会越来越大，而石油资源的日益枯竭和人们环保意识的提高，大大促进了世界各国加快柴油替代燃料的开发步伐。由于生物柴油燃烧时排放的二氧化碳远低于该植物生长过程中所吸收的二氧化碳，从而可改善由于二氧化碳的排放而导致的全球变暖这一有害于人类的重大环境问题。因而，生物柴油是一种绿色柴油。生物柴油以其优越的环保性能受到了各国的重视。

生物柴油汽车具有优良的环保特性、较好的低温发动机起动性能、较好的润滑性能、较好的安全性能、良好的燃料性能以及可再生性能等。因此，生物柴油汽车是汽车节能环保发展的主要方向之一。

第二节 汽车减排技术

随着我国汽车工业的迅猛发展和城市化进程的加快，以及汽车保有量的急剧增加，我国大部分城市的雾霾天气增多，PM2.5值攀升，环境污染日趋严重，汽车是造成环境污染的主要因素之一。为此，汽车减排成为目前热点问题之一，人们提出了许多防治汽车尾气污染的控制措施。

一、汽车减排的强制性标准

为了治理环境污染，各国根据大气环境污染的具体情况，制定了有关环境保护的法律与大气污染治理的目标，对各种污染源的排放提出了控制要求，针对不同类型的机动车制定出不同的排放标准，这些标准是要求强制性执行的，因而也称为排放法规。

排放法规由一系列各种污染物的限值组成，还包括检测、认证和强制执行的方法，其每一部分内容互相联系，互相一致。汽车排放法规已成为汽车设计与制造的准则、汽车强制性认证的主要依据和汽车产品国际贸易的保障。

与国外先进国家相比，我国汽车尾气排放法规起步较晚、水平较低，根据我国的实际情况，从 20 世纪 80 年代初期开始采取了先易后难分阶段实施的具体方案，其具体实施至今主要分为六个阶段。

第一阶段：GB 18352.1—2001《轻型汽车污染物排放限值及测量方法（Ⅰ）》，等效采用欧盟 93/59/EC 指令，参照采用 98/77/EC 指令部分技术内容，等同于欧Ⅰ标准，从 2001 年 4 月 16 日发布并实施国Ⅰ标准。

第二阶段：GB 18352.2—2001《轻型汽车污染物排放限值及测量方法（Ⅱ）》，等效采用欧盟 96（10）69/EC 指令，参照采用 98（10）77（10）EC 指令部分技术内容，等同于欧Ⅱ标准，从 2004 年 7 月 1 日起实施国Ⅱ标准。

第三阶段：GB 18352.3—2005《轻型汽车污染物排放限值及测量方法（中国Ⅲ、Ⅳ阶段）》，国Ⅲ部分等同于欧Ⅲ标准，于 2007 年 7 月 1 日实施国Ⅲ标准。

第四阶段：GB 18352.3—2005《轻型汽车污染物排放限值及测量方法（中国Ⅲ、Ⅳ阶段）》，国Ⅳ部分等同于欧Ⅳ标准，从 2015 年 1 月 1 日起全国统一实施国Ⅳ排放标准。

第五阶段：2013 年 9 月 17 日，环境保护部发布《轻型汽车污染物排放限值及测量方法（中国第五阶段）》（GB 18352.5—2013）。从 2017 年 1 月 1 日起，全国机动车将全面实施国Ⅴ排放标准。

第六阶段：2016 年发布了第六阶段（国Ⅵ）的排放标准 GB 18352.6—2016《轻型汽车污染物排放限值及测量方法（中国第六阶段）》，相比国Ⅴ排放标准，其限值加严了 30% ~ 50%。自 2019 年 7 月 1 日起，所有销售和注册登记的轻型汽车应符合国Ⅵa 标准限值要求。自 2023 年 7 月 1 日起，所有销售和注册登记的轻型汽车应符合国Ⅵb 标准限值要求。

在欧洲，2000 年起开始实施欧Ⅲ标准，2005 年起开始实施欧Ⅳ标准，2009 年起开始实施欧Ⅴ标准，2014 年起开始实施欧Ⅵ标准，欧Ⅶ标准实施时间还未确定。

二、汽油机排放控制技术

降低汽油发动机排放主要从机内净化和后处理净化两方面进行。

1. 汽油机机内净化技术

降低汽油发动机排放的关键是从汽油机内部解决，其主要技术有：电子控制汽油喷射技术、电控点火系统、可变气门正时技术、可变长度进气歧管、排气再循环技术、进气增压技术、均质充量压燃技术、多气门技术、缸内直喷技术、可变压缩比、停缸技术、OBD 诊断技术等。

（1）电子控制汽油喷射技术 电子控制汽油喷射系统采用多种传感器，将发动机的负荷、转速、吸入空气量、冷却液温度、排放状态和燃烧状况等转换成电信号，并输入到 ECU。ECU 按给定程序和标准数据，对这些电信号进行转换后，发出相应的指令（电信号）驱动喷油器。喷油器开闭时刻、次数及时间等受到严格的控制，从而使发动机获得能够适应各种工况的最佳混合气。

电子控制汽油喷射系统如图 4-8 所示。

电子控制汽油喷射系统节能减排的基本原理如下:

1)用 ECU 来控制每循环的喷油量和喷油时刻。可按各种工况的要求用 ECU 来控制每循环的喷油量和喷油时刻,对燃油量进行校正,其废气排放指标比化油器汽油机好得多。

2)每缸采用单独喷油器供油,这样,可提高各缸空燃比的均匀性和喷油量的精确性。

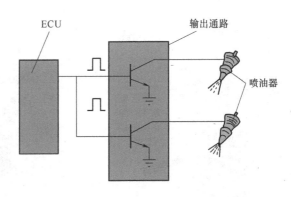

图 4-8 电子控制汽油喷射系统

3)燃油雾化特性是由喷油器的特性决定的,与汽油机的转速无关。因此,起动时仍能保持良好的雾化特性,起动性能良好,且起动时碳氢化合物(HC)排放量少。

(2)电控点火系统 在汽油机中,点火系统的任务是提供足够能量的电火花,适时地点燃燃烧室内的混合气。点火系统的性能,如点火正时和点火能量,对汽油机的燃烧有很重要的影响,从而影响发动机的性能和排放。为使汽油机高效节能、动力强劲、排放低,则要求点火可靠、正时优化。

现代发动机上普遍采用高能点火系统,其点火电压已高达 30~40kV,火花塞间隙已达 1~1.5mm,能保证可靠点火,增大火花强度,延长火花持续时间,从而改善了混合气燃烧过程,降低了碳氢化合物(HC)的排放。

电控点火系统可根据发动机转速、发动机负荷以及节气门开度、冷却液温度、进气温度、爆燃等信号对点火提前角进行优化计算,以实现精准控制,从而可有效降低发动机的燃油消耗率和有害物排放。

(3)可变气门正时技术 传统发动机的配气相位和升程是固定的,不能使各种工况下都得到最佳的配气正时。可变气门正时技术(Variable Valve Timing,VVT)指的是发动机气门升程和配气相位定时可以根据发动机工况做实时的调节。可变气门正时技术可分为三种:可变相位技术、可变升程技术以及可变相位和升程技术。具有代表性的可变气门正时技术是本田公司的 VTEC、丰田公司的 VVT-i 以及宝马公司的 Valvetronic 技术。这一技术使发动机设计师无须再在低速转矩与高速功率之间做抉择,实时的气门正时调整使得同时顾及低速转矩与高速功率成为可能。

连续可变气门正时技术加上先进的发动机控制策略,可以巧妙地实现可变压缩比。如在大负荷时,发动机容易发生自燃,进而引起爆燃,通过推迟进气门关闭的时间来达到降低有效压缩比的目的,从而避免爆燃。而在中小负荷时,爆燃不再是个问题,可以通过调整气门关闭的时间达到提高有效压缩比的目的,从而使发动机在中小负荷时有优异的热效率。可变气门技术也可使汽油机排放品质达到更好的水平。发动机采用可变气门正时技术可以提高进气充量,使充量系数增大,发动机的转矩和功率可以得到进一步的提高。它的特点是在大幅提高燃油经济效益的同时提高了发动机的功率,但对油品的要求十分苛刻。几种可变气门正时技术如图 4-9 所示。

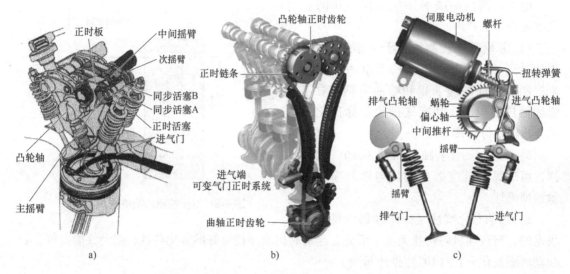

图4-9 几种可变气门正时技术
a) 本田 VTEC b) 丰田 VVT-i c) 宝马 Valvetronic

(4) 可变长度进气歧管 发动机的进气道是连接进气门和进气总管的，进气歧管设计的形状也能直接影响发动机的性能。图4-10所示为可变长度进气歧管。

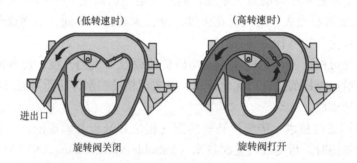

图4-10 可变长度进气歧管

可变长度进气歧管的工作原理是：随着进气门的开启和关闭，在进气歧管内会产生气压波动，形成吸气波和压力波，并以声速传播，进气歧管的长度必须根据发动机转速而调整，以保证最高压力波在进气门关闭以前到达进气门，从而提高进气量。发动机 ECU 根据转速信号，控制驱动电动机来调整进气歧管开度，从而改变进气歧管长度。根据发动机转速调整进气歧管长度，低速时使用长进气歧管来提高进气量，增大转矩；高速时，使用短进气歧管来提高进气量，提高发动机功率。

(5) 排气再循环技术 排气再循环技术是控制氮氧化合物（NO_x）排放的主要措施，它将汽油机排出的一部分气体重新引入发动机进气系统，与混合气一起再进入气缸燃烧。排气混入的多少用 EGR 率表示，其定义如下：

$$EGR\ 率 = \frac{返回排气量}{进气量+返回排气量} \times 100\%$$

NO_x 是在高温和富氧条件下，N_2 和 O_2 发生化学反应的产物。燃烧温度和氧浓度越高，持续时间越长，NO_x 的生成物也越多。一方面，排气对新气的稀释作用意味着降低了氧浓度；另一方面，考虑到除怠速外的其他工况下的 CO、HC 和 NO_x 浓度均低于 1%，排气中的主要成分为 N_2、CO_2 和 H_2O，而且三种气体的比热容较高，从而提高了混合气的比热容，加热这种经过排气稀释后的混合气所需要的热量也随之增大，在燃料燃烧放出热量不变的情况下最高燃烧温度可以降低，进而可使 NO_x 在燃烧过程中的生成受到抑制，明显地降低了 NO_x 的排放。排气再循环系统如图 4-11 所示。

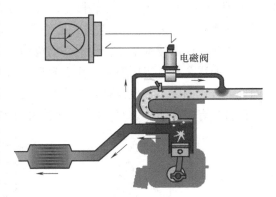

图 4-11 排气再循环系统

（6）进气增压技术 在汽油机中，燃料所供能量中有 20%～45% 是由排气带走的。对于非增压汽油机，可取上述百分比范围的低限值；对于高增压汽油机，可取高限值。例如：一台平均有效压力为 1.8MPa 的高增压中速四冲程汽油机，燃料中将近 47% 的能量传给活塞做功，约 10% 的能量通过气缸壁散失掉，约 43% 的能量随排气流出气缸。增压技术的作用就在于利用这部分排气能量，使其转换为压缩空气的有效功，以增加汽油机的充气量。增压对提高汽油机功率和改善汽油机的燃油经济性及排放都有积极的意义。

所谓增压，就是利用增压器将空气或可燃混合气预先进行压缩，再送入汽油机气缸的过程。增压后，虽然气缸的工作容积不变，但每循环进入气缸的新鲜空气或混合气充量密度增大，使实际混合气充量增加，因此不仅可使燃料燃烧得更加充分，还可增加每循环的燃料添加量，从而达到提高汽油机功率和燃油经济性，改善排放性能的目的。增压比是指增压后气体压力与增压前气体压力之比。

汽油机增压通常有机械增压、涡轮增压、气波增压和复合增压等类型，如图 4-12 所示。

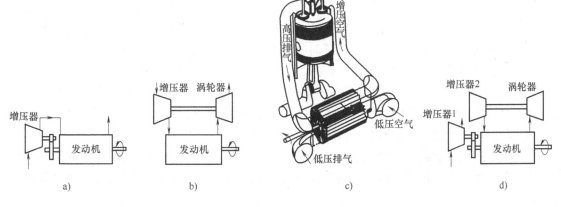

图 4-12 汽油机增压方式
a）机械增压 b）涡轮增压 c）气波增压 d）复合增压

(7) 均质充量压燃技术 均质充量压缩燃烧（Homogeneous Charge Compression Ignition，HCCI）是一种全新的内燃机燃烧概念，既不同于柴油机（非均质充量压缩点燃），又不同于汽油机（均质充量火花点燃），它是火花点燃式发动机和压缩点燃式发动机概念的混合体。

均质充量压燃技术是一种预混合燃烧和低温燃烧相结合的新型燃烧方式；是在进气过程形成均质的混合气，当压缩到上止点附近时均质混合气自燃着火。由于不受燃油和氧化物分离面处混合比的限制，也没有点火式燃烧的局部高温反应区，使得 N_2 和微粒（PM）排放很低，而且具有较高的热效率。HCCI 汽油机与传统汽油机、柴油机的比较如图 4-13 所示。

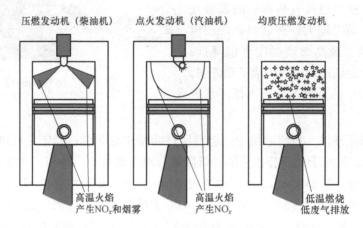

图 4-13 HCCI 汽油机与传统汽油机、柴油机的比较

(8) 多气门技术 以前的汽油机每个气缸只有两个气门（进、排气门各一个），如果每个气缸多于两个气门，就称为多气门汽油机（图 4-14）。

采用多气门汽油机的节能减排机理是：

1）扩大进、排气门的总流通截面面积，增大汽油机的进、排气量，降低泵气损失，使汽油机的燃烧更彻底，功率得到提高。

2）可实现关闭部分通道，形成与汽油机转速相适应的进气滚流强度，拓宽汽油机的高效工作转速范围。低速运转时采用上述方法，可使进气滚流强度比高速时更强，提高了低速时的混合气质量，使燃烧更充分，功率也得到提升。

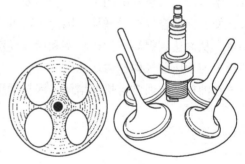

图 4-14 多气门汽油机

3）气门增多，则气门变小变轻，不但允许气门以更快的速度开启和关闭，增大了气门开启的时间断面值，而且使相邻气门之间被浪费的燃烧室面积大为减少，从而提高了燃烧室表面积利用率，也使气门流通总面积增大。

4）由于多气门改善了进气能力，因此进、排气重叠角可以减小，从而有效地降低了小负荷工况时的排放，再者，多气门排气阻力小，进气量大，扫除缸内废气的效果也得到了提升。

采用多气门技术，不仅能够有效降低汽油机的主要排放物，而且能有效提升汽油机的动力性和燃油经济性，因此多气门技术目前已被广泛应用。

第四章 认识车辆工程学科的前沿技术

(9) 缸内直喷技术 开发车用具有汽油机优点、同时具有柴油机部分负荷高燃油经济性优点的发动机是主要的研究目标。以缸内直喷汽油机（Gasoline Direct Injection，GDI）为代表的新型混合气形成模式的研究和应用，极大地提高了汽油机的燃油经济性，有效地控制了 NO_x 和 HC 的排放。

直喷式发动机（缸内喷注式汽油机）与一般汽油机的主要区别在于汽油喷射的位置。

GDI 装置引进了柴油机直接将柴油喷入缸内的理念直接在缸内喷射汽油，利用缸内气体流动与空气混合组织形成分层燃烧（图4-15）。汽油直接喷入缸内有利于汽油的雾化，使汽油与空气能够更好地混合，燃烧更为完全。另外进气管道中没有狭窄的喉管，空气流动的阻力小，充气性能好，因此输出的功率也较大。喷油器喷油后大部分油雾都集中在活塞的凹坑中，靠进气系统形成涡流带动油雾在缸内形成混合气，与周围的稀区形成分层气体，虽然混合比达到40∶1（一般汽油发动机的混合比是15∶1），但高压旋转喷射器喷射出雾状汽油，在压缩行程后期的点火之前，被气体的纵涡流融合成球状雾化体，形成一种以火花塞为中心，由浓到稀的层状混合气状态，聚集在火花塞周围的混合气很浓厚，很容易点火燃烧。

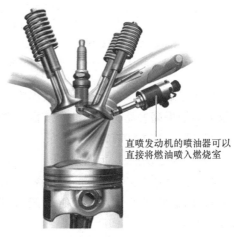

直喷发动机的喷油器可以直接将燃油喷入燃烧室

图 4-15 缸内直喷技术（GDI）

(10) 可变压缩比 压缩比是气缸总容积与燃烧室容积的比值，它表示活塞由下止点运动到上止点时气缸内气体被压缩的程度，是衡量发动机性能的重要参数，也是影响发动机效率最重要的因素之一。一般来说，压缩比越高，发动机的性能就越好。对于传统的发动机，一经设计好，其压缩比是固定不变的，因为燃烧室容积及气缸工作容积都是固定的参数。对于现代汽车发动机的压缩比，汽油机一般为 8~12，柴油机一般为 12~22。

可变压缩比（VCR）技术主要是针对增压发动机的一种技术。固定的压缩比不能充分发挥发动机的性能，事实上在小负荷、低转速运转时，发动机的热效率低，相应的综合性能比较差，这时可以用较大的压缩比；而在大负荷、高转速运转时，若压缩比过高，则很容易发生爆燃并产生很大的热负荷和机械负荷，这时可以用较小的压缩比。随着负荷的变化连续调节压缩比，可以最大限度地挖掘发动机的潜力，使其在整个工况区域内有效提高热效率，进而提高发动机的综合性能。

由压缩比的定义可知，要想使压缩比有所变化，就必须从改变燃烧室容积和工作容积方面入手。发动机的燃烧室由活塞顶、气缸和气缸盖三部分构成，迄今为止出现的一些可变压缩比实现方案都是围绕这三个元素而进行的。通常采用的方法大致为以下三种：①通过改变气缸盖的结构来实现；②通过改变缸体结构来实现；③通过改变活塞及曲柄连杆机构来实现。几种可变压缩比技术如图4-16所示。

(11) 停缸技术 发动机部分负荷时，切断部分气缸的供油而使工作气缸的负荷提高，以改善发动机性能的技术称为停缸技术。

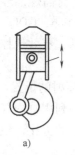 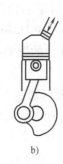 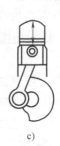  

图 4-16　几种可变压缩比技术

a）气缸做推移　b）改变气缸盖的几何形状　c）改变活塞的几何形状
d）偏心的连杆支承　e）偏心的曲轴支承

由于停缸工况下发动机的泵气损失功减小，同时发动机的机械摩擦损失功也减小，从而可以明显地提高发动机的燃油经济性，这是停缸节油的主要原因。

实现停缸的方法有以下三种：

1）仅停止供油（简称断油）。

2）停止气门运动和断油（简称停阀机）。

3）断油的同时引入工作缸的废气到不做功的气缸内（断油回流），停缸技术原理如图4-17所示。

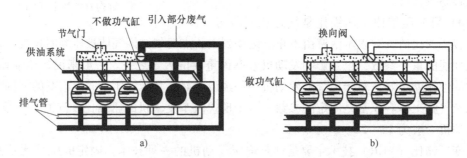

图 4-17　停缸技术原理

a）部分负荷　b）大负荷

（12）OBD 诊断技术　OBD 诊断技术是全面达到国Ⅲ、国Ⅳ、国Ⅴ汽车排放标准的一种技术措施，并不能简单地理解为发动机或汽车故障在线诊断技术和方法。OBD 的实质性能就是全面监测汽车运行的排放污染物，主要目的是使汽车的检测、维护和管理融为一体，以满足环境保护的要求。OBD 系统可监测车辆的多个系统和部件，包括发动机、三元催化转化器、颗粒捕集器、氧传感器、排放控制系统、燃油系统和排气再循环（EGR）系统等，确保车辆始终处于良好的技术状况。

2. 汽油机后处理净化技术

随着对发动机排放要求的日趋严格，改善发动机工作过程的难度越来越大，能统筹兼顾动力性、燃油经济性和排放性能的发动机将越来越复杂，成本也急剧上升。因此，世界各国都先后开发废气后处理净化技术，在不影响或少影响发动机其他性能的同时，在排气系统中安装各种净化装置,采用物理和化学方法降低排气中的污染物后最终向大气环境排放。

汽油机后处理净化技术主要有三元催化转化技术、稀燃催化技术、热反应器、二次空气喷射等。

(1) 三元催化转化技术 三元催化转化器是目前应用最多的汽油机废气后处理净化技术。当汽油机工作时,废气经排气管进入催化器,其中氮氧化物与废气中的一氧化碳、氢气等还原性气体在催化作用下分解成氮气和氧气;而碳氢化合物和一氧化碳在催化作用下充分氧化,生成二氧化碳和水蒸气,如图4-18所示。三元催化转化器的载体一般采用蜂窝结构,蜂窝表面有涂层和活性组分,与废气的接触表面面积非常大,所以其净化效率高,当发动机的空燃比在理论空燃比附近时,三元催化转化器可将90%的碳氢化合物和一氧化碳及70%的氮氧化物同时净化,因此这种催化器被称为三元催化转化器。目前,电子控制汽油喷射加三元催化转化器已成为国内外汽油车排放控制技术的主流。

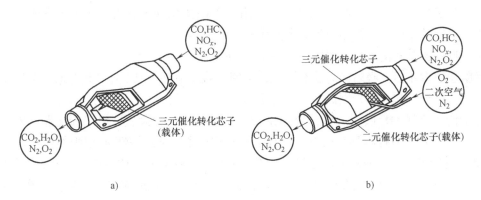

图4-18 三元催化转化器

a) 单芯三元催化转化器 b) 双芯三元催化转化器

三元催化转化器与发动机以及汽车有一个非常重要的优化匹配问题。催化器性能再好,如果系统不能给它提供一个合适的工作条件(如空燃比、温度及尾气流速等),催化器就不能高效地净化排气污染物。反之,催化器在设计时,也应根据具体车型原始排放水平的不同、要满足的排放法规的不同、对动力性和经济性等指标的要求不同等条件来确定设计方案。

催化器的匹配主要包括以下几个方面:

1)催化器与发动机特性的匹配。
2)催化器与电子控制燃油喷射系统的匹配。
3)催化器与排气系统的匹配。
4)催化器与燃料及润滑油的匹配。
5)催化器与整车设计的匹配。

催化器的匹配是一项交叉于汽车、材料和化学等不同领域的涉及范围很广的技术。

(2) 稀燃催化技术 稀薄燃烧技术是降低CO排放的有效手段。所谓稀薄燃烧,是指发动机在空燃比大于化学计量比的条件下运行,其排放尾气与普通发动机有相似的化学成分,但其中还原性及氧化性气体的相对含量不同于普通发动机的尾气,因而其排放尾气的净化处理技术有明显的区别。采用稀薄燃烧技术，可提高燃料的利用率，从而提高燃料的经济性，降低 CO_2、CO 排放浓度，在一定的空燃比范围内，HC 和 NO_x 也有所减少，但 O_2 的浓度却明显升高，导致 NO_x 的转化效率大大降低，在这种富氧条件下，催化还原其中的 NO_x 是稀燃催化技术的关键所在。目前针对稀燃催化技术研究较多的是 Pt-Rh 氧化还原催化剂、Pt-Pd-Rh 三元催化剂、全 Pd 催化剂和后来采用的催化剂涂层等，但空燃比的操作窗口太窄，要求燃油中 S 含量较低，因此难以广泛地应用。

目前，在稀薄燃烧汽油机排放的尾气净化技术中，广泛研究的是吸附还原催化技术。吸附还原催化技术对 NO_x 的转化效率可达 70%～90%，其最佳工作温度在 150～450℃ 之间，并已在缸内直喷汽油机中得到了应用。

NO_x 吸附还原催化器主要安装在缸内直喷发动机的排气管上，当发动机稀薄燃烧时，将 NO_x 氧化，并与碱土金属发生化学反应，生成氮化物，并被吸附在吸附剂上。

当发动机处于浓燃时，吸附在催化器吸附剂上的氮化物被脱附，在排气管中的还原剂 HC、CO、H_2 的作用下，被还原为无害的氮气（N_2）。

NO_x 吸附还原催化器的工作原理如图 4-19 所示。

吸附还原催化器的吸附能力是有限的，当催化器在稀燃工况下连续运行时，吸附量将达到饱和，不能继续起作用，因此必须交替采用稀-浓混合气。

为了精确控制 NO_x 吸附的稀燃阶段和 NO_x 还原的浓燃阶段，可以在催化器后安装氧传感器，检测 NO_x 还原过程是否结束，从而使 NO_x 排放和燃油经济性都达到最优。

（3）热反应器 汽油机工作过程中的不完全燃烧产物 CO 和 HC 在排气过程中可以继续氧化，但必须有足够的空气和温度以保证其高的氧化速率，热反应器为此提供必要的温度条件。在排气道出口处安装用耐热材料制造的热反应器，使尾气中未燃的碳氢化合物（HC）和一氧化碳（CO）在热反应器中保持高温并停留一段时间，使之得到充分的氧化从而降低其排放量。

热反应器一般采用耐热、耐蚀的不锈钢制成，其结构如图 4-20 所示。

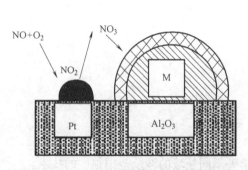

图 4-19 NO_x 吸附还原催化器的工作原理

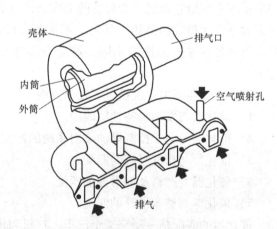

图 4-20 热反应器的结构

热反应器由壳体、外筒和内筒三层构成，中间加保温层，使内部保持高温。热反应器安装在排气总管出口处，由于有较大的容积和绝热保温部分，反应器内部的温度可高达

600~1000℃。同时在紧靠排气门处喷入空气（即二次空气），以保证 CO 和 HC 氧化反应的进行。

(4) 二次空气喷射 空气喷射就是将新鲜空气喷射到排气门的后面，使尾气中的碳氢化合物（HC）和一氧化碳（CO）在排气管内与空气混合，继续进行氧化的方法，又称二次空气法。当喷射的新鲜空气与尾气混合时，空气中的氧（O_2）和碳氢化合物（HC）反应生成水，并呈蒸汽状；而氧（O_2）和一氧化碳（CO）反应生成 CO_2，如图 4-21 所示。

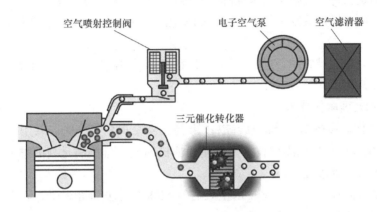

图 4-21 二次空气喷射技术

三、柴油机排放控制技术

柴油机排放控制技术也包括机内净化技术和后处理净化技术。

1. 柴油机机内净化技术

相对于汽油机而言，柴油机由于过量空气系数比较大，一氧化碳（CO）和碳氢化合物（HC）排放量要低得多，但普通的燃油供给系统使柴油机具有致癌作用的微粒排放量比汽油机大几十倍甚至更多。因此，控制柴油机排放物的重点，就在于降低柴油机的 NO 和微粒（包括碳烟）排放。

降低柴油机 NO_x 排放和微粒排放之间往往存在着矛盾。一般有利于降低柴油机 NO_x 的技术都有使微粒排放增加的趋势，而减少微粒排放的措施，又可能使 NO_x 的排放升高。尽管如此，近年来，柴油机排放控制技术还是取得了很大的进展，研制出了一些低排放、高燃油经济性的柴油机，这些机型不用任何后处理装置即可以达到较高的排放法规要求，显示出柴油机机内净化技术的巨大潜力。

表 4-4 给出了降低柴油机 NO_x 和微粒排放的相关技术措施。

表 4-4 降低柴油机 NO_x 和微粒排放的相关技术措施

技术措施	实施方法	主要控制对象
燃烧室设计	设计参数优化，新型燃烧方式	NO_x、微粒
喷油规律改进	预喷射，多段喷射	NO_x
进排气系统	可变进气涡流，多气门	微粒

(续)

技术措施	实施方法	主要控制对象
增压技术	增压，增压中冷，可变几何参数增压	微粒
排气再循环	EGR，中冷 EGR	NO_x
高压喷射	电控高压油泵，共轨系统，泵油嘴	微粒
均质压燃技术	HCCI	NO_x、微粒

需要指出的是，每一种技术措施在降低某种排放成分时，往往效果有限，过度使用则会带来另一种排放成分增加或动力性、经济性的恶化，因此在工程实际中通常是几种技术措施同时并用。

在柴油机机内净化措施中，进气控制、排气控制、增压技术、排气再循环技术、均质压燃技术均与汽油机相似。

2. 柴油机后处理净化技术

(1) 微粒净化处理技术　柴油机排放污染物主要是微粒和 NO_x，其中，微粒排放是汽油机的 30~80 倍，仅靠机内净化技术很难使柴油机的微粒排放满足新的排放法规要求，所以，必须采用微粒后处理技术。

目前，柴油机微粒后处理净化技术主要有微粒捕集器法和等离子、静电分离、溶液清洗、离心分离和袋式过滤净化技术等。

1) 微粒捕集器法。微粒捕集器法是指采用过滤材料对排气进行过滤捕集。微粒捕集器法主要采用蜂窝陶瓷、陶瓷纤维编织物和金属编织物等作为过滤材料。当排气通过微粒捕集器时，过滤体将排气中的微粒捕集于过滤体内，达到净化排气的目的（图4-22）。

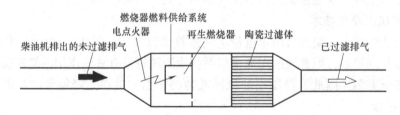

图 4-22　带再生燃烧器的微粒捕集器

2) 等离子净化技术。柴油机排气中的有害成分经过等离子反应器，发生复杂的化学反应，其中 NO 很容易被氧化成 NO_2，NO_2 的强氧化性能在柴油机正常排气温度下将微粒氧化。此外，通过添加剂或催化剂等方式可提高微粒净化的效率，降低能耗。等离子净化技术具有结构简单、不影响柴油机运行性能以及在捕集微粒的同时降低 NO_x 等优势，是柴油机后处理研究发展的新方向。

3) 静电分离净化技术。静电分离净化技术是指利用静电力吸附排气中的悬浮微粒，从而达到捕集微粒的目的。虽然柴油机排气微粒整体上呈电中性，但是 85% 左右的微粒都为带电粒子，每个带电粒子有 1~5 个基本正电荷或负电荷。柴油机排气微粒的电阻率在 10^6 ~ $10^8 \Omega \cdot cm$ 数量级内变化，适合利用电场对排气微粒进行静电吸附，达到微粒净化的目的。在排气通道中建立高压强电场，排气流过电场时，带电粒子分别被异性电极吸附。静电分离技术的主要问题是设备体积大、结构复杂、成本高，且气流流速对静电分离效率的影响较大。

4）溶液清洗净化技术。溶液清洗净化技术是让排气通过水或油来清洗微粒。这种方法简单，适合于固定的排气设备。瑞典研究人员曾尝试将车用柴油机的排气管做成文丘里管，利用喉管处的负压将水分吸入排气中，稀释和清洗排气中的微粒和 NO_x，取得了一定的成果。

5）离心分离净化技术。离心分离净化技术是将排气引入旋风分离器中，利用微粒离心力，将微粒从气流中分离出来。

目前比较有效的分离形式有轴流直流式和涡流式。轴流直流式柴油机排气旋流净化器是采用轴流直流式旋流子作分离器件，当气流通过分离室时，微粒沿径向由筒体轴线处移动到筒体内壁，与筒体内壁碰撞黏附而被捕集。涡流式的除尘机理是：使具有很高压力和速度的排气沿切向进入涡流室，当气流在其中高速旋转时，离心力使其中粒径较大的微粒分离出来，同时高速旋转的气流还可以形成一定的真空度，使发动机的排气更加顺畅。

由于柴油机微粒很小，直径大多在 $1\mu m$ 以下，离心分离技术只能分离微粒的 5%~10%，效果较差，但是这种方法可与其他方法一起使用。

6）袋式过滤净化技术。袋式过滤器是一种利用纤维作为过滤介质，将排气中的微粒过滤出来的净化设备。滤布做成袋形，其结构简单、工作可靠、成本低、过滤效率高，对半径大于 $0.1\mu m$ 的微粒，过滤效率达 90% 以上，被认为是一种有效的柴油机微粒净化装置。

袋式过滤净化技术的主要缺点在于：结构不够紧凑，需停车采用手动清灰，使用不便，影响车辆的机动性。若能够采用两组袋式过滤器轮流工作并加以电子控制，则可在不影响车辆正常运行的情况下实现自动清灰的连续操作，又可缩短清灰周期，允许通过较大的废气流量。此设想的实现尚需合理设计以保证工作的可靠性，同时减小其体积，以利于安装在汽车上。

(2) NO_x 的净化处理技术 由于三元催化转化器不适于在柴油机上降低 NO_x 的含量，所以，降低柴油机 NO_x 排放的后处理净化技术主要有：选择性催化还原、选择性非催化还原、吸附催化还原和等离子辅助催化还原等技术。

1）选择性催化还原净化技术。选择性催化还原也称为 SCR (Selective Catalytic Reduction) 方法。SCR 转化器的催化作用具有很强的选择性：NO_x 的还原反应被加速，还原剂的氧化反应则受到抑制。选择性催化还原系统的还原剂可采用各种氨类物质或各种碳氢物质。

① NH_3-SCR 技术。NH_3-SCR 技术是指以尿素 $[(NH_2)_2CO]$ 水溶液作为还原性催化剂的还原技术，即尿素的水溶液在高于 200℃ 时产生氨气（NH_3），通过 SCR 催化剂，将排气管中的 NO_x 还原成 N_2。车载 NH_3-SCR 系统如图 4-23 所示。

② HC-SCR 技术。HC-SCR 技术是指以 HC 作为还原剂的选择性催化还原技术，即 HC 在催化剂的作用下将 NO_x 还原成 N_2。HC-SCR 技术中 HC 的来源有两个：一是柴油机尾气中未燃烧完全的 HC；另一个是燃料柴油或醇类，可通过向排气管中直接喷射燃料实现。

2）选择性非催化还原净化技术。选择性非催化还原也称为 SNCR (Selective Non Catalytic Reduction)，其原理是在高温排气中加入 NH_3，作为还原剂，与 NO_x 反应后生成 N_2 和 H_2O。

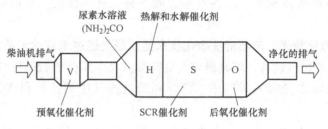

图 4-23 车载 NH_3-SCR 系统

3）吸附催化还原净化技术。吸附催化还原是基于发动机周期性稀燃和富燃工作的一种 NO_x 净化技术，吸附器是一个临时储存 NO_x 的装置，具有 NO_x 吸附能力的物质有贵金属和碱金属（或碱土金属）的混合物。当发动机正常运转时处于稀燃阶段，排气处于富氧状态，NO_x 被吸附剂以硝酸盐（MNO_3，M 表示碱金属）的形式储存起来。

当吸附达到饱和时，也需要再生吸附器使其能够继续正常工作，吸附器的再生可通过柴油机周期性的稀燃和富燃工况进行，也可通过人为调整发动机的工作状况，使其产生富燃条件，使硝酸盐分解释放出 NO_x，NO_x 再与 HC 和 CO 在贵金属催化器下被还原为 N_2。

4）等离子辅助催化还原净化技术。目前，利用低温等离子辅助 HC 的选择性催化还原系统降低 NO_x 排放是研究的另一热点。

根据等离子的特点，较多采用二级系统，如图 4-24 所示。等离子技术是指由电子、离子、自由基和中性粒子等组成的导电性流体，整体保持电中性。离子、激发态分子、原子和自由基等都是化学活性极强的物种，首先利用这些活性物种把 NO 和 HC 氧化为 NO_2 和部分氧化的高选择性含氧 CH 类还原剂，然后在催化剂的作用下促使新产生的高选择性活性物质还原 NO_2，生成无害的 N_2。

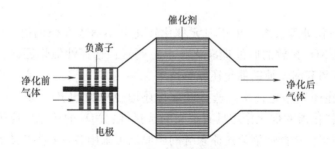

图 4-24 等离子辅助催化还原净化技术

第三节　汽车安全技术

汽车行驶安全性是世界汽车技术发展关注的热点问题之一。在汽车的安全性研究和现有的汽车安全技术中，汽车的安全性分为主动安全性和被动安全性两大类。主动安全性是指通过对汽车内部结构进行更趋合理、有效的设计，优化车辆驾驶操纵系统的人机环境，主动预防事故的发生。被动安全性主要是指汽车在发生意外的碰撞事故时，如何对驾乘人员进行保护，尽量减轻其所受的伤害。

一、汽车主动安全技术

汽车主动安全控制系统的基本原理：首先是利用各种传感器感知驾驶人对汽车的操作情况以及汽车本身的运动状态，然后由电控单元（ECU）根据传感器获得的信息确定相应的控制策略，最后控制执行机构采取相应的动作，直接影响和控制车轮滑转（移）率、车轮侧偏角和车轮垂向运动，从而间接控制轮胎和路面间接触面上的纵向力、侧向力和垂向力，提高汽车的主动安全性、机动性和舒适性。汽车主动安全控制是一个多系统互相影响、相互作用的复杂控制过程。

目前，汽车主动安全控制系统主要包括：汽车防抱死制动系统（ABS）、汽车驱动防滑系统（TCS/ASR）、汽车电子制动力分配系统（EBD）、汽车电控辅助制动系统（EBA）、汽车横摆运动控制系统（DYC）、汽车稳定性控制系统（ESP）、汽车四轮转向系统（4WS）、汽车主动前轮转向系统（AFS）、汽车主动悬架系统（AS）、汽车自适应巡航控制系统（ACC）等。

1. 汽车防抱死制动系统（ABS）

防抱死制动系统（Anti-lock Brake System，ABS）是在传统的制动系统上采用电子控制技术，防止车辆制动时车轮抱死的一种机电一体化系统。ABS 对于汽车在各种行驶条件下的制动效能及制动安全尤为重要，特别是紧急制动，能够充分利用轮胎与路面之间的峰值附着性能，提高汽车抗侧滑性能并缩短制动距离，充分发挥制动效能，同时增强汽车制动过程中的可控性。

如图 4-25 所示，ABS 主要由液压调节单元和电控单元（ECU）等组成。

在车辆制动过程中，ABS 对车轮的运动状态进行迅速、准确而又有效的控制，使车轮尽可能地处于最佳运动状态，即充分利用地面的纵向附着力和侧向附着力，从而使车辆获得最佳的制动距离和制动方向稳定性，提高车辆的行驶安全性。装配有 ABS 的车辆，具有制动强度高、制动稳定性好以及转弯制动时不丧失转向操纵能力等特点。

2. 汽车驱动防滑系统（TCS/ASR）

当汽车在驱动过程（如起步、转弯和加速等）中，ABS 不能防止车轮的滑转，因此针对这个要求又出现了防止驱动车轮发生滑转的驱动防滑系统（Acceleration Slip Regulation，ASR）。由于驱动防滑系统是通过调节驱动车轮的驱动力来实现工作的，故驱动防滑系统也常被称为牵引力控制系统（Traction Control System，TCS）。

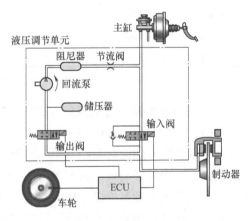

图 4-25 ABS 的结构

牵引力控制系统（TCS）是一种根据驱动车轮的滑转状态来控制车辆牵引性能的汽车主动控制系统。通过充分利用地面所提供的附着力，牵引力控制系统能够有效地改善车辆牵引性能和行驶安全性，可以使车辆在湿滑或泥泞路面起步、加速以及加速转弯时避免驱动轮打滑,并将滑动率控制在一定的范围内。牵引力控制系统的功能是既可以提高牵引力,也可以保持汽车的行驶稳定。当驱动轮出现打滑时,系统将对打滑的驱动轮的制动压力进行控制,同时控制发动机的输出转矩,使驱动轮的牵引力控制在最佳区域,提高了汽车的方向稳定性,避免轮胎的不均匀磨损。

汽车驱动轮滑转是由于驱动力矩超过了轮胎与地面之间的附着极限。所以,合理地减小汽车发动机转矩或动力传动中任何一环节都可以改变驱动轮上的驱动力矩,实现防滑控制的目的。因此,可以通过许多途径来实现牵引力控制,如发动机管理、离合器控制、改变传动比及主动制动干涉等。

表4-5中对比了不同控制方式的驱动防滑系统性能。目前在驱动防滑系统中,广泛采用的是发动机节气门开度调节和驱动轮制动力矩调节的控制方式。

表4-5 不同控制方式的驱动防滑系统性能对比

控制方式	驱动性	操纵性	稳定性	舒适性	积极性
节气门开度调节	− −	−	−	+ +	+
点火参数及燃油供给调节	0	+	+	−	+ +
驱动轮制动力矩调节(快)	+ +	+	+	− −	−
驱动轮制动力矩调节(慢)	+	0	0	0	0
差速器锁止控制	+ +	+	+	−	−
离合器或变速器控制	+	+	+	− −	−
节气门开度+制动力矩控制(快)	+ +	+ +	+ +	+	−
节气门开度+制动力矩控制(慢)	+	0	0	+	+
点火参数+制动力矩控制	+	+ +	+ +	+	+
节气门开度+差速器锁止控制	+ +	+	+	+	− −
点火参数+差速器锁止控制	+ +	+	+	+	−

注:"− −"表示很差;"−"表示较差;"0"表示基本无影响;"+"表示较好;"+ +"表示很好。

3. 汽车电子制动力分配系统(EBD)

EBD的英文全称是Electric Brake Force Distribution,即电子制动力分配。汽车制动时,如果四个轮胎附着地面的条件不同,比如,左侧车轮附着在湿滑路面上,而右侧车轮附着于干燥路面,四个轮子与地面的附着力不同,在制动时(四个轮子的制动力相同)就容易产生打滑、倾斜和侧翻等现象。EBD的功能就是在汽车制动的瞬间,高速计算出四个轮胎由于附着不同而导致的附着力数值,然后调整制动装置,达到制动力与附着力的匹配,以保证车辆的平稳和安全。

4. 汽车电控辅助制动系统(EBA)

汽车电控辅助制动系统EBA是Electronic Brake Assist的缩写,有时也被称为BA(Brake Assist)或BAS(Brake Assist System)。

EBA通过驾驶人踩踏制动踏板的速率来理解制动行为,如果察觉到制动踏板的制动压力急剧增加,则EBA会在几毫秒内启动全部制动力,其速度要比大多数驾驶人移动脚的速度快得多,因此EBA可显著缩短紧急制动距离,并有助于防止在停停走走的交通中发生追尾事故，以提高行车的安全性（图4-26）。

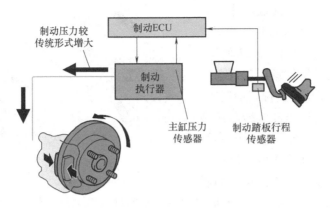

图4-26　汽车电控辅助制动系统（EBA）

EBA 通过驾驶人踩踏制动踏板时制动压力增长的速率来判断制动行为：靠制动踏板行程传感器监控制动踏板的运动，一旦监测到踩踏制动踏板的速度陡增，而且驾驶人继续大力踩踏制动踏板，则确认制动压力是急速性增加，EBA 就会启动，释放出储存的 $180 \times 10^5 \mathrm{Pa}$ 的液压施加最大的制动力，从而自动大幅度提高制动压力，其施压速度要比驾驶人用脚所产生的压力快得多。驾驶人一旦释放制动踏板，EBA 系统就转入待机模式，而对于正常情况制动，EBA 则会通过判断不予启动 ABS。

通常情况下，EBA 的响应速度都会远远快于驾驶人，这对缩短制动距离，增强安全性非常有利。有关测试表明，EBA 可以使车速高达 200km/h 的汽车完全停下的距离缩短 21m 之多，尤其是对在高速公路上行驶的车辆，EBA 可以有效防止常见的追尾事故。

5. 汽车横摆运动控制系统（DYC）

汽车横摆运动控制系统（Direct Yaw Control，DYC）又称为汽车横摆稳定性控制系统。

DYC 是 20 世纪 90 年代中期以来研究较多的一种针对汽车操纵稳定性的主动安全系统。当轮胎处于非线性或接近饱和区域（未到饱和）时，DYC 直接对某一个或某几个车轮施加互不相同的纵向力（多为制动力），直接产生一个整车横摆运动力矩，由该横摆力矩辅助转向操作来稳定车辆，从而抑制严重的不足转向和过多转向趋势。

汽车的转向特性分为过多转向、不足转向和中性转向。中性转向是最理想的转向特性，而过多转向和不足转向都是不稳定的转向特性。当汽车在低附着转向时，如果地面的附着系数不能提供足够的侧向力，汽车将发生过多转向或过量的不足转向。当驾驶人发现汽车处于过量的不足转向或过多转向时，通常通过对转向盘施加操作来对汽车进行控制，但此时由于汽车质心侧偏角通常比较大，驾驶人通过转向盘对车辆进行控制并不明显，这时普通的驾驶人将非常恐慌，不能采取正确的操作方法，汽车因此易发生急转或漂移而造成事故。汽车横摆稳定性控制系统（YSC）就是通过对汽车转向特性的识别，对不足转向和过多转向进行控制，在判断汽车是不足转向还是过多转向之后，就会采取相应的控制得到补偿横摆力矩从而控制不足转向和过多转向。

汽车侧滑运动是引发交通事故的主要原因之一，抑制汽车侧滑运动，改善汽车侧向稳定性的方法有：主动转向技术、车轮载荷控制技术和制动力、驱动力主动控制技术等。由于差速制动方式可以充分利用汽车原有的执行器,实现方式简单,附加成本小,因此目前市场上的 DYC 基本上都是采用差速制动作为控制方式。如图 4-27 所示,DYC 通过比较驾驶人操作意图和汽车实际运行状态,来判断是否进行制动调节。首先系统判断汽车是处于过多转向还是过度不足转向,当汽车处于过多转向时,通过对前外车轮施加制动产生与汽车转向运动方向相反的横摆力矩,从而抑制汽车的过多转向运动;当汽车处于不足转向时,则通过对后内侧车轮施加制动产生与汽车转向运动方向相同的横摆力矩,抑制汽车的不足转向运动。

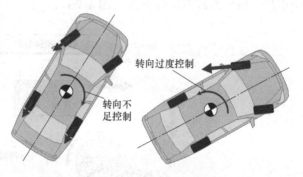

图 4-27 DYC 的工作原理

6. 汽车稳定性控制系统(ESP)

汽车稳定性控制系统是在制动防抱死系统(Anti-locking Brake System,ABS)和驱动防滑系统(Anti-Slip Regulator,ASR)的基础上发展起来的一种新型主动安全系统,它整合了较多的控制系统,包括防抱死制动系统(ABS)、电子制动力分配系统(EBD)、电控辅助制动系统(EBA)、牵引力控制系统(TCS)及横摆运动控制系统(DYC)。

ESP 技术通过合理分配纵向和侧向轮胎力,精确控制极限附着情况下的汽车动力学行为,使汽车在物理极限内最大限度地按照驾驶人的意愿行驶,因此 ESP 技术被公认为是汽车安全技术中继安全带、安全气囊和 ABS 之后的又一项里程碑式的技术。

汽车稳定性控制系统采用车载传感系统对车辆行驶的纵向/侧向/横摆运动状态、车轮运动状态、发动机工作状态、制动工作状态以及驾驶人转向意图等进行自动识别,判断汽车是否发生车轮抱死、驱动轮滑转及丧失操纵稳定性,进而对发动机转矩、车轮制动进行综合协调控制,实现对制动工况下的车轮防抱死和稳定性控制、驱动工况下的驱动轮防滑和稳定性控制以及转向工况下的稳定性控制,使汽车的操纵稳定性、加速性和制动性实现综合最佳。

7. 汽车四轮转向系统(4WS)

四轮转向汽车(4WS 汽车)是指四个车轮都是转向车轮的汽车,或四个车轮都能起转向作用的汽车。

汽车的四轮转向系统在 20 世纪 80 年代中期开始发展。与传统的两轮转向汽车相比,四轮转向汽车具有以下优点:①提高了汽车在高速行驶时和在滑溜路面上的转向性能;②驾驶人操纵转向盘反应灵敏,动作准确;③在不良路面和侧风等条件下,汽车也具有较好的方向稳定性,提高了高速下的直线行驶稳定性;④提高了汽车高速转弯的行驶稳定性,不但便于转向操纵,而且在进行急转弯时,也能保持汽车的行驶稳定性;⑤通过使后轮转向与前轮转向相反,减小了低速行驶时的转弯半径,不但便于在狭窄路面上进行 U 形转弯,而且在驶入车库等情况下便于驾驶。

对于 4WS 汽车,主要控制后轮的转向角。当后轮与前轮的转向相同时称为同相位转向,当后轮与前轮的转向相反时称为逆相位转向,如图 4-28 所示。

8. 汽车主动前轮转向系统（AFS）

AFS 通过转向盘转角和其他汽车运动参数计算并判断汽车的转向运动状态，在驾驶人通过转向盘给前轮施加转向角的基础上，采用电子控制方式通过执行电动机给前轮叠加一个增量转向角度，或者变化转向盘转角和前轮转角之间的传动比，使得汽车的实际运动状态更接近驾驶人所期望的运动状态。

AFS 能在驾驶人通过转向盘施加给前轮的转向角的基础上，通过 AFS 的执行机构给前轮叠加一个额外的转向角。此额外的转向角由电控单元（ECU）根据转向盘转角和汽车的一些运动变量计算。AFS 的执行机构由电动机、自锁式蜗轮蜗杆机构和行星齿轮机构等组成。汽车主动前轮转向系统（AFS）一般串联在转向盘和转向器之间，如图 4-29 所示。转向器的输入角 δ_V 由转向盘转角 δ_S 和电动机转角 δ_M 组成。

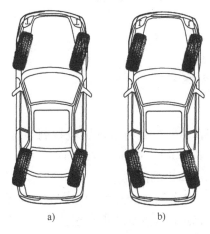

图 4-28　4WS 的两种转向方式
a）同相位转向　b）逆相位转向

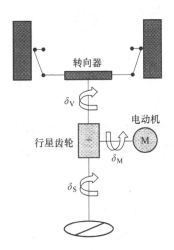

图 4-29　汽车主动前轮
转向系统（AFS）

由于 AFS 在前轮转向系统中增加了一个可以控制的自由度，所以可以通过对前轮转角的动态修正以及变化转向系统的传动比来提高转向操作的舒适性，改善转向系统对转向盘输入的动态响应特性以及增强汽车稳定性。当汽车低速行驶时，AFS 减小转向系统的传动比或者叠加一个与转向盘转角同向的电动机驱动转角，使得汽车的转向响应更加快速和灵活，改善转向过程的舒适性。当汽车高速行驶时，AFS 增大转向系统的传动比或者叠加一个与转向盘转角反向的电动机驱动转角，使得所需的转向盘转角增大，更便于驾驶人精确地进行转向操作，改善转向过程的操纵稳定性。

9. 汽车主动悬架系统（AS）

传统悬架系统的刚度和阻尼是按经验或优化设计的方法确定的。根据这些参数设计的悬架结构，在汽车行驶过程中，其性能是不变的，也是无法进行调节的。也就是说，传统的悬架系统只能保证在一种特定的道路状态和行驶速度下达到最佳性能，从而使汽车的行驶平顺性和乘坐舒适性受到了限制。随着高速公路网的发展和路面条件的改善，人们希望汽车不仅有很高的行驶速度，而且还要有很好的行驶平顺性、安全性和乘坐舒适性。因而在 20 世纪 60 年代，国外提出了可根据汽车行驶条件（车辆的运动状态、路面状况以及载荷等）的变化,对悬架的刚度和阻尼进行动态的调节,使悬架系统始终处于最佳减振状态的主动悬架系统。

主动悬架系统按其是否包含动力源可分为全主动悬架(有源主动悬架)和半主动悬架(无源主动悬架)系统两大类(图4-30)。

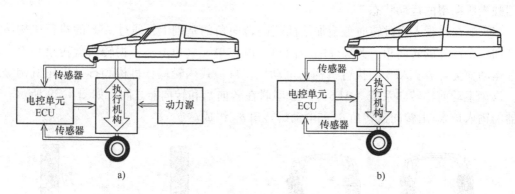

图 4-30 主动悬架系统
a) 全主动悬架 b) 半主动悬架

10. 汽车自适应巡航控制系统(ACC)

自适应巡航控制系统(Adaptive Cruise Control,ACC)是将自动巡航控制系统(Cruise Control System,CCS)和车辆前向撞击报警系统(Forward Collision Warning System,FCWS)有机地结合起来,既有自动巡航功能,又有防止前向撞击功能。

如图4-31所示,自适应巡航控制系统(ACC)在车辆行驶过程中,安装在车辆前部的车距传感器(雷达)持续扫描车辆前方道路,同时轮速传感器采集车速信号。当与前车之间的距离过小时,ACC控制单元可以通过与防抱死制动系统和发动机控制系统协调动作,使车轮适当制动,并使发动机的输出功率下降,以使车辆与前方车辆之间始终保持安全距离。ACC在控制车辆制动时,通常会将制动减速度限制在不影响舒适程度的范围内;当需要更大的减速度时,ACC控制单元会发出声光信号通知驾驶人主动采取制动操作。当与前车之间的距离增加到安全距离时,ACC控制单元控制车辆按照设定的速度行驶。

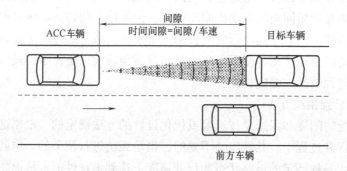

图 4-31 自适应巡航控制系统(ACC)

11. 汽车主动车身控制系统(ABC)

主动车身控制系统(Active Body Control,ABC)使汽车对侧倾、俯仰、横摆、跳动和车身高度的控制都能更加迅速、精确。车身的侧倾小,车轮外倾角度变化也小,轮胎就能较好地保持与地面垂直接触,使轮胎对地面的附着力提高,以充分发挥轮胎的驱动、制动作用。此外汽车的荷载量无论如何变化,汽车始终能保持一定的车身高度,所以悬架的几何关系也可以确保不变。ABC 能够很好地适应各种路面情况,即使在崎岖不平的地方,也能保持优越的操控性、舒适性及方向稳定性。ABC 克服了悬架设定舒适性和操控性之间的矛盾,最大限度地接近消费者对车辆在这两方面的要求。

12. 自动变速器技术

自动变速器具有换档平稳方便、驾驶操纵简单和行驶舒适的特点,从而极大地提高了行车安全性,因此也属于主动安全技术。

自动变速器种类很多,主要有液力自动变速器(AT)、有级式机械自动变速器(AMT)、电控无级自动变速器(CVT)和双离合器自动变速器(DCT)。从技术发展的角度来看,关键是电子技术、电液控制技术和传感技术。

(1) 液力自动变速器(AT) 液力传动是以液体动能传递能量的叶片传动机械,液力自动变速器由三大部分组成:液力变矩器、自动变速器本体和控制系统。液力变矩器具有无级连续变速和变矩的能力,对外部负荷有良好的自动调节和适应性能,从根本上简化了操纵。它既具有离合器的功能,又使发动机与传动系统之间实现"柔性"连接和传动,因而将发动机和底盘这两大振动源分隔,减轻了车辆的振动,提高了车辆的乘坐舒适性,使车辆起步平稳,加速均匀、柔和。

目前,广泛应用的液力自动变速器是由液力变矩器与机械传动部件共同构成的一个不可分割的整体,它在原有液力变矩器的基础上,利用液力传动、机械传动和功率分流原理,改变和改善变矩器的特性,使之能与多种发动机进行理想的匹配,使各种车辆获得良好的动力性能和燃油经济性。液力自动变速器综合了液力传动技术、液压控制技术、机械传动技术和电子控制技术,成为现代汽车普遍采用的一种自动变速器之一(图 4-32)。

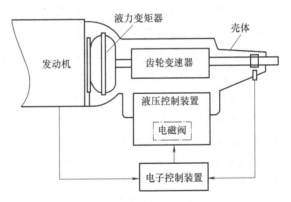

图 4-32 液力自动变速器(AT)

(2) 有级式机械自动变速器(AMT) 有级式机械自动变速器是在定轴式齿轮变速器的基础上发展起来的,由齿轮变速器与电液控制系统组成。定轴式齿轮变速器是有级排档的传动机械,以其效率高、成本低、生产技术成熟的特点而获得广泛应用,但这种变速器存在着换档频繁、劳动强度大、动力中断以及驾驶人水平对车辆行驶性能有较大影响等缺陷。随着电子技术的发展和微型计算机控制技术的应用,现已研制出以机械式手动起步、换档自动控制的有级式机械自动变速器。

有级式机械自动变速器的基本理论是:加速踏板位置传感器、车速传感器和档位开关等实时检测车辆工况,微型计算机接收并处理信号输出指令,通过电动元件和液压元件分别对节气门开度、离合器接合及换档三者进行控制,以执行最佳匹配,从而获得最佳的行驶性能、平稳起步性能和迅速换档的能力。

有级式机械自动变速器既具有自动变速的优点，又保留了齿轮式机械变速器传动效率高、价廉、容易制造的长处，但与液力自动变速器相比，自动换档控制的难度较高，而且控制精度的要求也很高。

(3) 电控无级自动变速器（CVT） 驾驶灵活、低油耗和低噪声要求变速器档位越多越好，这种思想的进一步延伸就是无级变速。无级变速传动（Continuously Variable Transmission，CVT）是指无级控制速比变化的变速器，它能提高汽车的动力性、燃料经济性、驾驶舒适性和行驶平顺性。电控无级自动变速器（CVT）可实现动力传动系统的综合控制，充分发挥发动机的特性。

目前，汽车无级自动变速器主要采用金属带进行动力传递。

无级自动变速器的变速系统由主、从动工作轮组成。主动工作轮和从动工作轮均由固定部分和可动部分组成。主、从动工作轮的可动部分可做轴向移动；工作轮的固定部分和可动部分之间形成 V 形槽，金属带在槽内与之啮合。其动力传递是由发动机飞轮经离合器传到主动工作轮、金属带和从动工作轮后，再经中间减速齿轮机构和主减速器，最后传给驱动轮。

工作时，根据汽车的行驶工况，在控制系统的调节下，依靠液压来促使主、从动工作轮的可动部分做轴向移动，从而得到连续可变的工作半径，这样，整个变速系统就可得到不同的传动比。无级自动变速器如图 4-33 所示，其最大优点是可实现全程无级变速传动，且在各种工作状态下均能保持最佳的传动比和圆滑的过渡，可达到与发动机特性的最佳匹配，这一点是其他有级自动变速器所无法实现的。

(4) 双离合器自动变速器（DCT） 双离合器自动变速器（Double Clutch Transmission，DCT）是一种新型变速器。

双离合器自动变速器使用两个离合器，但没有离合器踏板。在双离合器自动变速器中，

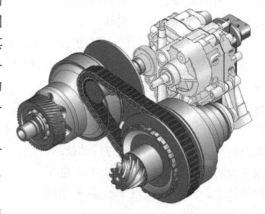

图 4-33 无级自动变速器

离合器是独立工作的。如图 4-34 所示，一个离合器控制了奇数档位（如 1 档、3 档、5 档、7 档），而另一个离合器控制了偶数档位（如 2 档、4 档、6 档和倒档）。使用了这个布局，由于变速器控制器根据速度变化，提前啮合了下一个顺序档位，因此换档时将没有动力中断。

双离合器自动变速器是基于平行轴式手动变速器发展而来的，它继承了手动变速器传动效率高、安装空间紧凑、重量轻、价格便宜等许多优点，而且实现了换档过程的动力换档，即在换档过程中不中断动力，保留了 AT、CVT 等换档品质好的优点。这使得车辆在换档过程中，发动机的动力始终可以传递到车轮，换档迅速、平稳，不仅保证了车辆的加速性，而且由于车辆不再产生由于换档引起的急剧减速情况，也极大地改善了车辆运行的舒适性。这对电控机械式自动变速器来说，是一个巨大的改进。

第四章 认识车辆工程学科的前沿技术

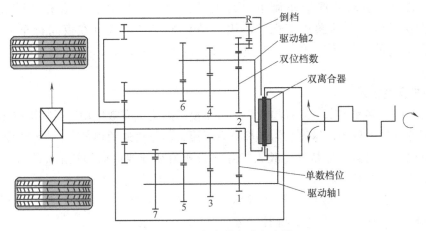

图 4-34 双离合器自动变速器

13. 自适应前照灯系统（AFS）

面对夜间行驶时各种复杂的路况，智能照明系统更能提高行驶安全性，自适应前照灯系统（Adaptive Front Lighting System，AFS）就是其中之一。自适应前照灯系统是一种智能式前照灯系统，它能根据周围环境的变化主动对前照灯做出调整以适应环境。针对不同的环境分六种照明模式：默认照明模式、高速公路照明模式、乡村照明模式、城市照明模式、弯道照明模式和恶劣天气照明模式。

AFS 由四大部分组成，分别为传感器组、传输通路、处理单元和执行机构，其基本原理是：AFS 主动式转向前照灯依据 AFS 的 ECU 收集到的转向盘角度和行车速度等信号，随转向盘转向角度、行车速度及车辆移动状况（颠簸或左、右、上、下移动）等因素来自动调整前照灯角度照明至弯道内侧，在夜间弯道中获得最佳行进路线照明，协助驾驶人实时了解路况与判断危险所在。例如：当汽车在紧急制动时，AFS 能够消除因车头向下的不当投射，而在加速时车尾下沉时灯光往上照的时候，AFS 也能产生平衡效果；同时 AFS 可以确认路面的弯道弧度而调整车灯投射角度，而并不是一直向前投射（图 4-35）。这样便可以让驾驶人在转弯的时候，能看到更多的东西，直接提高夜间驾驶的安全性。

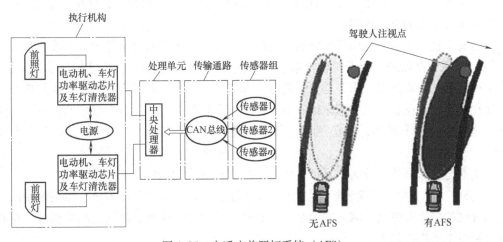

图 4-35 自适应前照灯系统（AFS）

173

此外，夜间行驶时如遇会车而不变灯的话，则会车后驾驶人会有"眩光"感觉，短时间内无法适应，极易酿成车祸。使用自动会车变光装置可在夜间行车且发生会车过程中，自动将前照灯的远光变为近光，再将近光变回远光，这样就可以有效地避免这一问题。

14. 倒车雷达技术

随着汽车的增多和停车位的日趋紧张，汽车使道路上的有效使用空间越来越小，由此引发的刮蹭事件也越来越多，尽管每辆车都有后视镜，但不可避免地都存在一个后视盲区，倒车雷达则可以在一定程度上帮助驾驶人扫除视野死角和视线模糊的缺陷，提高驾驶的安全性，减少刮蹭事件的发生。

倒车雷达通常由超声波传感器（俗称探头）、控制器和显示器（或蜂鸣器）等部分组成（图4-36）。探头安装在汽车尾部，倒车雷达的提示方式可分为液晶、语言和声音三种；接收方式有无线传输和有线传输等。目前，中、高级乘用车上安装的都是可视的倒车雷达。驾驶人在倒车时，将汽车的档位推到R位，倒车雷达自动启动，在控制器的控制下，由装置于车尾保险杠上的探头发送超声波，遇到障碍物，产生回波信号，传感器接收到回波信号后经控制器进行数据处理，判断出障碍

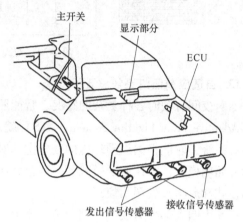

图4-36 倒车雷达

物的位置，由显示器显示距离和状态，并发出警示信号，从而使驾驶人倒车时做到心中有数，使倒车变得更轻松。当然障碍物的大小、方向和形状等也可以通过超声波测量出来，但受体积大小及实用性的限制。目前，倒车雷达的主要功能仅为判断障碍物与车辆之间的距离。

15. 轮胎安全技术

在汽车高速行驶过程中，轮胎故障是所有驾驶人最为担心和最难预防的，也是突发性、恶性交通事故发生的重要原因。

轮胎安全技术主要有低压安全轮胎、轮胎压力监测系统和防滑水轮胎技术等。

（1）低压安全轮胎 低压安全轮胎往往又被称为"防爆轮胎"，但这种叫法并不准确，因为这种轮胎并不能防爆，只要是充气轮胎，都有可能爆胎。低压安全轮胎技术的核心在于如何让轮胎即使失压也可以支承车体重量。低压安全轮胎一般是用非常坚韧的材料作为轮胎胎壁，这样即使汽车爆胎，也仍然可以依靠胎壁来支承汽车重量，使轮胎不会立刻变形扁掉。

低压安全轮胎具体可分为三类：自体支承式、自封式和加物支承式。

1）自体支承式低压安全轮胎。如图4-37所示，自体支承式低压安全轮胎在轮胎内部结构上比普通轮胎强度更高，因为它的胎侧比普通轮胎更厚，这样，高强度的胎侧可以在轮胎失压后暂时支承汽车的重量。

这种轮胎在应对轮胎失压方面表现极佳，因此往往需要另外安装轮胎压力监控装置，用来提醒驾驶人轮胎处于失压状态，以防止驾驶人未注意到轮胎已经失压而继续正常行车，从而对车轮造成更大的损坏。

2）自封式低压安全轮胎。与普通轮胎相比，自封式低压安全轮胎在轮胎内有一层特殊的密封胶，可以在轮胎被扎破时（扎破的地方不能太大），从轮胎内部永久密封住被扎破的地方。与自体支承式低压安全轮胎相比，自封式低压安全轮胎无须额外加装轮胎气压监控装置，因为轮胎被扎破后立即就能被密封胶密封住，多数驾驶人甚至都不知道自己汽车的轮胎被扎破过。

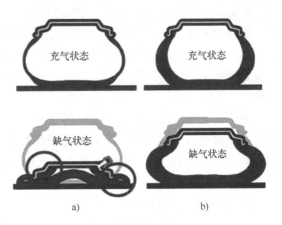

图 4-37　自体支承式低压安全轮胎与普通轮胎的对比
a) 普通轮胎　b) 自体支承式轮胎

自封式低压安全轮胎如图 4-38 所示。

图 4-38　自封式低压安全轮胎

3）加物支承式低压安全轮胎。加物支承式低压安全轮胎在轮辋外缘加装一圈支承圈，如图 4-39 所示。在轮胎失压后，主要由支承圈来承担车身重量。支承圈的等效刚度与轮胎正常行驶情况下的刚度相仿。加物支承式低压安全轮胎的胎侧厚度与普通轮胎相同，因此其操控性能并未削弱。由于在轮辋外缘安装有支承圈，加物支承式低压安全轮胎需要使用特殊的车胎，而且这种轮胎价格昂贵，普通消费者还承担不起。

(2) 轮胎压力监测系统　汽车轮胎压力监测系统（Tire Pressure Monitoring System，TPMS），又称为轮胎失压预警系统或轮胎欠压预警系

图 4-39　加物支承式低压安全轮胎

统，就是在汽车行驶过程中对轮胎压力进行实时监测，对轮胎的漏气和低压、高压进行报警，使驾驶人能够及时采取相应的措施，从而保证车辆始终处于安全行驶状态。轮胎压力监测系统（TPMS）的应用对确保汽车行驶的燃油经济性、安全性和操纵稳定性等方面具有十分重要的意义，它是一种有效的汽车主动安全装置。轮胎压力监测系统有间接式和直接式两种。

直接式轮胎压力监测技术是利用安装在每个轮胎中的压力传感器（以锂离子电池为电源）来直接测量轮胎气压，并通过无线调制将监测信号发射到驾驶台内的监视器上，监视器实时显示各轮胎气压，驾驶人可以直观地了解各轮胎的气压状况。当轮胎气压过低或有渗漏时，该系统会自动报警。

16. 汽车红外夜视系统

红外夜视系统主要由红外照射灯、CCD 摄像机、视频处理系统及车载显示器组成（图 4-40）。车前面安装着一个红外照射灯，灯发射出不可见的红外线，当发出的红外线遇到障碍后会反射回来，反射回来的红外线被 CCD 摄像机接收到，经视频处理系统处理后在车载显示器上显示外界路况，使驾驶人能够清晰地看见道路情况，这样便可以提高行车安全性。

根据作用原理的不同，红外夜视系统可分为被动红外夜视系统和主动红外夜视系统。被动红外夜视系统是通过接收物体发出的不同能量的红外辐射，并将信号进行放大，最后在显示装置上将物体的影像显现出来。被

图 4-40　红外夜视系统

动红外夜视系统技术水平要求较高，显示质量也有所缺憾，更重要的是其作用距离难以满足汽车红外夜视系统的具体要求。主动红外夜视系统是利用其所携带的红外光源主动照射目标，使目标在视场中凸显出来。由于适当加大红外光源的功率，就可以有效增加其作用距离，因此，主动红外夜视系统十分适合在视距为数百至数千米的汽车红外夜视系统上使用。

17. 汽车仪表远视点成像系统

仪表远视点成像系统也称为仪表抬头显示系统（Head Up Display，HUD）。HUD 最初应用在战斗机上。车辆在高速行驶时，特别是夜间高速行驶时，驾驶人可能会低头观看仪表显示或观看中控台的音响等显示，此时如果前方遇有紧急情况就有可能因来不及采取有效措施而造成事故。为避免这种情况的发生，有些高档车辆上装配了 HUD，它可以将有关信息显示在前风窗玻璃的驾驶人平视范围内，且显示位置和显示亮度可调，这样可以避免低头看仪表，从而缩短眼球对前方视觉盲区的时间，对减少因低头走神引起的交通事故有着重要的意义（图 4-41）。

图 4-41　仪表远视点成像系统（抬头显示系统）

18. 底盘集成一体化控制技术

在汽车操纵稳定性的研究中，所要实现的控制目标可以概括为"稳定的车辆转向运动"和"对驾驶人的转向输入具有良好的动态响应"。如果仅采用单一的主动安全控制系统，很难同时在这两个控制目标上均实现良好的控制效果。同时，由于底盘各个子系统在完成某一个相同功能时具有各自的优势和缺点，如果能将各个子系统结合在一起，协调这些子系统的工作，则可以实现汽车操纵稳定性的优化控制。目前，在底盘一体化控制技术中，涌现出了诸如将 DYC 和 AFS 相结合的横向控制系统，以及结合了 DYC、AFS 和主动悬架技术的汽车动力学综合管理系统。这些控制系统结合了底盘上不同的子系统，有效地利用了这些子系统各自的优点，实现了对两个控制目标的有效控制以及对车辆操纵稳定性的优化控制。

基于 DYC 和 AFS 的底盘一体化控制技术集成了 DYC 技术和 AFS 技术的稳定性控制系统，需要对两种系统的协调工作制定非常细致的控制策略和控制逻辑，对控制技术也有很高的要求，同时还要兼顾系统的实时性问题。如果没有一个较为完善的协调控制策略和控制方法，两者反而会对汽车的纵向动力学性能造成严重的干扰，整个汽车的动态响应滞后增大，DYC 输出的整车横摆力矩也会明显增加，导致车辆振动和轮胎磨损明显增大，舒适性下降。目前，德国大众集团、宝马公司等都开发了自己的底盘一体化控制技术，通过控制器来协调控制 DYC 和 AFS，取得了较好的效果。

再进一步，主动悬架控制系统可以通过调节悬架刚度来调节车轮垂直方向的载荷分布，从而间接地改变整车的横摆力矩。将主动悬架控制系统和 DYC 及 AFS 相综合，可以更好地完成对车辆稳定性的控制，从而形成汽车动力学综合管理系统。

19. 主动安全和被动安全综合技术

随着主动安全技术的进一步发展，目前涌现出可实现主动安全性与被动安全性相结合的"综合主动及被动安全系统"技术，其具体应用之一是二次冲撞缓和系统（Secondary Collision Mitigation，SCM）。SCM 是一种防止众多事故在发生一次冲撞后出现二次冲撞危险的技术。其中，最典型的例子是在高速公路上发生追尾后，撞向道路护栏及其他车辆。这时，SCM 通过安全气囊的 ECU（电控单元）检测到冲撞后，就会将相关信息发送至 ESC（防侧滑装置）的 ECU，通过启动 ABS 功能来实施完全制动。这样，在驾驶人不采取任何操作的情况下即可在最短的距离内将车辆停住。安全气囊的 ECU 会根据冲击力的大小，判断是否打开气囊、启动安全带预紧器。而 ESC 的 ECU 则以在最短距离内将车辆停住为目的启动。但是在驾驶人采取操作时，会优先执行驾驶人的操作。比如，当驾驶人判断追尾后实施紧急制动存在危险而踩下加速踏板时，就会优先执行该操作而车辆继续行驶。

目前最新的研究成果是：通过将主、被动安全系统及辅助驾驶系统建立成一个网络，创立了模块化的安全系统，即为整合主被动安全系统。该系统为实现先进的安全功能提供了基础，可更有效地防止事故的发生。第一代整合主被动安全系统功能整合了自适应巡航控制系统（ACC）和 ESP。第二阶段的开发成果是预测性碰撞警告系统，目前已经在部分高档车辆上实现了应用。第三阶段的开发将推出预测性紧急制动系统，未来将能够使车辆在紧急状况下自行进行紧急制动。

二、汽车被动安全技术

一般所谓的被动安全性包括车身结构强度、内饰软化、吸能式转向柱、乘员约束系统、内饰件抗燃性及与人体生物力学特性等有关的内容。被动安全性又可分为降低碰撞时的损坏和碰撞后的急救两方面。其中，碰撞后的急救包括乘员自救和车外人员能及时给予乘员急救等。

降低碰撞时的损坏包括六方面内容：

1）增大碰撞后的生存空间，包括提高车顶强度、边门强度、门锁强度、门铰链强度和座椅固定强度。

2）减少二次碰撞对乘员的伤害，包括安装安全性保险杠、可折叠吸能转向盘及膝部的缓冲垫，另外考虑车内饰软化和仪表板软化，以及使风窗玻璃固定牢靠和避免风窗玻璃碎片的侵害等。

3）预防乘员被抛出，包括增强门锁强度和安全带固定强度等。

4）预防车辆火灾，包括内饰材料的阻燃性、燃料系统的防渗漏及电气系统的防火等。

5）便于乘员逃出或被救出的措施，包括设置安全出口，车门、车窗便于开启和不易变形等。

6）预防撞击路上的行人。

1. 安全气囊（SRS）

汽车发生碰撞事故时，在惯性的作用下，驾驶人和乘客会高速撞向转向盘等车内部件，从而受到伤害。在汽车上安装安全带和安全气囊等保护系统，可以在撞车时把乘客约束在座椅上，限制乘客头部和胸部的移动距离，避免与车内部件发生剧烈的碰撞，从而起到保护作用，所以也把这种保护系统称为乘员约束系统。

（1）正面碰撞安全气囊 正面碰撞安全气囊一般有两个，安装在转向盘和右前仪表板下方，分别保护驾驶人和右前乘员。

在汽车发生足够严重的前碰撞或近似前碰撞事故（相当于以大于 16km/h 的速度与一刚性壁正面碰撞）时，车上的探测碰撞点火装置探测到碰撞引起的突然减速信号，并将其传递给气体发生器的引爆装置，使密封在气体发生器内的物质（目前主要成分为叠氮化钠）引爆后进行快速化学反应，生成氮气。氮气充入一个坚固的纤维编织气囊内，在乘员前方气囊充气，充满气囊所用的时间不到 0.05s。气囊充气前折叠在转向盘毂内和仪表板内，充气时先将保护外罩自动充开。气囊的侧面有排气孔，当乘员碰到膨胀的气囊时，囊内氮气排出，原来较热的气体在排出后快速冷却，吸收乘员向前的运动能量（图 4-42）。

（2）侧面碰撞安全气囊 统计发现侧面碰撞对车内乘员的身体和头部的伤害程度比正面碰撞还要严重，在侧面碰撞死亡事故中头部伤害占 59.27%，胸部伤害占 21.98%，而其他部位伤害占 18.75%。车辆在发生侧面碰撞时，侧面安全气囊将乘客身体移出危险区域，在侧面碰撞期间降低施加在身体上的力，从而有效地保护头部和胸部。

由于乘员一般紧贴在汽车的侧面位置乘坐，离汽车的侧面很近，侧面碰撞时对乘员的保护更困难一些。碰撞发生后 20～30ms 车门与乘员开始接触，因此，在 20～30ms 时间内气囊必须起作用，碰撞感知时间只有几毫秒，气袋展开并充满气体的时间也只有十几毫秒，这是非常不容易实现的。

第四章 认识车辆工程学科的前沿技术

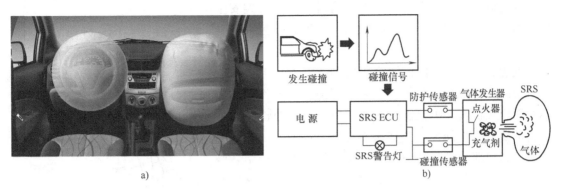

图4-42 正面碰撞安全气囊安装位置与工作过程
a) 正面碰撞安全气囊的安装位置 b) 工作过程

根据气囊安装位置的不同，侧面碰撞安全气囊可分为如下几类：

1) 安装在座椅上的侧面碰撞安全气囊。
2) 安装在车门上的侧面碰撞安全气囊。
3) 安装在车身立柱上的侧面碰撞安全气囊。
4) 安装在车身上的充气幕帘。
5) 安装在车身上的充气管状结构等。

（3）智能安全气囊 智能安全气囊是在普通型安全气囊的基础上，增加了乘员识别技术，主要增加了超声波传感器（乘员识别传感器）、重量传感器（儿童传感器）、带扣传感器和座椅位置传感器。在发生碰撞瞬时，乘员识别传感器把获得的座椅上乘员的身材、体重、是否系好安全带以及人在座椅上所处位置等信息一并传递给微控制器，微控制器能根据车辆碰撞时的车速、撞击程度及乘员信息，除了要确定是否打开气囊并且是在高阈值或低阈值下打开气囊以外，还要根据乘员位置和重量信息来确定向对应的安全气囊采取不同的充气级别，使安全气囊对乘客提供最合理和最有效的保护，特别是减少对儿童等身体矮小者的伤害。

2. 新型安全带

安全带属于被动安全技术，它是主要的乘员约束系统，可限制汽车前碰和翻滚过程中人体相对于车体的运动，并可吸收部分能量，达到保护乘员的目的。

汽车上除了广泛采用的三点式安全带之外，又开发了一些新型安全带，如气囊式安全带、预紧式安全带和孕妇专用安全带。

（1）气囊式安全带 佩戴安全带的乘员在汽车发生正面碰撞事故时，织带直接与乘员胸部和腿部相接触，织带的线性特性使乘员受的约束力几乎直线增大，过大的胸部压力甚至造成致命伤害。有一个非常简单和合理的想法，就是结合传统的安全带和安全气囊技术，在汽车碰撞时，安全带在乘员躯干和肩膀处展开成气囊。

一旦汽车发生碰撞，该车的安全系统传感器会在瞬间测定碰撞信号，安全系统的控制器接收到该信号，辨认碰撞的严重程度。判定需要展开气囊式安全带时，会发出信号给气囊式安全带，打开通气阀，位于座位底下的气体储存器内的气体通过特殊设计的扣环充入安全带气囊内的折叠气囊,充气到一定压力时气囊会突破安全带上的气囊保护层的纤维,由内向外扩展到覆盖乘客身体(图4-43)。

气囊式安全带将撞击能量分散到乘客身体上的功能比传统的安全带高出5倍,它通过把撞击压力扩散到更大的面积来扩大保护范围,即通过减小汽车撞击时对乘客胸部的压力来降低发生伤害的风险。同时,可对乘客的头部和颈部提供额外的支持,这样将有助于控制后座乘员头部和颈部在碰撞中的移位。安全带上的气囊展开后,在其内部的气体通过气囊上的小孔散发出去之前,安全带气囊会在数秒内保持膨胀状态。

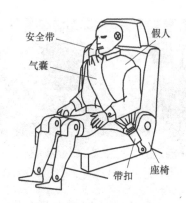

图4-43 气囊式安全带

(2) **预紧式安全带** 预紧式安全带是近年来发展的一种安全带。一般为了保证乘员的舒适度,安全带的预紧力不能太大,安全带与人体之间总有一定的间隙,当乘员衣服较厚时,此间隙会较大。在碰撞时,这个间隙将减小安全带的有效作用范围,降低安全带的效能。安全带使用预紧器后,可在碰撞达到一定强度时,启动预紧器,带动锁扣回缩或卷收器回转,使得安全带缩短一定距离,有效消除间隙,可以提高安全带的作用。预紧式安全带是在普通安全带上增加预紧器构成的。预紧器可以与锁扣结合在一起(锁扣预紧器),也可以与卷收器结合在一起(卷收器预紧器)。

预紧器常使用火药作为动力,锁扣上面与织带相连,下面由钢丝绳与预紧器内的活塞相连。发生碰撞时,通过点火设备点爆安装在预紧器上的火药,火药燃烧产生气体充入气室内。活塞在气体的压力下向右移动,通过钢丝绳将锁扣向下拉回约80mm,消除安全带与乘员之间的间隙。在活塞中安装有钢球,使得活塞只能向右移动,防止在安全带的拉力下活塞向左移动,如图4-44所示。

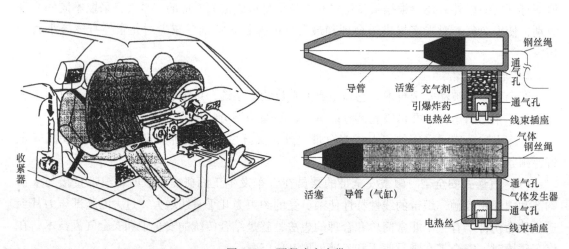

图4-44 预紧式安全带

(3) **孕妇专用安全带** 孕妇受到撞击的时候相当于承受3~5t的重量。腰带戴在腹部会使胎盘和胎儿经受无法忍受的压力。为此,设计了孕妇专用安全带,安全地引导腰带穿过腹部下方,将来自腰带的压力安全地转移到骨盆,并能将安全带的着力点固定到耻骨处,完全固定在腹部以下的位置,在受到冲击时确保腹中胎儿的安全,让孕妇在开车或坐车途中更加舒适(图4-45)。

3. 主动式头枕

主动式头枕的功用是:防止在发生追尾等事故时,前车乘员的颈椎因惯性而受伤。其原因是:在发生追尾时,前车因受到后车向前的撞击而突然加速,人体因坐在座椅上所以同汽车一起加速,而头部则因具有惯性而保持原运动状态,两者之间的速度差导致人体的头部会

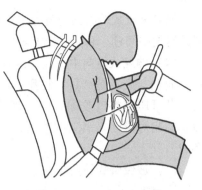

图4-45 孕妇专用安全带

向后仰,这样很容易伤及颈椎,而有头枕以后头部便会和身体一起加速,使整体仍然保持相对静止,能够避免伤害。

主动式头枕是一种纯机械系统,上方的衬垫支承是由一条连杆连接至座椅靠背内的压力板,当乘坐的车辆遭后方追撞时,乘员的身体因撞击力的作用,会撞向靠背,将压力板向后推,促使头枕向上、向前推动,以便在头颈猛烈晃动之前,托住乘员的头颈,防止受伤或降低受伤的程度(图4-46)。据调查显示,配备主动式头枕时,可降低75%追撞所造成的颈椎伤害。

4. 能量吸收式转向柱

由于转向柱与车身受撞脱开方式及转向轴受撞压缩的形式不同,能量吸收式转向柱的种类很多,到目前为止,新型的能量吸收式转向柱的专利还在不断出现。

在汽车发生正面碰撞时,碰撞能量使汽车的前部发生塑性变形。布置在汽车前部的转向柱及转向轴在碰撞力的作用下要向后,即驾驶人胸部方向运动。这种运动的能量应通过转向柱以机械的方式予以吸收,防止或减少其直接作用在驾驶人身上,造成人身伤害;另一方面,在汽车发生正面碰撞时,驾驶人受惯性的影响有冲向转向盘的运动。驾驶人本身的运动能量一部分由约束装置(如安全带、气囊等)加以吸收,另一部分传递给转向盘和转向柱系统。这部分能量也要通过转向盘及转向柱系统予以吸收,以防止超出人体承受能力的碰撞力伤害驾驶人。这种除了能够满足转向柱常规的功能外,在汽车发生正面碰撞时,还能够有效地吸收碰撞能量,以防止或减少碰撞能量伤害驾驶人的转向柱称为能量吸收式转向柱(图4-47)。

图4-46 主动式头枕

图4-47 能量吸收式转向柱

能量吸收式转向柱的类型主要有伸缩式转向中间柱、波纹管式转向中间柱、可脱开或断开式转向中间柱、套筒式吸能转向柱、网状能量吸收式转向柱等。

(1) 伸缩式转向中间柱 这种形式的转向中间轴上、下两个联轴器之间是花键轴、套式转向轴，或者是"D"型管、轴式转向轴。花键轴、花键齿上一般要涂上一层塑料，形成一种可压塑料过盈配合，以消除花键配合的间隙。当汽车发生正面碰撞时，通过花键轴套的相对滑动来消除碰撞力产生的转向器齿轮向后的位移，达到隔绝首次碰撞影响的目的。

(2) 波纹管式转向中间柱 波纹管式转向中间柱的转向中间轴上、下两个联轴器之间是波纹管式转向轴。波纹管式转向轴除了可正常地传递转向转矩外，当汽车发生正面碰撞时，还可通过波纹管的弯曲和压缩来消除碰撞力使转向器齿轮轴产生的向后的位移，达到隔绝首次碰撞影响的目的。

(3) 可脱开或断开式转向中间柱 可脱开或断开式转向中间柱的转向中间轴的上联轴器或下联轴器为可脱开式或断开式。当汽车发生正面碰撞，碰撞力达到某一规定值时，联轴器中间可脱开或断开，因此零件也便脱开或断开，使转向中间轴从转向器或转向轴中脱离，消除转向器齿轮轴向后的位移量，达到隔绝首次碰撞影响的目的。

(4) 套筒式吸能转向柱 套筒式吸能转向柱的工作原理是：当汽车发生正面碰撞时，碰撞力先使连接盒中的注塑销剪断，使转向柱系统从车身上脱开。在3~5ms后，转向轴内注塑销被剪断，转向轴被压缩；同时，转向柱上、下套筒被压缩，上、下套筒中的钢球在碰撞力的作用下使上、下套筒壁表面被挤压变形，起到吸收碰撞能量的作用。

(5) 网状能量吸收式转向柱 网状能量吸收式转向柱除了能量吸收方式与套筒式吸能转向柱不同外，其可压缩转向柱以及从车身中脱离的结构与套筒式吸能转向柱基本相同。当汽车正面碰撞时，转向柱上的网状部分在碰撞力的作用下被压缩变形，达到吸收碰撞能量的目的。

5. 行人碰撞保护技术

(1) 发动机舱盖弹升技术 汽车与行人发生碰撞时，如果车速很快，行人就会被撞得"飞起来"，然后头部撞向发动机舱盖或前风窗玻璃上。发动机舱盖下面就是坚硬的发动机，如果直接相撞，会对行人造成非常严重的伤害。因此，要想保护好行人的头部，发动机舱盖与发动机之间就必须有足够的缓冲距离，但是如果这个距离很大，则会增加发动机舱的高度，影响整车的风阻系数。发动机舱盖弹升技术很好地解决了这个问题，当车辆撞到行人时，发动机舱盖会自动弹升以留出较大的缓冲距离，在碰撞中更有效地减轻对行人头部的伤害。该技术由于成本较高，目前应用在少量高端车型上。

发动机舱盖弹升系统包括ECU、制动器、保险杠加速度传感器。

在车速约25km/h以上时，发动机舱盖弹升系统则进入监测状态，对保险杠加速度传感器进行监测，如果检测到撞上行人，保险杠加速度值超过设定值后，就会启动发动机舱盖弹升控制模块，微型气体发生器在点火后瞬间产生气体，使顶杆上升，便可瞬间将发动机舱盖升高（图4-48）。

(2) 发动机舱盖气囊 发动机舱盖气囊与车内的安全气囊性质相同，只不过是安装在前保险杠内和发动机舱盖与风窗玻璃接合处，在碰撞中保护行人的腿部和头部。

第四章 认识车辆工程学科的前沿技术

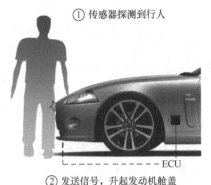

① 传感器探测到行人
② 发送信号,升起发动机舱盖
③ 升高后的缓冲空间减小对行人的冲击
④ 全程耗时只为眨眼时间的1/10

图 4-48 发动机舱盖弹升技术

发动机舱盖气囊在保险杠上方,紧靠保险杠处开始展开。充气后的安全气囊在两个前照灯之间的部位展开,由保险杠顶面向上伸展到发动机舱盖表面以上,保证了儿童头部和成人腿部的安全。前风窗玻璃附近的气囊系统的作用则是提供二次碰撞保护,防止行人被甩到发动机舱盖上而被前车窗底部碰伤(图 4-49)。

6. 儿童乘员安全技术

近几年来,对儿童乘员保护方面的研究在欧、美、日等国家和地区也得到了极大的重视,他们不但在提高儿童约束保护研究方

图 4-49 发动机盖气囊

面做了大量的研究和开发工作,同时还出台了相应的法规和标准,使儿童乘员在车辆碰撞事故发生中能得到有效的保护。在我国,目前对儿童保护方面的研究还处在起步阶段,还不具备完善的试验能力。实际上,近几年来随着乘用车不断进入家庭,儿童乘员的数量也在不断增加,如何为他们提供安全的乘车保护,是全社会乃至每个家庭都应关心的问题。汽车安全儿童约束系统(Child Restraint System,CRS)是专门为儿童乘员提供的约束保护系统,以保证在车辆碰撞事故发生时,为儿童提供安全保护,从而减少儿童的伤亡。

我国于 2012 年 7 月 1 日正式实施了国家标准《机动车儿童乘员用约束系统》(GB 27887—2011)。该标准不仅规范了汽车儿童安全座椅的生产,最重要的是使儿童乘车的安全性得到了更好的保障。

7. 汽车碰撞缓冲吸能技术

汽车碰撞会导致乘员与车内部件之间的碰撞。汽车碰撞称为一次碰撞,而乘员与车内部件之间的碰撞称为二次碰撞。除了车内应采取对乘员二次碰撞的保护措施(如设置安全带、安全气囊等)以外,车身结构的缓冲和吸能措施也是碰撞安全性设计的关键技术。

(1)前面碰撞缓冲吸能技术 将车身结构分为乘员安全区(A 区)和缓冲吸能区(B 区)两类区域设计模式,如图 4-50 所示。

车身的乘坐室(A 区)应有足够的刚度,不允许发生大的碰撞变形,以保证乘员有足

够的生存空间。此外，发动机和变速器等刚性部件不得因碰撞而侵入驾驶区，转向柱、转向盘以及一些操纵机构的碰撞位移不得威胁乘员的安全；碰撞后车门仍旧能正常开启，以确保能够营救乘员。乘坐室（A区）以外的车身前部和后部结构（B区），在前面、后面碰撞时允许有较大的变形，以便合理地吸收撞击能量，使得作用在乘员身体上的力和加速度不超过规定的人体忍耐极限。图4-51 显示了汽车前面、后面碰撞时的力流方向和变形位置（箭头为力流方向，圆圈为主要变形部位）。

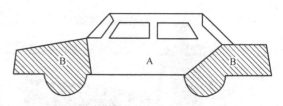

图4-50　车身结构的乘员安全区和缓冲吸能区

为此，车辆前面碰撞的理想特性曲线应如图4-52所示。图中表示了在碰撞中车头的三个变形吸能区段：第一区段表示的是在低速碰撞时，车辆的变形及变形力都应比较小，以利于保护行人和车辆；第二区段为相容区，变形力应均匀，即在中速碰撞过程中能量比较均匀地被吸收，尽量降低撞击加速度峰值；第三区段表示在高速碰撞时，使汽车乘员室具有自身保护能力，车身结构在这个区段应有较大的刚度，从悬架到车身前围板之间的变形力急剧上升，阻止变形扩展到乘员室，而且要求在这个碰撞过程中，必须通过相应的结构措施使汽车动力总成向下移动而不致挤入乘员室。

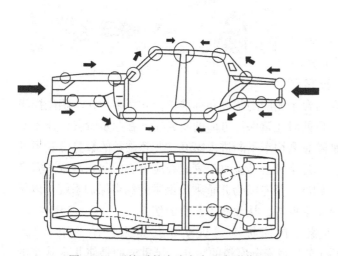

图4-51　碰撞时的力流方向和变形位置

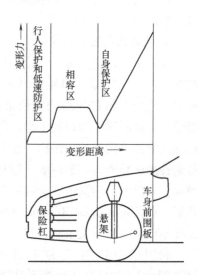

图4-52　车辆前面碰撞的理想特性曲线

为了实现图4-52中第一区段（行人保护和低速防护区）的特性，保护行人的碰撞安全，需采用吸能材料的保险杠和软质发动机舱盖，但必须使发动机舱盖与发动机舱内的硬质部件之间保持一定的空间（一般约为10cm）；其他措施，如风窗玻璃采用软支承，以及玻璃刮水器采用埋入式安装等。随着行人保护法规融入汽车开发流程，目前汽车设计将发生相应的变化，特别是造型和总布置的变化。

在汽车前面碰撞的总动能中，车身前部结构吸收的能量约占80%，驱动部件和车身前围板各占约10%。在车身前部结构吸收的能量中，约有70%分配给纵梁，25%分配给轮罩，5%分配给翼子板和发动机舱罩等。因此，为了实现图 4-52 中第二区段（相容区）的特性，前纵梁应在能正常发挥支承和承载作用的前提下，设计成吸能变形模式。

(2) 后面碰撞缓冲吸能技术　对于后面碰撞，其理想的碰撞特性与前部相似，但一般相对碰撞速度较低，且由于行李舱和后部车身纵梁等可构成一个吸能空间，所以后部吸能设计比前部更容易些；其吸能能力主要与构件的截面形状和尺寸大小、板料厚度的选择等有关。但要注意后悬架支承处（后轮罩）局部刚性的加强。

(3) 侧面碰撞缓冲吸能技术　当汽车受到侧面碰撞时，受到撞击的部位一般是车门或立柱。由于车门、立柱与乘员之间的空间很小，在乘员胯点水平面上，内板允许凹陷量最多也只有 300mm 左右，要像车身前、后部那样设计吸能缓冲区比较困难。因此，侧面碰撞的理想特性只能是要求侧面结构有足够大的刚度，确保车门和立柱不发生大的变形，加强 B 柱的铰链柱刚度及其与门槛的接头刚度尤其重要。此外，车门设置抗撞梁、地板下面设置横梁、加大门槛梁、车门下边缘与门槛重叠以加强车门的支承等，使车门、门槛梁和地板能更好地起到承受侧向力和吸能的作用。

8. 汽车结构抗撞性技术

目前，轿车车身通常是承载式车身，在车身结构中存在着许多薄壁梁形的结构，它们一般是由薄板件经点焊连接后形成的，其截面有封闭的，也有不封闭的。薄壁梁形结构相交汇的部位称为接头，它的特性对车身结构的性能有较大的影响。除此之外，车身结构中还存在大量的板壳结构，如车门内板、车门外板、发动机舱盖、行李舱盖、顶盖和翼子板等。

研究表明，车身结构的抗撞性主要是由薄壁梁形结构和接头组成的框架结构决定的，它们在碰撞过程中吸收大部分的碰撞动能，为乘员舱提供大部分的刚度支持。

汽车结构抗撞性研究主要是研究车身结构对碰撞能量的吸收特性，寻求改善车身结构耐撞性的方法，使得车身结构在外力冲击下能以预计的方式变形，其变形量能控制在一定的范围内，在保证乘员安全空间的前提下，车身变形吸收的能量最大，从而使传递给车内乘员的碰撞能量降到最小，尽可能使乘员所受到的减速度最小，因此，研究车身结构的抗撞性及增强汽车在碰撞事故中对乘员安全性的保护措施，具有重要的现实意义和广泛的应用前景。

车身抗撞性的核心就是合理组织车身结构各部分的刚度。因此，可以将车身抗撞性设计的主要内容分为以下三个方面：

(1) 车身结构刚度组织　车身结构刚度对汽车的平顺性、操纵性、耐久性和被动安全性等很多重要性能都有影响。

1）合理组织结构的吸能。合理组织结构的吸能就是将吸能要求合理地分解为对相应吸能部件的要求。考虑到车身结构的特点，车身前、后部分各结构的吸能能力是不一样的。因此，要求在理解各部分结构特点的基础上，区分它们在吸能能力上的不同，使主要吸能部件吸收主要的碰撞动能，次要吸能部件少量吸能，并使尽可能多的结构参与吸能，以提高材料的使用效率。

2）合理组织碰撞载荷的传递。合理组织碰撞载荷的传递即合理设计碰撞载荷的传递路径。这部分工作主要应以满足以下要求为目的：

① 减小乘员舱的变形或对乘员舱的侵入。

② 为吸能结构提供牢固、稳定的支承，保证吸能部件吸能能力的实现。

③ 使承载能力强的部件分担较多的载荷，承载能力弱的部件分担少量的载荷。

④ 使尽可能多的结构部件参与载荷的传递，以提高材料的使用效率。

（2）车身结构刚度设计 车身结构刚度设计的目的是减小乘员舱在各种碰撞形式中的变形，保证乘员的生存空间。其主要工作是在车身结构刚度组织设计完成后，进行主要梁形结构和接头结构的设计，在满足重量约束的条件下，达到在刚度组织中对部件刚度特性提出的要求，进而满足乘员舱的刚度要求。

（3）车身结构吸能设计 在正面和后面碰撞中，允许通过车身前部或后部结构的变形来缓冲撞击，并减小碰撞过程中车身的减速度。如何在车身前部或后部结构允许变形区有限的情况下很好地完成这一任务，就是车身结构吸能设计要完成的工作。

第四节 汽车智能化技术

智能汽车是一个集环境感知、规划决策及多等级辅助驾驶等功能于一体的综合系统，它集中运用了计算机、现代传感、信息融合、通信、人工智能及自动控制等技术，是典型的高新技术综合体。目前，对智能汽车的研究，主要致力于提高汽车的安全性、舒适性以及提供优良的人车交互界面。近年来，智能汽车已经成为世界车辆工程领域研究的热点和汽车工业增长的新动力，很多发达国家都将其纳入各自重点发展的智能交通系统当中。

一、智能汽车的研究领域

智能汽车的研究主要涉及信息融合、机器视觉及控制理论。

1. 智能汽车的信息融合

智能汽车主要采用信息融合技术将各种信息融合在一起进行综合处理。信息融合又称数据融合，它与信号处理、计算机技术、概率与统计、图像处理、人工智能和自动控制等学科密切相关，是一门新发展起来的多学科交叉的前沿学科。

一个智能汽车系统正确、可靠运行的前提是通过各种传感器准确地捕捉环境信息，然后加以分析和处理，因此，研究如何将通过传感器得到的信息加以有效处理和分析，并准确无误地了解环境的技术是很重要的。然而迄今为止，没有任何一种传感器能保证在任何时刻都提供安全、可靠的信息，但采用传感器融合技术，即将多个传感器采集的信息进行合成，形成对环境特征综合描述的方法，能够充分利用多传感器数据间的冗余和互补特性，从而获得需要的、充分的信息。

智能汽车的信息融合如图4-53所示。

2. 智能汽车的机器视觉

驾车时，驾驶人所接收的信息几乎全部来自于视觉。交通信号、交通标志和道路标志等均可以看作是环境对驾驶人的视觉通信语言。很显然，人们自然考虑到运用机器视觉来解释这些环境语言。

第四章 认识车辆工程学科的前沿技术

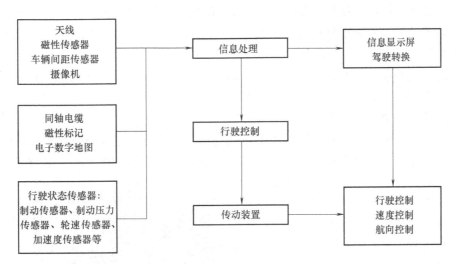

图 4-53 智能汽车的信息融合

视觉系统在智能汽车研究中主要起到环境探测和辨识的作用。与其他传感器相比，机器视觉具有检测信息量大、能够遥测等优点；缺点是要将探测的目标与背景提取出来，所需的图像计算量很大，单纯以当前的硬件条件出发解决，容易导致系统实时性较差。这可以通过一些特殊图像处理方式来解决，如使用霍夫变换从图像中提取直线形式的道路边界，与汽车内部存储的电子地图相结合，采用合适的路径曲率预测算法，可以大大提高汽车行驶道路标线的识别速度及鲁棒性；也可将环境图像分解为各种类型，然后针对不同的类型采用不同的环境表示方法和导航方式，从而避免无用信息的运算；可以通过单帧图像信息判断障碍物的多幅、连续图像序列来计算目标的距离和速度，还可根据一个摄像机的连续画面来计算汽车与目标的相对位移，并用适应性滤波对测量数据进行处理，以减小环境不稳定性造成的测量误差。

总之，将计算机图像信息与其他背景知识及其他传感器相结合，能快速提取复杂环境中的有用信息，进而产生合理的行为规划与决策。在行车道路检测、汽车跟随和障碍物检测等方面，机器视觉都起着非常重要的作用，是智能汽车研究中最重要的一种传感器。

3. 智能汽车的控制理论

为实现智能汽车对路径的稳定跟踪，性能优良的控制器是智能汽车必不可少的部分，所以控制理论在智能汽车上的应用是十分重要的。

智能控制代表着自动控制的最新发展阶段，也是应用计算机模拟人类智能，实现人类脑力劳动和体力劳动自动化的一个重要领域。智能控制是一门新兴学科，人们目前认为它包括递阶控制系统、专家控制系统、模糊控制系统、神经控制系统和学习控制系统五个方面。

二、智能汽车的新技术

1. 汽车防撞预警技术

汽车防撞预警技术是指在汽车行驶过程中，对汽车的前、后以及左、右方向的危险物进行检测，在汽车与危险物具有发生碰撞危险的情况下进行声光报警，提示驾驶人危险物的方向及危险程度,以便让驾驶人采取相应的措施,避免追尾碰撞和侧剐等交通事故的发生。

汽车防撞预警技术的测距方法有多种形式,主要有超声波测距、雷达测距、机器视觉测距和红外测距,其关键技术是测距精度。

汽车防撞预警技术的主要研究热点有毫米波雷达、毫米波雷达与图像传感器融合以及控制算法的研究与改进等。

2. 汽车行驶危害警告技术

汽车行驶危害警告技术能够防止由于车辆偏离相应的行驶路线而引起的碰撞或交通事故;能够通过路侧和车载传感器装置快速收集有关车辆临近区域的车辆位置和移动信息,以及车辆前方影响行驶的障碍物。当系统检测到可能发生的危险时,包括车辆偏离行驶车道、两车的距离或行驶速度不合理以及车辆行驶前方有障碍物等,该系统发出警告,以帮助驾驶人正确地驾驶汽车。图4-54所示为车道偏离警告系统示意图。

图 4-54　车道偏离警告系统示意图

车道偏离警告系统是一个基于视频传感器的驾驶人辅助系统。它利用集成在后视镜附近的摄像头监控前方道路,夜间监控前照灯光束内的道路。监控录像被发送至中央控制单元并进行处理计算。系统会识别出车道标记线,并持续跟踪观察标记线的位置。如果探测到车辆即将要偏离标记线,系统会通过转向盘的振动向驾驶人发出警告,提醒驾驶人及时校正车辆的方向。

3. 汽车辅助驾驶技术

汽车辅助驾驶技术能够防止由于车辆偏离相应的行驶路线而引起的碰撞或交通事故。该系统通过在前述的危险警告系统中加入自动控制功能来帮助驾驶人对汽车进行操控。当系统认为检测到的情况危险时,包括本车或临近区域车辆出现问题以及有障碍物等,该系统应用自动车速和转向控制装置以及制动装置,同时还可以帮助驾驶人自动泊车。该系统与危险警告系统的区别是可以对车辆进行干预操作。图4-55所示为自动泊车系统的工作过程。

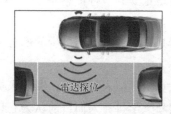  

图 4-55　自动泊车系统的工作过程

自动泊车系统就是不用人工干预,自动停车入位的系统。目前,国内有大众途安、帕萨特、斯柯达昊锐、丰田皇冠、奔驰、宝马、雷克萨斯LS等车型配备了自动泊车系统。

自动泊车系统是利用车辆周围的雷达探头测量自身与周围物体之间的距离和角度,然后通过车载计算机计算出汽车的当前位置、目标位置以及周围的环境参数,配合车速调整转向盘的转动,可以使汽车自动地停靠泊车位,驾驶人只需要控制车速即可。

第四章　认识车辆工程学科的前沿技术

4. 驾驶人疲劳检测技术

车载设备将以不易察觉的方式监测驾驶人的状态，在驾驶人困乏或其他身体不适的情况下提出警示。另外，该系统也能对车辆关键部件进行监测，当可能发生功能障碍时，向驾驶人发出警报。车载设备还能探测不安全的道路状况，如桥面结冰和路面积水，并向驾驶人发出警示。图 4-56 所示为驾驶人疲劳驾驶监测系统检测效果示意图。

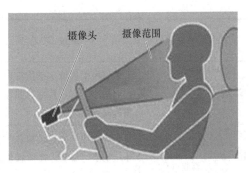

图 4-56　驾驶人疲劳驾驶监测系统检测效果示意图

人眼的检测是指在静态图像中定位人眼的位置及状态。驾驶人眼睛的行为会在事故发生前发生变化，因此通过测量眼睛闭合运动来监控驾驶疲劳，不失为一种好方法。

5. 智能网联汽车

智能网联汽车是指搭载先进的车载传感器、控制器、执行器等装置，并融合现代通信与网络技术，实现车与 X（人、车、路、后台等）智能信息交换共享，具备复杂的环境感知、智能决策、协同控制和执行等功能，可实现安全、舒适、节能、高效行驶，并最终可替代人来操作的新一代汽车（图 4-57）。

图 4-57　智能网联汽车

智能网联汽车可分为五个等级：驾驶辅助（DA）、部分自动驾驶（PA）、有条件自动驾驶（CA）、高度自动驾驶（HA）、完全自动驾驶（FA），其等级定义和典型工况见表 4-6。

表 4-6　智能网联汽车的五个等级定义和典型工况

等级	等级名称	等级定义	控制者	监视者	失效应对者	典型工况
第一级	驾驶辅助（DA）	系统根据环境信息执行转向和加、减速中的一项操作，其他驾驶操作都由人完成	人与系统	人	人	车道内正常行驶，高速公路无车道干涉路段，停车工况

（续）

等级	等级名称	等级定义	控制者	监视者	失效应对者	典型工况
第二级	部分自动驾驶（PA）	系统根据环境信息执行转向和加、减速操作，其他驾驶操作都由人完成	人与系统	人	人	高速公路及市区无车道干涉路段，换道、环岛绕行、拥堵跟车等工况
第三级	有条件自动驾驶（CA）	系统完成所有驾驶操作，根据系统请求，驾驶人需要提供适当的干预	系统	系统	人	高速公路正常行驶工况，市区无车道干涉路段
第四级	高度自动驾驶（HA）	系统完成所有驾驶操作，特定环境下系统会向驾驶人提出响应请求，驾驶人可以对系统请求不进行响应	系统	系统	系统	高速公路全部工况及市区有车道干涉路段
第五级	完全自动驾驶（FA）	系统可以完成驾驶人能够完成的所有道路环境下的操作，不需要驾驶人介入	系统	系统	系统	所有行驶工况

智能网联汽车通过智能化与网联化两条技术路径协同实现"信息"和"控制"功能，并据此进行功能等级划分。

在信息方面，根据信息对驾驶行为的影响和相互关系分为驾驶相关类信息和非驾驶相关类信息；其中，驾驶相关类信息包括传感探测类和决策预警类，非驾驶相关类信息主要包括车载娱乐服务和车载互联网信息服务。

在控制方面，根据车辆和驾驶人在车辆控制方面的作用和职责，区分为辅助控制类和自动控制类，分别应对不同等级的智能控制。

6. 无人驾驶汽车

无人驾驶汽车是智能网联汽车的终极目标，是在网络环境下采用先进的计算机技术、信息技术和智能控制技术的智能汽车。

无人驾驶汽车主要部件如图4-58所示。无人驾驶汽车是相较于智能网联汽车更加智能的汽车，采用更加先进的智能技术，能够实现完全自动的控制，全程检测交通环境，能实现所有的驾驶目标。无人驾驶汽车可完全解放驾驶人的双手，在任何时候都不需要对汽车进行操控。无人驾驶汽车是汽车智能化、网联化的终极目标。

无人驾驶汽车的基本组成与智能网联汽车大体无异，是智能网联汽车其智能化的高级表现，其智能化与网联化结合的程度更高，可以实现完全解放双手达到行驶目的的水平。

7. 汽车的其他智能技术

（1）智能钥匙 智能钥匙能发射出红外线信号，既可打开车门、行李舱和燃油加注口盖，也可以操作汽车的车窗和天窗。更先进的智能钥匙则像一张信号卡，当驾驶人触到车门把手时，中央控制系统开始工作，发射出一种无线查询信号，智能钥匙做出正确的反应后，车锁便会自动打开，而且只有当中央处理器感应到智能卡在汽车内时，发动机才起动。

第四章　认识车辆工程学科的前沿技术

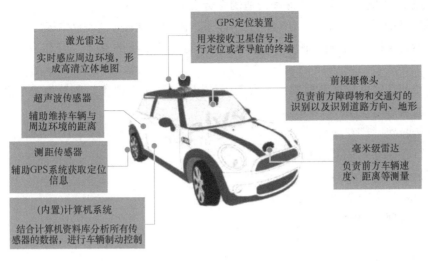

图 4-58　无人驾驶汽车主要部件

（2）智能悬架　汽车智能悬架系统由电子装置控制，可根据路面情况调节悬架弹性元件的刚度和减振器的阻力，使振动和冲击迅速消除。此外，智能悬架还可以自动调节车身的离地高度，这样即使在崎岖的路面上行驶，汽车也可顺利通过路面障碍，使乘员感觉平稳和舒适。

（3）智能轮胎　智能轮胎内装有计算机芯片，或将芯片与轮胎相连接。计算机芯片在行驶状态下能自动监控并调节轮胎的温度和气压，使轮胎在不同条件下都能保持最佳的运行状况，既提高了安全系数，又节省了开支。更为先进的智能轮胎还能在探测出结冰的路面后变软，使驱动力更好地发挥作用；另外，在探测出路面的潮湿程度后，还能自动改变轮胎的花纹，以防打滑。

（4）智能安全气囊　汽车智能安全气囊是在普通安全气囊的基础上增设了各类传感器以及与之相配套的计算机而成的，其增设的质量传感器能根据质量大小感知是大人还是小孩；其红外线传感器能根据热量的多少探测座椅上的是人还是物体；其超声波传感器能探明乘员的存在和位置等。计算机软件则能根据乘员的身高、体重、所处的位置、是否系安全带以及汽车碰撞速度和碰撞程度等，及时调整气囊的膨胀时机、膨胀速度及膨胀程度，使安全气囊对乘员提供最合理和最有效的保护。

（5）智能空调　智能空调系统能根据外界气候条件，按照预先设定好的指标对车内的温度、湿度及空气清洁程度进行分析和判断，及时自动打开制冷、加热、除湿及空气净化装置，并调节出适宜的车内空气环境；在先进、安全的汽车上，空调系统还能与其他系统配合发挥更好的作用。

三、智能交通系统

智能交通系统（Intelligent Transportation System，ITS）就是利用现代计算机、信息、通信和控制技术把车辆、道路与使用者紧密结合起来，以解决汽车交通事故、堵塞、环境污染及能源消耗等问题为目的，基于智能化和信息化的汽车交通系统。智能交通系统的目标就是建立一个高效、便捷、安全、环保和舒适的综合交通运输体系。

智能交通系统是一个复杂、综合的技术体系，由面向道路、车辆及综合交通管理的不同领域的技术动态组成。不同的国家和地区，其智能交通系统的具体内容和系统框架都有所差别。

《中国智能运输系统体系框架》在参考国外相关研究的基础上，划分为八个服务领域：
1）交通管理与规划（ATMS）。
2）电子收费（ETC）。
3）出行者信息（ATIS/APT）。
4）车辆安全与辅助驾驶（AVCSS）。
5）紧急事件和安全（Emergency and Security）。
6）运营管理（CVO/APTS）。
7）综合运输（Intermodal Transport）。
8）自动公路（AHS）。

在该八个服务领域范围内，又进一步细分为34项研究内容，138项子服务。

车联网技术是智能交通系统（ITS）的基础和扩展。车联网是指通过无线射频等识别技术，对装载在车辆上的电子标签进行识别，以实现在信息网络平台上对所有车辆的属性信息和静、动态信息进行提取和有效利用，并根据不同的功能需求对所有车辆的运行状态进行有效的监管和提供综合服务。

通过车联网，可以实现停车引导、交通实时指挥、交通线路管理、车辆年检核查、车辆技术状况追踪、车辆追踪与告警、手持式抄牌、尾气监控、电子驾照、电子牌照、不停车收费等功能的应用。

第五节 汽车NVH控制技术

NVH是指Noise（噪声）、Vibration（振动）和Harshness（声振粗糙度），由于它们在车辆等机械中是同时出现且密不可分的，因此常把它们放在一起进行研究。汽车NVH特性是指在车室振动、噪声的作用下，乘员舒适性主观感受的变化特性。它是人体触觉、听觉以及视觉等方面感受的综合表现。

一、汽车上的NVH现象

从NVH的观点来看，汽车是一个由激励源、传递器和响应器组成的系统。激励源主要包括发动机、动力总成、车轮和轮胎、不平路面及风等。它们产生的振动、噪声通过悬架系统和车身结构系统等传递器的作用传入车身和车室的空腔而形成振动和声学响应。汽车中NVH问题的响应最终表现为座椅、地板和转向盘的触觉振动，驾驶人和乘客的耳旁噪声，以及仪表板、后视镜的视觉振动等现象。

汽车中的NVH现象描述的是乘员的主观感受，可以详细地划分为振动和噪声等方面很多种感觉。

噪声是汽车NVH问题中最主要的部分，常用声压和声压级来评价。车内噪声主要包括车身壁板振动产生的噪声、空气冲击摩擦车身形成的噪声，以及外界噪声源（如发动机和制动器等）传入的噪声。

我国汽车噪声控制工作从 1979 年开始，当时发布了两项国家标准，即 GB 1495—1979《机动车辆允许噪声》和 GB/T 1496—1979《机动车辆噪声测量方法》。2002 年我国在此基础上又颁布了更为严格的 GB 1495—2002《汽车加速行驶车外噪声限值及测量方法》，以及 2011 年颁布了 GB/T 25982—2010《客车车内噪声限值及测量方法》。相比于其他发达国家，我国汽车噪声法规起步较晚，发展缓慢。但是，随着近几年我国汽车工业的快速发展，相应的汽车噪声法规变化较快，在某些方面已接近国际水平。不过总体来看，无论是汽车噪声法规和标准，还是汽车噪声控制技术的研究，我国都同国外有一定的差距。国内外汽车加速行驶车外噪声限值变化对比如图 4-59 所示。

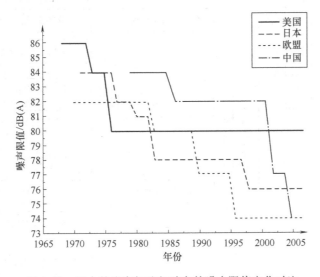

图 4-59　国内外汽车加速行驶车外噪声限值变化对比

二、汽车减振技术

汽车减振技术一般分为被动、主动和半主动三种。

被动减振控制又称无源控制，它不需外界能源提供控制力，结构简单，易于实现，在许多场合已得到了应用。主动减振控制是指在振动控制过程中，根据检测的振动信号，应用一定的控制策略，经过实时计算，通过驱动作器对控制目标施加一定的影响，达到抑制或消除振动的目的。主动减振控制是一种"以动治动"的控制方式，又称有源控制，它可对任意结构进行控制，具有极强的适应性和调节性；可通过动态修改系统结构参数，实现高水平的振动控制。半主动减振控制是一种振动系统的参数控制技术，所需的外部能源少，控制过程依赖于结构反应或外干扰力信息，能够获得较好的控制效果。

汽车的主动或半主动减振控制一般安装在动力装置、悬架及座椅等处。

1. 发动机悬置减振技术

发动机悬置，即是指连接发动机与车架间的支承块（体）。新型汽车发动机上用液压悬置代替了传统的橡胶悬置。这是因为液压悬置具有阻尼和动刚度的频变特性，可以较好地衰减发动机怠速工况抖动和高速下的噪声，弥补了橡胶悬置的不足。

液压悬置是在原橡胶悬置的基础上，制作成上、下两个液室，靠带有节流孔的中间隔板连通。液压悬置经过多年的发展，结构由简易到复杂，由被动式液压悬置发展到半主动控制式和主动控制式液压悬置阶段，现已形成了多种类的液压悬置产品（图4-60）。

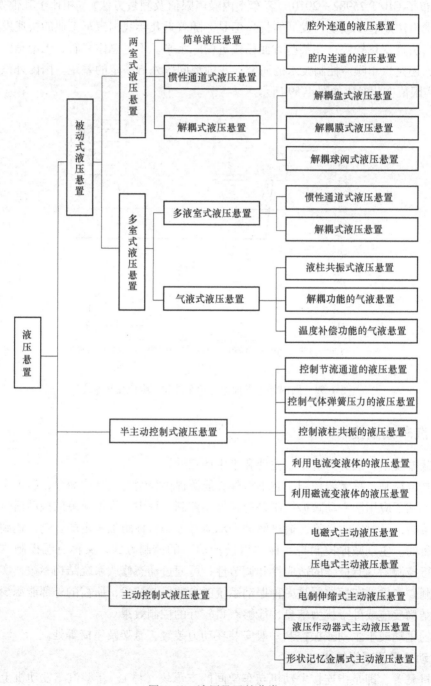

图 4-60　液压悬置的分类

几种典型的发动机液压悬置结构如图 4-61 所示。

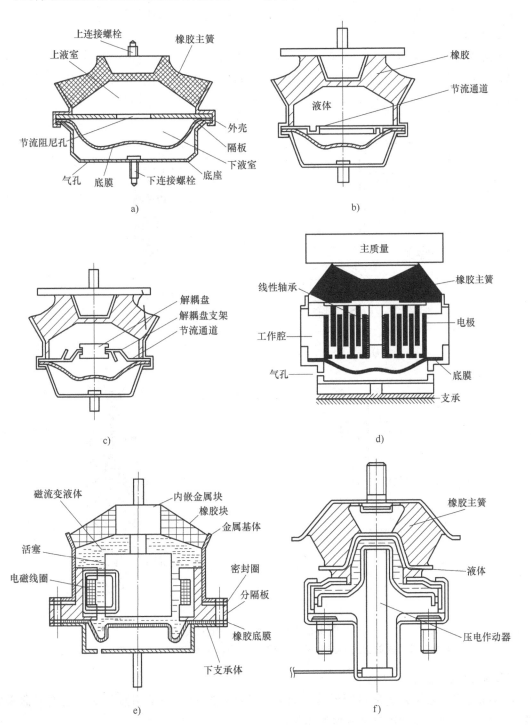

图 4-61 几种典型的发动机液压悬置结构
a）简单式 b）惯性通道式 c）解耦式
d）电流变液式 e）磁流变液式 f）压电式

汽车发动机液压悬置是一个复杂的系统，液压悬置的主动控制和半主动控制是一种智能控制技术，能有效地降低汽车的振动和噪声，以提高汽车的 NVH 特性。

2. 悬架减振技术

悬架减振一般采用主动控制式和半主动控制式两种。主动悬架通过附加能量系统来改变悬架的阻尼和刚度，从而达到减振的目的。可调阻尼减振器可通过改变减振器阻尼孔开度来改变阻尼，也可改变减振器液体的性能来改变阻尼，如电流变液压减振器和磁流变液压减振器等（图 4-62）。

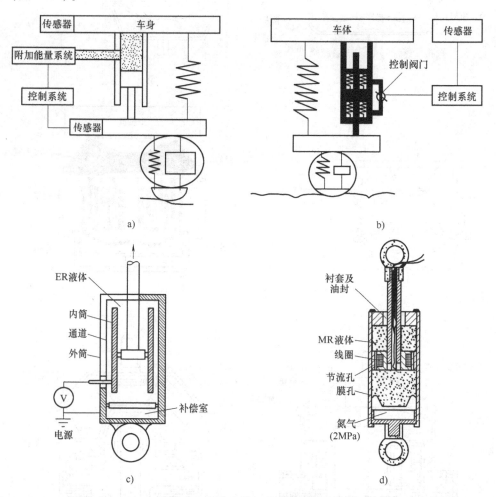

图 4-62 汽车悬架的减振方式

a) 主动悬架 b) 改变阻尼孔大小的半主动悬架 c) 电流变液压减振器 d) 磁流变液压减振器

3. 座椅减振技术

传统的座椅减振方法是采用弹簧，而新型的座椅减振方法采用液压悬置或隔振器来减振，其结构原理与发动机悬置减振基本相同。

三、汽车降噪技术

传统的降噪技术主要以研究噪声的声学控制方法为主，主要降噪技术途径包括吸声、隔声、使用消声器、振动的隔离及阻尼减振等。这些降噪的机理是：通过噪声声波与声学材料或声学结构的相互作用消耗声能，从而达到降低噪声的目的，属于无源或被动式的控制方法，可称为无源噪声控制。一般说来，无源噪声控制方法对控制中、高频噪声较为有效，而对低频噪声的控制效果不大。为此，需要采用主动降噪技术，也称有源噪声控制技术。

有源噪声控制（Active Noise Control，ANC）方法是近年来发展起来的一种全新的噪声控制方法。与传统的降噪技术相比，它突出的优势在于对低频噪声控制效果好以及对原系统的附加质量小，因此近年来有源噪声控制在降低低频噪声中得到了广泛的应用。

有源噪声控制是指在指定区域内人为地、有目的地产生一个次级声信号去控制初级声信号，以达到降噪目的的技术，依据的是两列声波干涉相消的原理。若次级声源产生与初级声源的声波幅值相等、相位相反的声波，则与该区域内的原始声场相互抵消就达到了降噪的目的。

汽车主动降噪技术有：采用体积可调节赫姆霍兹共振式消声器的进气系统、采用有源消声器的排气系统、采用可变气缸的发动机、采用主动声音管理技术的乘员舱等。

几乎汽车上的所有噪声源都对车内噪声有贡献，而且车身本身对外部噪声、振动有放大作用，所以车内噪声的控制是一项复杂的工作。达到控制车内噪声目的的途径很多，但从原理上归纳起来主要有减弱振动噪声源强度、隔绝振动噪声传播途径、吸声处理、采用阻尼措施及控制车内共鸣和风振等方面。

第六节　汽车先进制造技术

汽车制造技术随着汽车工业的发展而发展，同时带动了汽车工业的革命，推动了汽车工业的发展，在铸造、压力加工、焊接、热处理、涂装、电镀、检测及试验等方面均展现出了许多新技术。

世界汽车制造技术的发展方向是轻量化材料制造技术，数字化制造技术，柔性化、自动化生产方式，以及计算机集成制造系统。

一、汽车零件铸造技术

汽车铸件向高性能、薄壁、轻质、精尺寸及优良切削性能方向发展，铸造生产过程向清洁、废物再生、高效、节能、节材及环保的绿色铸造方向发展。我国几大汽车厂都已采用静压造型技术代替冲击造型技术；壳芯制芯、冷芯盒制芯发展较快，热芯盒制芯在减少；中频感应电炉熔炼工艺技术发展较快，大型热风除尘冲天炉与工频保温炉双联熔炼工艺在减少；轿车用铝合金缸体与缸盖压铸成形技术快速发展，镁合金变速器壳、变速器罩盖、气门室罩盖、转向盘骨架等已在一些产品上使用；球墨铸铁、蠕墨铸铁、奥贝球铁和高强度易切削灰铸铁仍是铸件的最基本材料，提高其性能，减少其废品率仍是今后研究的方向。绿色铸造技术已被广泛地重视，节能、清洁、低排放及低污染的铸造材料和工艺已在大型企业广泛采用。

铸造（Casting）是一种金属热加工成形技术，是通过将金属熔炼至熔融状态，浇入预先制作好形状的铸型模具中，冷却凝固后获得具有一定形状、尺寸的金属制品（铸型）的成形方法。在汽车制造工业中,铸造工艺用于生产发动机缸体、离合器盖等部件。

1. 静压造型技术

造型技术是指将砂芯放入砂箱中,采用一定方法使型砂紧实,从而得到所要铸造的零部件的型腔的铸造工艺,它是铸造流程中的重要一环。

静压造型技术就是通过气流预紧实作用对型砂进行初步紧实,然后通过液压压头对型砂进行最终紧实,其多触头压头由液压提供压力,压力固定,故称为静压造型。该方法造型可使型砂紧实度高,适合自动化程度高、工艺复杂的铸件造型。

静压造型主要有以下特点:

1) 铸件的起模斜度小。相比于其他造型工艺,采用静压造型的铸件的起模斜度可以设计在2°以内。

2) 噪声小、振动小。由于不是使用振动紧实,所以在生产过程中产生的振动小、噪声也小,对机器的地基要求也不高。

3) 铸型可利用有效面积高。因为静压造型的特殊工艺,使砂箱中的砂粒能够进入铸型的各个角落和缝隙,且紧实度高,所以一个砂箱通常可以同时放置多个模型,提高了生产率和砂箱的利用程度。

4) 使用的砂量少。由于采用静压工艺后,整个铸型从上到下的强度基本都处于较高值,所以不需要很高的砂层来保证底部的铸型有足够的强度。

因此,静压造型是目前最新、最先进的造型工艺,并已成为当今的主流紧实工艺。我国几大汽车厂都已采用此技术代替冲击造型技术。

2. 制芯技术

现在国内外铸造行业的制芯技术一般都采用湿砂,基本上有三种工艺,即热芯盒制芯、壳芯制芯、冷芯盒制芯。

冷芯盒制芯有两个特点:一是硬化速度快,初始强度高,生产率高;二是砂芯尺寸精度高,可满足生产薄壁、高强度铸件的砂芯。制芯技术有以冷芯盒技术为主的发展趋势。目前我国几大汽车厂这三种制芯工艺并存,壳芯制芯和冷芯盒制芯发展较快,热芯盒制芯在减少。

3. 熔炼技术

熔炼技术是指在金属铸造过程中,将金属原材料熔炼成金属液以用于浇铸的技术。目前国内外铸造熔炼技术主要有两种工艺:一种是大型热风除尘冲天炉与大型有芯工频保温炉双联法(以下简称"双联法")工艺;另一种是采用中频感应电炉熔炼工艺。采用双联法不仅具有高效率、低成本的优点,而且能降低约30%的能耗,同时,采用双联法能够稳定铁液化学成分、不间断地提供铁液以满足铸造自动线对铁液的需求,还可以为熔炼工序出现短时故障或造型填充工序对铁液需求出现波动时提供一种柔性连接,保温炉容量为熔化炉容量的1.5~2.0倍。

随着电子技术的发展,中频电炉迅速发展,并有取代正广泛应用的工频电炉的趋势,它是将工频(50Hz)转变到中频(300~10000Hz)进行工作的。

由于中频电炉熔炼技术具有清洁、环保、节能、高效及安全等优势,所以是今后熔炼技术的主要发展方向。

4. 绿色铸造技术

现代的汽车铸造技术为了缩短生产周期、优化铸造生产过程，将计算机技术运用到铸造行业中。计算机技术的应用大大提高了产品的开发质量，减少了很多工作量。目前，大量应用在铸造行业中的计算机技术主要是快速原型技术、计算机仿真、三维建模和数控技术等，从产品开发、产品铸造到后期检测，都可以采用相应的计算机技术进行模拟和研究分析，使产品的性能得到提高，使生产过程向自动化发展。

由于铸造行业是高耗能的产业，传统生产过程中会产生大量的污染，所以，现在的铸造行业也向着绿色铸造的方向发展，逐步提高生产原料的利用率、降低废品率，采用节能低污染的生产方法。

对于树脂，要降低游离甲醛和游离酚等有害物质的含量；逐步加大冷芯盒技术的应用，以减少树脂砂对环境的影响；降低热芯盒和壳芯砂的固化温度，使制芯工艺由热芯盒法向温芯盒法转变，以节约能源；我国汽车铸造厂每年消耗新砂近千万吨，所以旧砂的再生利用技术势在必行。

二、汽车零件压力加工技术

压力加工是利用金属在外力作用下所产生的塑性变形，来获得具有一定形状、尺寸和力学性能的原材料、毛坯或零件的生产方法，金属压力加工又称金属塑性加工。

压力加工方法主要有：轧制、锻造、挤压、拉拔、冲压、旋压等。

压力加工技术向着高效、自动、减轻汽车重量及降低成本等方向发展，从而产生了精密锻造技术、内高压成形技术、管类零件成形技术、伺服电动机压力机等新技术、新设备。我国的楔横轧设备、技术处于国际领先地位，内高压成形技术达到批量生产的能力，大型模具企业已接近国际先进制造水平，大吨位伺服电动机压力机已被汽车行业批量使用。

1. 精密锻造技术

精密锻造技术是指零件成形后，仅需要少量加工或不再加工就可以用作机械构件的铸造技术。较传统成形技术减少了后续的切削量，减少了材料和能源的消耗以及加工工序，显著提高了生产率和产品质量，降低了生产成本，提高了产品的市场竞争能力。

为了降低成本、节省能源，近几年汽车零件的精密锻造技术发展很快，主要包括摆动碾压技术、碾环技术和楔横轧技术。

(1) 摆动碾压技术 摆动碾压（简称摆碾）是一种盘类零件毛坯塑性成形的新工艺，属于精密锻造成形工艺，采用连续局部加载成形，在汽车变速器齿轮加工中得到广泛的应用。

(2) 碾环技术 碾环技术是借助碾环机（环轧机）对环状毛坯进行局部、连续塑性加工，使环状毛坯的外径和内径都扩大，壁厚减小，内、外侧面成形或接近成形的锻造工艺。可由此获得无接缝环状零件，常用于齿轮环、曲轴环、法兰环及车轮等的加工。

(3) 楔横轧技术 楔横轧技术的基本工作原理是：将加热后的具有圆形截面的毛坯送入同向运动的带有楔形凸起的模具中，使毛坯在模具的带动下旋转，毛坯发生径向压缩变形和轴向延伸变形从而得到成形工件。楔横轧技术是阶梯轴类零件塑性成形的新工艺，是现代先进的制造技术。

2. 冲压技术

冲压常与锻造合称锻压，它也是一种塑性变形加工方法。传统的冲压工艺一般是在压力机和模具的作用下，使板材或管材等发生塑性变形并与多余的材料发生分离，获得所需形状和尺寸的工件的加工方法。通常所讲的冲压都是指冷冲压，因为传统的冲压都是让材料在室温状态下进行冲压成形的。

冲压是汽车制造产业中最基本，也是最重要的金属加工方法之一。据统计，平均每辆车上所包含的零件中，有约60%的金属零件依靠冲压成形，如车身上的各种覆盖件、车门内板、地板、车身支承、结构加强件、发动机排气管、油底壳及车梁等都是用冲压工艺生产的。

冲压新技术主要有内高压成形、热冲压成形和液压拉深等。

(1) 内高压成形技术 内高压成形也称为液压成形或液力成形，是一种利用液体作为成形介质，通过控制内压力和材料流动来达到成形中空零件目的的材料成形工艺。

内高压成形的原理是：通过内部加压和轴向加力补料把管坯压入到模具型腔，使其成形为所需要的工件。对于轴线为曲线的零件，需要把管坯预弯成接近零件形状，然后加压成形。

在很多中、高档品牌的汽车上，越来越多的空心零部件都使用内高压成形技术，如排气歧管、车架、各种支架部件、前轴、后轴、装配式凸轮轴及桥壳等。

内高压成形技术是轻量化结构件的新型制造技术，它可以使冲压件减轻30%左右的重量，而且空心轴比起实心轴的重量也要更轻。内高压成形技术在加工形状复杂的空心件方面，相对于传统的工艺有突出的优势。

(2) 热冲压成形 汽车上越来越多地采用了高强度钢板（屈服强度大于210MPa），如A柱内板、B柱内板、载重底架、车门防撞梁及前、后保险杠防撞梁等。由于高强度钢板不适宜采用冷冲压技术，人们就发明了热冲压成形技术。

热冲压成形是指利用高强度钢板在高温状态下的金属塑性和延展性能提高而屈服强度迅速下降的特点，将板材加热到再结晶温度以上的某一适当温度，使板料处在奥氏体状态下对其进行冲压成形。通常将高强度钢板加热到900℃左右进行冲压成形，再进行速冷处理，可使钢板的抗拉强度达到1450MPa以上。

(3) 液压拉深 液压拉深是指利用流体压力作为拉深凸（或凹）模进行拉深成形的方法。液压拉深技术是一种在原理和方法上都不同于传统拉深工艺的新型加工方法，它可分为液压深拉深和液压正拉深两种工艺。深拉深用于加工较深的工件，正拉深的工件深度相对较浅。

液压拉深主要用于加工汽车上的大型覆盖件，如发动机舱盖、车门、翼子板、行李舱盖等。

三、汽车零件焊接技术

焊接是现代机械制造业中一种必要的工艺方法，在汽车制造中得到了广泛的应用。汽车的发动机、变速器、车桥、车架、车身和车厢六大总成都离不开焊接技术的应用。在汽车零部件的制造中，点焊、凸焊、缝焊、滚点（凸）焊、焊条电弧焊、CO_2气体保护焊、氩弧焊、气焊、钎焊、摩擦焊、电子束焊和激光焊等各种焊接方法中，由于点焊、气体保护焊和钎焊具有生产量大、自动化程度高、高速、低耗、焊接变形小及易操作的特点，所以对汽车车身薄板覆盖零部件特别适合，因此在汽车生产中应用最多。

1. 电阻点焊

电阻点焊是利用电阻热熔化母材金属，形成焊点的一种电阻焊方法。电阻点焊工艺是一种高效的焊接方法，广泛应用在汽车制造中，其应用场合主要有白车身、储气筒、油底壳及减振器等焊接总成等。例如：在一辆帕萨特（Passat）车身上有电阻焊焊点5892个。

2. 电弧焊

电弧焊是利用电弧放电（俗称电弧燃烧）所产生的热量将焊条与工件互相熔化并在冷凝后形成焊缝，从而获得牢固接头的焊接过程。

在汽车制造中，大量采用电弧焊工艺，主要以MIG焊和MAG焊为主。MIG焊是指熔化极惰性气体保护焊，MAG焊是指熔化极活性气体保护焊。

目前，焊缝跟踪形式有电弧跟踪、CCD摄像和激光跟踪等方法。机械跟踪方法较容易实现，精度相对较低；电弧跟踪、CCD摄像的精度相对较高，对执行元件的控制精度要求较高。效果比较好的是激光视觉传感器系统，它能够自动识别焊缝位置，在空间中寻找和跟踪焊缝，寻找焊缝起点与终点，实现焊枪跟随焊缝位置自适应控制。焊接轿车底盘零件时则使用焊缝自动跟踪技术，该技术具有自动寻找焊缝起点与终点以及弧长参考点的功能，在焊接过程中根据弧长的变化，用电弧传感器使焊接电压进行自适应控制。

高效弧焊技术，如脉冲GMAW、双丝MIG/MAG焊等，代表了当前在汽车制造中应用的高效、高速焊接新工艺。这两种焊接方法与机器人相配合，能充分体现高效化焊接的特点，实现了机器人系统在空间可达性和焊接速度之间的协同和完美组合。

3. 摩擦焊

摩擦焊是利用工件接触端面相对旋转运动中相互摩擦所产生的热，使端部达到热塑性状态，然后迅速顶锻实现的一种固相压焊过程。

摩擦焊工艺为固态焊接，焊缝热影响区相对较窄，晶粒细小，焊缝质量较易控制，制造成本相对较低。半轴以焊代锻，以摩擦焊代替CO_2气体保护焊，可降低成本。传动轴、万向转向节叉等零件若用CO_2气体保护焊，生产率相对较低，如果采用摩擦焊，无须填充任何辅助材料，并有利于作业环境的改善，减少污染。

在汽车零部件规模化生产中，摩擦焊技术占有较重要的地位。据不完全统计，美国、德国、日本等工业发达国家的一些著名的汽车制造公司，已有百余种汽车零件采用了摩擦焊技术。

4. 激光焊

激光焊是以激光作为能量载体的一种高能密度焊接方法。激光焊是把能量很高的激光束照射到工件上，使工件受热熔化，然后冷却得到焊缝的。图4-63所示为激光焊原理简图。

激光焊在汽车制造中的整个工艺主要包括三大类型：车身总成与分总成的激光组焊、不等厚板的激光拼焊和汽车零部件的激光焊接。

车身的激光焊接主要分为总成焊接、侧围与车顶焊接及后续焊接。

激光拼焊板已广泛应用在汽车车身的各个部位上，如行李舱加强板、行李舱内板、前轮罩、侧围内板、门内板、前地板、前纵梁、保险杠、横梁、轮罩及中立柱等。

激光焊接广泛应用在变速器齿轮、气门挺杆、车门铰链、传动轴、转向轴、发动机排气管、离合器、增压器轮轴及底盘等汽车零部件的制造中，成为汽车零部件制造的标准工艺。

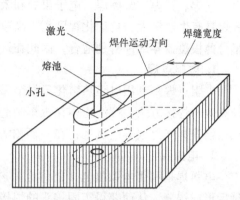

图 4-63　激光焊原理简图

5. 焊接机器人技术

焊接机器人即从事焊接（包括切割与喷涂）的工业机器人，是指具有三个或三个以上可自由编程的轴，并能将焊接工具按要求送到预定空间位置，按要求轨迹及速度移动焊接工具的机器。它包括弧焊机器人、激光焊机器人和点焊机器人等。

焊接机器人是本体独立、动作自由度多以及程序变更灵活、自动化程度高、柔性程度极高的焊接设备，具有多用途功能、重复精度高、焊接质量高、抓取质量大、运动速度快及动作稳定可靠等特点。焊接机器人是焊接设备柔性化的最佳选择。

目前，我国各大汽车制造厂均广泛采用汽车焊接机器人，提高了汽车自动化生产水平（图 4-64）。

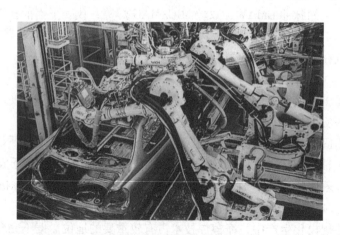

图 4-64　汽车焊接机器人技术

汽车焊接机器人的核心技术是：自动校零技术、高度柔性化技术和远程焊接技术等。目前，我国自主研发的焊接机器人技术与先进国家相比还有一定的差距。

四、汽车零件热处理技术

热处理是产品获得所要求的强韧化性能、耐磨性、抗疲劳性能的主要技术手段。热处理质量是产品实现使用性能（如可靠性、耐久性及安全性）的重要保证。近年来，对于汽车工业热处理技术的发展，除了对产品质量实行更加严格的控制之外，也更加重视节能和环保。同时，在信息时代，热处理技术会更加充分地利用并依赖计算机技术，使热处理生产管理、工艺过程控制以及工艺设计与质量预测分析实现高度数字化、智能化。未来，热处理技术会向精密、节能、环保、智能化方向发展。

1. 节能热处理技术

热处理是能耗较大的工艺之一，节能技术的开发和应用对热处理节能降耗、降低生产成本具有十分重要的意义。

热处理的节能措施和技术主要有：实现更高程度的专业化和规模化生产，它是降低热处理单位能耗的重要保证；采用新型节能筑炉材料，如陶瓷纤维材料、硅酸钙板及红外炉内涂料等，可以大大减少炉衬蓄热量，降低炉壁热损耗，节能效果可达10%~20%；采用燃气加热，具有更高的加热效率。

2. 清洁热处理技术

清洁热处理的主要技术有真空热处理和离子化学热处理等。

(1) 真空热处理　真空热处理是指热处理工艺的全部或部分在低于一个大气压的环境中进行加热的热处理工艺。真空热处理可以实现几乎所有的常规热处理所能涉及的热处理工艺，热处理质量也有了很大的提高。与常规热处理相比，真空热处理的同时，可实现无氧化、无脱碳、无渗碳，可去掉工件表面的鳞屑，并有脱脂除气等作用，从而达到表面光亮净化的效果。

(2) 离子化学热处理　离子化学热处理，特别是离子渗氮工艺，已经在汽车零件、模具表面强化方面得到了广泛的应用。我国东风朝阳朝柴动力有限公司和广西玉柴机器集团有限公司等厂家大量采用离子渗氮工艺处理发动机曲轴。离子渗氮工艺还应用于凸轮轴、机油泵通道板、排气阀和正时齿轮等零件的表面强化处理，可显著提高零件表面的耐磨性、抗疲劳性及耐蚀性。对冷冲模、热锻模和压铸模采用离子氮化，对提高其表面耐磨性和抗热疲劳性均有显著效果。

3. 感应热处理技术

感应热处理具有以下特点：根据产品性能要求只对零件表面或局部加热，实施表面或局部强化，因此是一种节能热处理；生产过程污染少，是清洁热处理；感应加热时间短、速度快，有利于淬火组织的细化，获得耐磨性、抗扭转、弯曲、疲劳性俱佳的强化效果；感应淬火装置可以方便地安装在流水生产线上，便于生产管理，减少了物流成本；生产节奏快、效率高，能够实现完全自动化。

除了常规的轴类零件的感应加热淬火外，现在正在研究和开发低淬透性钢和限制淬透性钢，用于汽车转向蜗杆、十字轴和万向节等零件的感应淬火技术，以及汽车齿轮零件的双频感应淬火技术等。

五、汽车涂装技术

在汽车的生产过程中，对生产成型的汽车进行涂装是必经的过程，这不仅对汽车起到增强防腐蚀、延长使用寿命等保护作用，而且对于汽车的美观性也至关重要。

1. 汽车涂装新材料

目前，在全世界有超过90%的汽车车身采用CED涂料，为进一步减小挥发性有机化合物等污染物的产生，逐步开发了包括高泳透力CED涂料、耐候性CED涂料和分层CED涂料等在内的多种涂料。

随着环保要求的不断提高,使用能够降低挥发性有机化合物排放的面漆涂料,是面漆涂料发展的必然趋势。就目前而言,面漆材料由最早的有机溶剂型传统涂料正逐步向着水性涂料、粉末涂料以及高固体分涂料的方向发展。

2. 汽车涂装新工艺技术

就传统汽车涂装工艺而言,其主要是采取4C3B(4次喷涂、3次烘干)和3C2B(3次喷涂、2次烘干)的工艺。但随着环保要求的不断提高,更为先进、更为节能以及挥发性有机化合物排放量更少的简化一体工艺技术应运而生,主要有3C1B(3次喷涂、1次烘干)工艺、B1:B2工艺、双底涂工艺、敷膜技术及旋杯喷涂技术等。

我国汽车涂装技术与国际水平的差距在不断缩小,但整体水平仍有一定的差距,这主要体现在汽车涂装的节能、环保技术方面。因此,今后大力发展我国汽车涂装节能、环保的新技术、新工艺、新材料,是我国汽车涂装行业不断进步和发展的必经之路。汽车自动涂装技术如图4-65所示。

图4-65 汽车自动涂装技术

六、汽车装试技术

近年来,国内外主要汽车公司在汽车及总成的装试领域都加大了技术投入和技术创新的力度,在装试技术、生产组织和信息管理、物流技术等方面有了较大的进步。其发展的特点是现代化高新技术的综合利用;发展趋势是四化,即柔性化、灵捷化、智能化和信息化。

在汽车装试技术中,主要的新技术有:虚拟装配技术、模块化装配技术、BOM(物料清单)装配技术、AGV(自动导引小车)技术、多品种涡流装配技术、螺纹紧固件装配力矩控制技术、射频识别技术(RFID)、机器视觉测试技术及在线检测技术等。

本章相关的主要网站

1. 汽车论坛　http://www.qclt.com/
2. 中国汽车工程学会　http://www.sae-china.org/
3. 中国汽车工业协会　http://www.caam.org.cn/
4. 太平洋汽车网　http://www.pcauto.com.cn/
5. 新浪汽车　http://auto.sina.com.cn/
6. 汽车之友　http://www.autofan.com.cn/
7. 腾讯汽车　http://auto.qq.com/
8. 汽车之家　http://www.autohome.com.cn/
9. 汽车工程师之家　http://www.cartech8.com/

思 考 题

1. 汽车节能技术主要有哪些?
2. 汽车轻量化的途径有哪些?
3. 何谓新能源汽车?为何各国均在研究和开发新能源汽车?
4. 汽车尾气的污染物主要有哪些?
5. 采用内净化技术来降低汽油发动机排放的技术有哪些?
6. 如何采用后处理净化技术来进一步降低汽油发动机的排放?
7. 柴油机与汽油机的尾气排放污染物为何不同?
8. 何谓汽车主动安全技术?目前主要有哪些汽车主动安全技术?
9. 何谓汽车被动安全技术?目前主要有哪些汽车被动安全技术?
10. 智能汽车的主要研究领域有哪些?
11. 为何要大力发展智能交通系统?
12. 何谓汽车 NVH 现象?如何控制汽车 NVH?
13. 汽车降噪的途径有哪些?
14. 汽车零件铸造有哪些新技术?
15. 汽车零件压力加工有哪些新技术?
16. 汽车零件焊接有哪些新技术?
17. 汽车涂装有哪些新技术?

第五章 车辆工程专业的学习方法

第一节 大学的教学特点

一、普通高等学校与普通中等学校教育的区别

何谓大学？蔡元培先生说："大学者，囊括大典，网罗众家之学府也。"雅斯贝尔斯也指出："大学是研究和传授科学的殿堂，是教育新人成长的世界，是个体之间富有生命的交往，是学术勃发的世界。"

1978 年，我国的高等教育毛入学率（是指高等教育在学人数与适龄人口之比。适龄人口是指 18~22 岁年龄段的人口数）只有 1.55%，1988 年达到 3.7%，1998 年升至 9.76%。1999 年开始大学扩招，高等教育毛入学率快速上升，2002 年达到 15%，高等教育从精英教育阶段进入大众教育阶段。2007 年达到 23%，2010 年达到 26.5%，2012 年达到 30%，2015 年达到 40%，2016 年达到 42.7%，2018 年达到 48.1%，2019 年达到 51.6%，2020 年达到 54.4%。

国际上通常认为，高等教育毛入学率在 15% 以下时属于精英教育阶段，15%~50% 为大众教育阶段，50% 以上为普及教育阶段。

我国高等教育即将由大众教育阶段进入普及教育阶段。

我国高等学校是为国家培养高等专门人才的机构，其教育和教学目的、过程、管理体制和管理的方式方法都有自身的特点。

我国普通高等学校教育与普通中等学校教育相比存在许多不同，主要区别见表 5-1。

表 5-1 我国普通高等学校教育与普通中等学校教育的主要区别

区别项目	普通中等学校教育	普通高等学校教育
教育性质、学制	普通中等教育，学制 6 年	普通中等教育基础上的专业教育，大学本科 4~5 年，专科 2~3 年
社会职能	向高一级学校输送合格的学生，为国家建设培养劳动后备力量	培养社会需要的各种高级专门人才，开展科学研究，发展科学技术，开发科技项目，直接为社会服务
管理体制	学校统一管理。全国或地区、市统一教学计划和课程设置，附加课程和活动学校可自行安排	在学校统一领导下，课程和教学活动以系和专业划分，具体安排和管理。系是基层教育行政单位；专业是组织教学的基层单位。各专业有自己的培养目标，对学生的素质要求，以及相应的教学方案和教学过程

第五章 车辆工程专业的学习方法

（续）

区别项目	普通中等学校教育	普通高等学校教育
教育方式	以课堂教学为主，附加各种课外教育活动	有多种教学方式，如课堂教学、网络教学、实验教学、设计教学、生产实习、社会调查等附加各种丰富多彩的课外活动
课程设置	开设政治、语文、外语、数学、物理、化学、生物、历史、地理、体育、音乐、美术等基础课，劳动技术和生理卫生等必修课程，课程多属于基础知识型	包括通识教育、专业教育和拓展教育三大部分。通识教育为必修课，一般分为通修教育课程、通识教育课程和必读选读课程三部分；专业教育为必修课，包括学科基础课（含实验实习）、专业基础课（含实验实习）、专业核心课（含实验实习）和综合性实践教学环节四部分；拓展教育为选修课，包括本专业推荐选修课和其他专业教育类课程两部分 共有40～50门课程，160学分左右。学生修完规定的学时，取得规定的学分即可毕业，获学士学位
教师作用	传授科学文化知识和技能，塑造学生的思想品德	传授知识技能，组织学生的学习活动，教书育人；开展科学研究、技术开发，参加各种工程科技活动
教育设施、教育环境	图书馆、实验室、音像教学设施、体育活动场地，与大学比较，相对比较简单	图书馆、资料室、实验室、电教中心、计算机设施、体育设施、实习基地

从表5-1中可以看出，高等学校在教育性质、社会职能、课程设置及教师作用等诸多方面都与中等学校教育不同。刚进大学的学生要主动适应大学的生活，应注意以下几个方面：

1）认识高等学校区别于中等学校的特点。
2）了解大学所学课程和教学方式，适应大学的学习机制。
3）明确大学的学习任务，认识学习规律和过程，建立积极学习的动机和目标。
4）摸索良好的学习方法，不断完善自我。

在接受高等教育的同时，要认真解决好以下几方面的问题：

1）学知，即掌握认识世界的工具。
2）学做，即学会在一定的环境中工作，强调"从技能到能力"的转变。能力包括动手技能、处理人际关系的能力、社会行为、集体合作态度、主观能动性、交际能力、管理能力和解决矛盾的能力，以及承担风险的精神等综合能力。
3）学会共同生活，培养在人类活动中的参与和合作精神。
4）学会发展，以适应和改造自身和环境。

二、大学教学形式的基本特点

高等教育的基本特点是：研究高深学问、培养高级专门人才，简称为"一高、二专"。从这一观点出发，便派生出大学教学形式的两个基本特点。

1. 专业针对性

尽管高等教育在人才培养方向上有所谓"专才"与"通才"之争，但总体上还是培养符合社会需要的按学科、专业分类的各种专门人才，也可以把"通才"看作是一个类型的专门人才。专业针对性就要求在教学组织上充分体现理论与实际紧密联系的原则，充分反映社会上各专业、行业、学科发展的现实与对人才培养方面的需求。教学过程需要社会有关方面的参与、配合，因而产生了产学研合作等多种教学组织形式。

2. 研究探索性

大学不仅有文化传承的任务，还负有整合创新和探索创造新科技、新文化的使命。因此，大学教学工作要在研究的气氛下进行，高等教学的"研究高深学问"这一基本特点必然使得其教学形式具有研究探索性。比如，在教学中安排有研讨班、课程论文、毕业论文、课程设计、毕业设计、设计性试验乃至进行专题科学研究等教学环节。

此外，由于教学对象特点等因素，大学教学形式还有以下两个特点：

（1）学生学习的独立自主性　由于大学生身心发展已趋于成熟，经过大学教育将成为步入社会的独立工作者。因此，大学生学习的独立自主性逐步增强。学生自学的成分随年级的升高而递增。学生自主学习能力的增强使他们能根据自己的实际情况自己管理自己，自主选择自己的发展方向，独立地收集信息、研究各种文献资料。教学方式也由过去的以"知识传授"为主转向以"学会学习""自主学习"为主。学生从学习中获得的不仅是事实与原理，还包括精神状态与思想方法。

（2）教学形式与教学方法的融合性　在高等教育阶段，教学形式与教学方法是融合在一起的，有某种教学形式也就有其相应的教学方法。这是大学教育形式特殊性的一个表现。

三、大学的主要教学方式

教学方式取决于教学任务和内容，为完成教学任务和内容服务。我国高等教育的主要教学方式有：

1. 课堂教学

（1）课堂讲授　课堂讲授是以教师在课堂上讲授作为传授知识、技能和方法的教学方式。课堂讲授是按照各门课程的教学大纲规定的内容和体系，有固定的时间表，面向编成固定人数的班级集体，通过教师在课堂内讲授，使学生系统地、集中地学习科学文化知识，同时，通过教师讲授时的思想、感情、作风、方法和态度等对学生进行教育的教学方式。

（2）课堂讨论　课堂讨论是按照预先拟好的问题，在课堂上讨论，进行师生互动和交流的教学方式。课堂讨论以学生自学和思考问题为讨论的基础，在问题的情景中进行积极的思维活动，通过讨论的形式加深对问题的理解，促进学生自主学习，锻炼学生分析问题和口头表达观点的能力，培养学生的发现思维。教师可以通过讨论检查学生的学习效果和智力发展水平。学生可以系统发言或自由发言。

（3）习题课　习题课是由教师或学生在课堂上进行习题演算，达到教学目的的教学方式。

（4）辅导课　辅导课是以学生自学为主，教师帮助学生理解教学内容，质疑或答疑的教学方式。

2. 网络教学

（1）录像　录像是通过播放事先准备好的录像教材，用于传输动态图像或事物变化过程的教学方式。

（2）录音　录音是通过播放事先准备好的录音教材，用于语言教学的教学方式。

（3）计算机辅助教学　计算机辅助教学是在教学过程中，利用计算机或多媒体展现教学体系、内容和图示，观察事物、现象、物体图形，练习解题，辅助作图，辅助设计作业，人机对话等多媒体的教学方式。这是目前大学网络教学的主要方式。

3. 实验教学

实验教学是通过在实验室中观察事物、现象的变化规律，获取知识或验证知识，教授实际作业的方法，训练基本技能的教学方式。通过实验操作使学生弄懂原理，掌握实验技术，学会把知识转变成验证理论和实验方法、解决实际问题的手段。学生根据教学要求制订实验方案，准备实验条件（此项内容也可以由实验员完成），进行实验，观察实验现象，获得并分析、处理实验数据，得出实验结论，写出实验报告。

4. 设计教学

通过设计教学使学生面对模拟或实际的社会需求，运用所学的科技知识提高自身的技术设想，并转化为可以实施的方案、图示和说明，在较大程度上培养学生的自学、解决问题、组织和创新能力。设计教学一般采用多方案、可扩展的题目，以便发挥学生的创造性。学生要在考虑各种约束条件的基础上，学会综合运用所学知识解决实际问题，在设计中学会检索资料、运算、绘图和科技写作等，讲求运用好的设计方法、规范化的设计程序和正确的设计结果表达形式，写出符合工程设计要求的设计说明书、计算书和设计图样。

（1）**课程设计** 课程设计是针对某一课题，综合运用本课程的理论和方法，制定出解决该课题问题的方法、图示和说明的教学方式。如"机械原理"课程中的"机械原理课程设计"，其主要目的是为学生在完成课堂教学基本内容后提供一个较完整的从事机械设计初步实践的机会。再如"汽车设计"课程中的"汽车设计课程设计"，是车辆工程专业的一个集中实践的教学环节，以培养学生具有初步汽车设计的能力。

（2）**毕业设计** 毕业设计是针对与车辆相关的某一实际工程或研究项目，综合运用车辆工程专业已学的理论知识和技术手段，制订出可以实施的方案、图示和说明，作为检查和总结学生在校期间的学习成果的教学方式。

5. 现场教学

现场教学是组织学生到车辆设计、制造、试验及售后服务等相关的生产车间，通过观察、调查进行教学的教学方式。

6. 实习

（1）**教学实习** 教学实习是指通过学生自己实际操作练习，完成所属课程规定的教学要求，如金工实习、电工电子实习、驾驶实习、车辆构造实习和车辆制造工艺实习等。

（2）**认识实习** 认识实习是指到车辆生产线和零部件生产线等现场系统地了解车辆及其零部件的生产过程。

（3）**生产实习** 生产实习是指学生以实际工作者的身份，在现场工程师和教师的共同指导下直接参与生产过程，完成一定的生产任务，通过实际工作学习知识、技能和培养能力，使所学专业知识与生产实际结合起来的教学方式。生产实习要贯彻理论联系实际的原则，使学生学到实际的生产技术和管理知识，检验学生掌握专业知识和技能的实际水平，为社会服务的专业思想，以及劳动纪律和职业道德。

（4）**毕业实习** 毕业实习是指学生到生产现场或技术中心收集各种资料和数据，为毕业设计做准备。

7. 社会实践活动

（1）**公益活动** 参加校内或校外具有公益性的活动，如改善校内环境、参加社区服务等，以树立活动观念。

（2）**军事训练** 实施军事教育和训练，以增强国防观念，加强组织纪律。

（3）**社会实践** 参加各类社会活动，进行调查研究，写出调查报告，培养分析社会现象的能力。

8. 自学

以学生自己学习为主，教师不进行课堂讲授，事先提出教学要求或提出具体要学生通过学习解决的问题，列出教材和参考书，布置作业，进行答疑，学生根据规定的教材和教师的具体要求进行自学和练习，通过规定的考查或考试后获得承认或取得学分。

9. 考核

（1）**考试** 考试是指通过口试、开卷笔试、闭卷笔试、操作考试等形式对教学效果进行考核，包括章节考试、期中考试、期末考试等。

（2）**考查** 考查包括日常考查和总结性考查，方法有写书面作业、书面表达、口头提问、书面测试、检查实践性作业等。

四、大学的主要教学环节

普通高等学校人才培养目标确定以后，通常要根据培养目标的要求制订培养方案，而培养方案的实现，还需要通过一定的教学环节来完成。

普通高等学校主要的教学环节有入学教育、军训、通识教育课、学科基础课、专业基础课、专业核心课、专业方向课、实习课与设计课、生产实习与毕业设计、课外教育活动等。

1. 入学教育

学生入学后，一般要进行1周的入学教育活动，主要是对学生进行有关学校管理规章制度的教育、学校生活和学习环境的介绍、学生学习态度的教育、世界观的教育、学习目标和学习方法的指导及专业的介绍等内容。

2. 军训

入学教育结束后，紧接着要进行1~2周的军训活动。对新入学的大学生实行军事教育和军事训练，以增强国防意识，加强组织纪律观念。由各军种或武警部队或民兵预备役部队里挑选出来的教官负责教育、操练和相关科目的训练。

3. 通识教育课

普通高等学校工程类专业的通识教育课（也称公共课），主要包括思想道德修养与法律基础、中国近现代史纲要、毛泽东思想和中国特色社会主义理论体系概论、马克思主义基本原理、形势与政策、英语、信息技术基础、C语言程序设计、军事技能训练、国防军事导论、体育、生涯规划与职业发展、大学生心理健康教育、大学生社会实践等。

4. 学科基础课

学科基础课是指研究自然界和社会的形态、结构、性质、运动规律的课程。其中包括没有应用背景，各专业都需要学习的基础知识课程，是学生学习知识、进行思维和基本技能训练、培养能力的基础，也是学生提高基本素质以及为学好专业技术课程奠定良好基础的课程；还包括有专业背景，由与专业相关并且与某些技术科学学科有关的知识组成的课程。它是利用自然和改造自然为人类服务的知识，虽与专业内涵相关，但是，并不涉及具体的工程或产品，因而是覆盖面较宽，有一定理论深度和知识广度，具有与工程科学关系密切的方法论的课程，它是为培养专门人才奠定基础的课程。

学科基础课主要包括：高等数学、工程制图、物理学、物理学实验、线性代数、概率论与数理统计、计算方法、工程化学等。

5. 专业基础课

专业基础课是一种为专业课学习奠定必要基础的课程，是学生学习专业课的先修课程。比较宽厚的专业基础，有利于学生的专业学习和毕业后适应社会发展与科学技术发展的需要。

车辆工程专业基础课主要包括：学科导论、理论力学、电工电子学、材料力学、机械原理、机械设计、汽车电子控制基础等。

6. 专业核心课

专业核心课是指以本专业基本活动为主题而编制的课程系统，主要包括：车辆构造、车辆设计、车辆理论、车辆制造工艺学、车辆电子控制技术、车辆电气与电子设备、发动机原理、车辆试验学等课程。

7. 专业方向课

因为每个专业都有各自不同的研究方向，但是由于时间等因素限制，只能研究一个方向，而研究方向所对应的课程，就称为专业方向课。车辆工程专业有汽车电子、车身、新能源等方向，各专业方向课一般设置4或5门课程。

8. 实习课与设计课

实习课与设计课是配合工程师基本训练，为培养相应的技能和能力的课程。其教学目标是使学生获得将所学知识用于解决科学技术和工程实际较为简单问题的能力。其主要包括：科研基础训练、金工实习、电工电子认知实习、机械设计课程设计、车辆构造实习、车辆制造工艺学课程设计、车辆设计课程设计、专业综合能力训练等课程。

9. 生产实习与毕业设计

生产实习与毕业设计是工程师基本训练的重要组成部分，目的是培养学生理论联系实际，综合运用所学知识解决工程实际较为复杂问题的能力，使学生与社会、工程之间关系密切。

毕业设计是有针对性地将学生与毕业后的就业联系起来的生产实习过程，在实习中学习就业岗位所要求的基本知识、基本技能和专业规范，培养适应就业岗位所要求的工程能力和工程素质，为今后的工作奠定基础。另一方面，针对毕业设计（论文）的题目和内容，调查并收集资料，研究和发现问题，思考如何用所学知识来解决这些问题，在实习的基础上，进行总结和分析研究，为毕业设计（论文）奠定基础。

10. 课外教育活动

课外教育活动是我国普通高等学校教育和教学不可缺少的部分，是课堂教学的必要补充，是学生课余所参加的有教育意义的活动。课外活动又可以分为校内活动和校外活动，两者的区别在于组织指导的不同。

第二节　大学的学习方式

一、什么是学习

"学"是仿效，"习"是鸟儿频频飞起。"学习"，顾名思义是指小鸟反复学飞。把"学习"二字用在教育上，则意味着通过模仿、读书、听课、研究及参加实际工作等获得知识和技能，并且要反复巩固所获得的东西以便真正得到它。这是从功能上理解"学习"的含义。

在心理学上，学习是指经验的获得，以及行为变化的过程。它可具体理解为人在一定的环境中，对某些具体的经验、知识和技能的获得，引起智力的发展、能力的提高和情感意志行为的变化的过程。学习有以下属性：

1）学习由学习的主体（一般指学生）和学习的客体（指学习的对象）两个方面组成。

2）学生是在一定环境中进行学习的，所以，学习是主体、客体和环境相互作用的结果。

3）学习主体通过学习必定会产生某些变化，而这些变化在时间上是相对持久的。

学生的学习，除具有上述属性外，还具有以下特征：

1）目的性。为满足社会发展需要和自身发展需求而学习。

2）间接性。在学校的环境里，主要通过书本，接受前人早已积累下来的已有知识和技能，而不是主要通过直接的实践活动获得知识和技能。

3）系统性和集中性。在学校制订的教学计划安排下系统地组织进行，学生在校的全部时间基本上都要集中在与学习有关的活动上。

4）指导性。学生是在教师指导下学习的，即使强调大学生应该做到自主学习，这种自主学习也应该在教师的指导下进行。

二、大学学习的特点

新入学的大学生，可能对大学的学习不适应，他们已经习惯了中学的教育方式和学习方法。但是，进入大学以后，他们会感到有一些变化，因为这两个教育层次在教学和学习特点上存在较大的区别，见表5-2。

表5-2　大学与高中的学习特点比较

项　　目		高　　中	大　　学
学习目的		考上大学	成为优秀高级专门人才
学习要求		门门课程高分	具备高级全面素质，掌握专门知识与专门能力课程成绩优良
学习自主性		自主学习范围小，依靠教师安排多	自主学习范围大，课外学习由学生自己安排，要求独立学习和生活的能力强
课程内容	层次性	课程不分层次	大致分为三层（阶段）：基础课（基础理论）、应用基础课（技术科学）和专业课（应用技术）
	数量、质量	少而浅	多而深
	时代性	粗浅的经典知识	深层的经典知识与少量的现代科技前沿知识
	选修课	选修课少	选修课程多，内容广，人类知识无所不包（是学生因材施学的重要阵地）

(续)

项 目	高 中	大 学
实践性教学形式	少	多
学习方法	自学少	自学多，以培养自学能力
思维方法	模仿、记忆多，一般性理解多	深层次理解多，创造性学习多

三、学习观

当你怀揣着录取通知书走进大学校门成为一名大学生的时候，你有没有考虑过大学生和非大学生的区别究竟是什么？其实质是综合素质的差别，关键是树立怎样的学习观。

正确的学习观反映了学习活动的内在规律，体现了时代发展对学习的要求。它可以帮助大学生制定科学的学习策略，确定正确的学习方向，选择有效的学习方法，克服学习中的各种困难，激发学习热情，提高学习效率。作为21世纪的大学生，应主动地树立自主学习观、全面学习观、终身学习观和创新学习观。

1. 自主学习观

自主学习观就是指大学生在学习活动中，在教师积极有效的指导和帮助下，不断激发主体意识，积极发挥主观能动性和创新精神的一种学习观念。自主学习观是在教师的指导下，学生成为学习的主人、发展个性和提高自我的必然选择。这种学习观重在创设一定的教育情境，激发学生主动学习的内驱力，指导学生学会学习，是对教师和学生在教学中主导与主体地位的分别承认，也是对当前学校教学不足之处的有益补充。自主学习观具有四大特点，即独立性、能动性、创新性和协调性。自主学习是学生自身认知、情感、意志和个性等各种心理品质的综合运作和同时发挥作用的过程，需要学生个人对自身状态进行全方位的协调；同时，自主学习又必须在师生互动和合作学习中才能实现，这又要求学生和外部环境的协调。

培养大学生的自主学习观，有助于大学生养成正确的学习态度，乐学好学的情感和积极学习的行为准备；有助于提高大学生的自我评价能力，不断地在学习过程中对自身进行反思和评价；有助于发展大学生的智力水平，为个人智力更快、更高的发展奠定坚实基础；有助于培养大学生的非智力因素，使他们的学习动机、学习兴趣、情感意志和个性等在学习过程中都得到协调发展；有助于大学生掌握和理解良好的学习方法，勇于和善于思考，并相应地发挥和创造一系列具体且适合自身需要的学习方法来推动自己学习的进步。

2. 全面学习观

现代教育对大学生的培养有一个共识，那就是：只有全面发展的人（联合国教科文组织称为"完人"），才能称得上是合格的人才。因此，大学生要树立全面的学习观，正确处理好德与才，通与专，知识、能力和素质，全面发展与个性发展等方面的关系。

全面学习观对大学生最基本的要求是"德才兼备"，只具有其一都不能算得上人才。德才是一个不可分割的有机整体。"才者，德之资也；德者，才之师也"。一方面才是德的基础，是人得以发展和成功的基础条件。一个人只有具备了相应的才能，方有得力的依托以显示其德行。另一方面德是才的方向和灵魂，是才发展的内在动力。一个人也只有具备高尚的德行，方能使才按正确的方向得以施展。因此，德才兼备是培养、鉴别和选拔人才的标准。

3. 终身学习观

社会的发展加快了知识更新的频率和新技术的应用，新知识层出不穷，科学技术突飞猛进。人类近30年来创造的知识大概等于过去2000年的总和。据统计，在现代社会中，一个大学生毕业五年以后，就有一半知识陈旧。在高新技术领域，知识衰减的速度达到每年15%~20%。在人的一生中，大学阶段只能获得需用知识的10%，其余90%的知识都要在工作中不断地学习才能取得。社会越进步，经济越发达，职业和岗位的变动越频繁。因此，学校的一次性教育已经不能适应社会发展的要求，从小学到大学一次性获取知识以后，不可能一劳永逸，大学阶段所学的知识也不能包打天下。"一次性学习管用一辈子"的时代已成为历史，只有终身不停地吸收新信息、获取新知识、增长新本领，才能迎接日新月异、飞速发展的学习型社会的挑战。在现代社会中，终身学习与自身的生活质量和生存地位息息相关，也是一个人实现自我完善、自我提高和全面发展的必要条件。终身学习使人们能够多次地"从头再来""重新开始"，有足够的机会发展自我、完善自我，最大限度地发挥潜能。

4. 创新学习观

创新学习观是指学习者在学习的过程中，不拘泥于书本，不迷信于权威，不依循于常规，而是以已有的知识为基础，结合当前的实践，独立思考，大胆探索，积极地提出自己的新思想、新观点、新思路、新设计、新意图、新途径和新方法的学习活动。创新性学习是一种能带来变化、更新、重组和重新提出问题的学习形式，能使个人和社会在急剧变革中具有应付能力和对突变提前做好准备，是解决个人和社会问题的重要手段；其基本特征是预期性和参与性。通过预期促进事物发展的连续性，通过参与创造空间或地域的连续性，两者紧密相关，相辅相成，缺一不可。创新性学习的主要追求目标是自主性和整体性。通过创新学习，使学习者既具有自主性，尽可能地自力更生和摆脱依赖，又具有介入更广阔的人际关系、与他人合作、理解和认识自身所在大系统的整体性能力。

总之，科学、正确的学习观念，能使大学生明确学习目的、激发学习兴趣、提高学习效率。当然正确的学习观不仅只是几种，还有其他类型的学习观，但无论哪种学习观，只要是正确的、能够适应我们的，那就是我们应该学习和树立的。

四、学习过程

大学的教学过程具有专业性、阶段性、创造性、开放性和自主性的特点，这些特点要求大学生在学习过程中采取相应的学习策略。所以，对于车辆工程专业的学生，在大学生活开始之初，就要了解大学的整个学习过程，做到"心中有数，运筹帷幄"。

大学生在校学习要经历从大到小两个不同层次的学习过程。

1. 第一层次学习过程——从入学到毕业

一般来说，大学一年级上学期学生往往表现出各种不适应，这就要求各门课的教师在学习内容、学习方法和学风养成上帮助和指导学生完成这个适应期。

大学一、二年级是大学学习活动最紧张的阶段。学生在这个阶段要接受基础科学和技术知识、技能，以及体育课体能的训练，并形成广泛的文化需要。而且，许多教育和教学形式都会比较集中地反映在这个时期的课程中，"车辆工程专业导论"课程起到把学生引向接受专业教育，懂得当前学习和今后从事职业的联系，调动学习积极性和主动性的作用。

大学三年级是开始学习专业知识技能的阶段,也是应用、巩固所学基础知识和技术技能,树立学生专业技术意识,使学生对科学技术汇聚有浓厚的兴趣,并对自己未来的发展有朦胧意向的阶段。在这以后,学生个性特征的形成往往受到专业教育和教学因素的制约。

大学四年级是学生即将毕业,也是对未来职业逐渐形成明确目标的阶段。在这个阶段,每个学生的学习目标有所分流:一方面要按照自己的专业意向选修各类必修课和选修课;另一方面还要按照自己的发展意向选择毕业设计课题。学生经过这个阶段的培养,知识、能力和素质都会有一个较大的变化,而且出现了许多与前途、家庭和工作地点等实际问题有关的新的思考内容。

2. 第二层次学习过程——从一门课的开始到结束

在这个过程中,学生的认知水平要经历三个阶段,如图 5-1 所示。

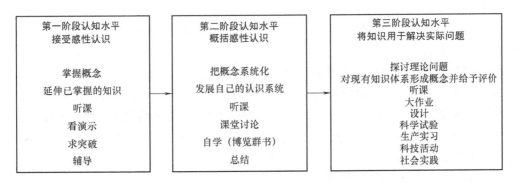

图 5-1 学生的认知水平要经历的三个阶段

只有充分掌握了大学学习过程中的每一个层次和环节,才能有效地规划自己的时间,明确自己的学习方向,"运筹帷幄之中",把学习真正地掌握在自己手中。

五、创造性学习

1. 创造性地听课与读书

听课与读书是每个学生日常学习的最基本形式,其中培养创新能力的机会比比皆是。

1)听课时不仅要掌握知识本身,还要思考获取知识的方法。

2)对教师的讲授和书上的内容,不仅采取求同思维,解决"为什么是这样"的问题,还要采取求异思维,提出"不这样行不行,还有没有更好的或其他的办法"这类问题;不仅训练收敛性思维——对教师的结论与书上的结论给予认同,还要训练发散性思维——这样的结论或结果有什么局限性?如果我来做,一定是这样的吗?

3)强化教学过程中的参与意识,课堂上积极思考,经常制造一些问号,通过课堂提问或课下之余来讨论这些问题。

4)养成在教材的书页上加评论与批注的读书习惯,力求在课堂上或书本里发现问题,提出问题。

2. 创造性地做作业

做作业不仅是帮助理解听课内容、巩固学习成果的重要步骤,而且是训练创新能力的好机会。创造性地做作业是指：

1）一题多解。不满足于能求得结果，而是追求不同的思路和方法来求出正确的结果，然后通过分析比较，找出最巧妙、最合理的解题方法。

2）对解题的过程和结果从不同的角度进行分析、推理，有时可派生出新的知识和体会。

3）对理论问题找原型，把书本上、课堂上的内容与工程中的实际问题联系对号，培养问题来源于实践，又回到实践中去的意识。

3. 创造性地做实验

对车辆工程专业的大学生来说，实验是教学的重要环节，也是培养创造性能力的重要渠道。创造性地做实验是指：

1）除完成一些验证性实验外，应格外重视做一些设计型、综合型的实验，而且尽可能独立完成，实现自我设计、自我操作、自我分析、自我总结。

2）在实验中养成细心观察、善于分析的好习惯。不满足于书本上所限定的结论，大胆地提出疑问和设想。

4. 在课程设计、毕业设计中力争有所创新

这些教学环节往往都是要求针对一个实际问题，提出方案，完成设计。学生对这类问题，要分析要求，查阅资料，确定方案，给出总体设计和每部分的设计，很多题目还要求实际制作，完成安装和调试，甚至形成产品。这一过程中的每一步，对学生的独立工作能力都有很大的锻炼。

5. 在各种课外活动中锻炼创新能力

课外活动形式多样，有的是学校、院系或学生社团组织的，有的是学生自发组织或自愿参加的。无论哪一类，都是培养创新能力的重要环节。例如：参加课外科技活动等各种竞赛活动，参加教师的科研、各种社会实践，写读书报告，写综述报告，写现场实习或调研报告，写科普论文或学术论文等。

第三节　车辆工程专业理论课程的学习方法

车辆工程专业的理论课程表现为各种学科课程，如：高等数学、物理学及工程制图等基础课；理论力学、材料力学、机械原理及机械设计等专业基础课；发动机原理、车辆构造、车辆设计及车辆理论等专业核心课；人机工程学、车辆电气与电子技术及车辆系统动力学等专业选修课。

车辆工程专业理论课的主要教学组织形式为课堂讲授。学习的目的是掌握本学科的基本规律、基本原理、基本概念和基本方法，了解本学科的前沿知识，具备继续通过自学和实践钻研本学科的能力。学习这些理论课的过程可以剖析为听（怎样听课）、记（怎样记笔记）、习（怎样预习、复习和练习）、问（怎样解决疑难）、查（怎样查阅参考文献）、用（怎样在实践课的教学环节和课外工程实践中应用）等几个方面。

一、听课技巧

听课是学生吸收知识最简捷的途径，听课作为学生学习活动最基本、最重要的形式，对学生来说至关重要，它关系到学习活动的优劣成败，关系到学生质量和素质的高低，关系到教师和学校教育教学行为的成败。因此，"听好课"是获得好的学习效果的最重要手段。

1）要听教师对于基本概念和基本原理的解析。概念是构成原理的细胞，原理是概念的推演成果，都是构成知识体系的基本成分，也是理解整个知识体系的基本支点，所以一般来讲基本概念和基本原理既是重点又是难点，有经验的教师在这里会重点解释和说明。如果学生听不懂某一门课，往往就是在基本概念和基本原理的理解和掌握上出了问题。

2）要听教师对于概念与概念之间、原理与原理之间、概念与原理之间关系的分析。理论的体系性、逻辑性就体现在知识点的联系上。这种分析在质上要求逻辑周延，不能随意放大或缩小概念和原理的含义，范畴上有严格的限制。

3）要听教师的分析方法。教学内容与教学方法密不可分，两者是形式与内容的关系。分析方法也就是老师理解问题的方法，也是学生可以参照的理解问题的方法，内容就包含在这些方法之中。

二、记笔记技巧

大学对学生自主学习的能力要求提高了，大学生在上课时不仅要抓住知识重点，而且要及时消化所学的内容，特别是对一些课外知识和各种讲座、报告，就更加要求学生要做好记录，记笔记就是一种行之有效的方法。

1. 记课堂笔记的作用

记课堂笔记的作用有：

1）使大学生在课堂上能够集中注意力听课，提高学习效率。

2）促进大学生在课堂上积极思考，增强听课效果。

3）记下教师的思路、见解和解决问题的经验，以及听教师讲的那些教科书上没有的内容，便于课后有线索复习，提高学习质量。

4）训练眼、耳、手、脑协同合作技能，这种技能将在听各种学术报告中起作用。

5）促使大学生勤于思考、善于总结。

2. 记课堂笔记的方法

记课堂笔记的详略程度和方法，要根据课程性质、讲授内容、教学方式和学生长期形成行之有效的习惯而定。通常，在笔记中应记那些上课时比较模糊且一时难以理解的问题，以及认为比较重要、课后需要强化的内容。对老师的讲课内容也要有选择性地记，否则时间全花在记笔记上，反而没有时间听课。大学生应该随时记下尚未明白或需深入钻研的问题，以及一些新想法、新思路，并向他人请教，理解之后变成自己的知识，整理成读书笔记，使大学笔记成为一种创新型和探索型的学习方法。

记课堂笔记主要记教师讲授的思路、重点、难点和主要结论。不同课程记课堂笔记的方式也不同，例如：

1）基础课和技术基础课教材比较成熟、详尽，系统性也好，学生在课堂上主要是听，笔记侧重于记下基本概念、基本规律、基本原理，以及基本方法的推论、应用和联系。

2）专业课一般知识面广、综合性强、内容更新快，笔记除记本学科理论和方法的推论、应用和联系外，还要记下更新的信息，注意记下与其他学科的联系。

3）外语课不仅要记好语法分析，还要多记词汇、词组、习惯用语、一词多义等。

但是，在大学里，还有很多同学不善于记笔记，他们记笔记只是在书上划道道，以标明老师所讲内容，他们认为，有现成的教材，并且教材的内容非常丰富，老师所讲内容大多不会超过教材，记笔记是多此一举；记笔记的也多是照搬照抄，对所记内容不求甚解，这些同学不是在受教育，只是在为考试及格而抄笔记。

俗话说"好记性不如烂笔头"，记笔记的重要性不言而喻。但是课堂笔记延续至今，是守旧，还是改革和创新，还需要大学生去共同品评。但不管怎样，不要仅为考试而记。

三、预习技巧

大学每门课程涉及内容多，信息量大，一节课可能讲二三十页教材，因此，必须进行课前预习。

1. 课前预习教材及相关参考文献有关章节的作用

课前预习教材及相关参考文献有关章节的作用如下：

1）有助于培养独立思考能力（预习时要独立思考哪些已知，哪些未知，哪些是重点和难点）。

2）有助于提高听课质量（能在听课时格外注意重点和难点，跟上教师的思路）。

3）有助于提高记课堂笔记水平（能克服"听、看、想、记"之间互相干扰的矛盾，也能使笔记更突出重点）。

4）有助于提高学习效率（预习时已学过的有关知识会在头脑中过一遍，加强新、旧知识的联系，也有助于记忆）。

2. 课前预习的基本方法

预习的基本方法是用"已知"比较鉴别"未知"，要在教科书上做一些符号，对新的概念和方法以及可能是重点和难点之处加以标明，以便在听课时引起自己注意。

3. 课前预习要点

课前预习要点如下：

1）要把预习纳入学习计划，有时间保证。

2）要从自己已有知识实际出发，进行比较鉴别。

3）要努力摸索一套适合于自己的预习方法。

4）要长期坚持下去，形成一种学习习惯。

四、复习技巧

1. 课后复习的作用

课后复习的作用如下：

1）巩固课堂听课时学到的知识。

2）将"已知"的知识和"新知"的知识联系起来，形成自己头脑中更为丰富的信息网络。

3)为做习题练习、实际应用,以及开展实验、大作业、设计等教学实践活动做理论准备。

4)反复地复习可以使某些知识形成头脑中的"常规",达到学习过程中的一次次飞跃。

2. 复习的特点

复习的特点:一是不受讲课节奏的约束,学生可以自己支配复习时间和复习的次数;二是没有定型的方式方法,可以通过温习"已知"掌握"新知",在新、旧对比中复习,可以通过提问、质疑和讨论的方式复习,可以通过综合、归纳和总结的方式复习,可以通过习题、实验和设计等应用环节复习,也可以通过阅读参考文献的方式复习。广义复习的环节和作用如图5-2所示。

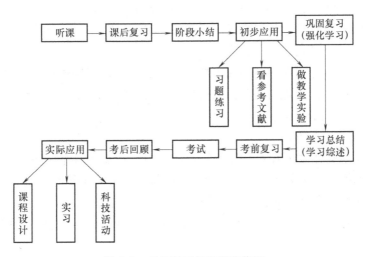

图5-2 广义复习的环节和作用

3. 复习的环节

复习的环节如下:

1)在习题练习中复习,通过练习运用所学知识并检查知识掌握程度。

2)在初步掌握课内知识基础上,有针对性地找课外参考文献阅读,加深对课内知识的理解并扩大知识面。

3)在练习和阅读参考文献后,再对一些重要的概念、原理进行复习、练习和应用,称为巩固复习或强化学习。

4)在巩固复习后进行学习总结或学习综述(针对某一章或某一阶段)。

4. 复习时应该注意的问题

复习时应该注意的问题如下:

1)正确对待复习和做习题练习的关系。应该在通过课后复习,掌握好基本概念、基本原理、基本方法后再做习题练习,而不要边做习题边复习。

2)正确处理主要教科书和参考文献的关系。复习时,应该以教师指定的主要教科书和课堂笔记为主,参考文献为辅。在复习中还应该分清"重点"和"一般"。对于重点问题,应该在复习中阅读一些参考文献以便加深理解,只有在确保掌握好重点知识的前提下,才能再去扩大知识面。

3）要及时复习、及时消化，不要等问题成堆后才复习，更不要考试前"临时抱佛脚"。

4）在复习过程中，要不断地自己提出问题、自己回答问题，"打破砂锅璺（音'问'，指器皿上的裂纹）到底"，不断地把概念引向深入，以便理解透彻。

5）要用自己的语言和文字，以自己习惯的格式进行学习小结、总结和综述，不要把总结变成抄书或抄笔记。

五、练习技巧

练习是指学生在教师指导下，依靠自己的控制和校正，反复地完成一定动作或活动，形成技能、技巧或行为习惯的一种学习方法。例如：外语课的语音和作文练习、体育课的技能技巧练习、工程制图课的绘图练习、计算机语言的编程应用练习、汽车构造课的拆装练习及汽车设计课的结构设计练习等。

思考题是为复习每个教学单元而提出的问题，大多数课程每章均配有思考题这个环节。学生应运用所学知识，反复地对一些假想的或实际的问题做出解答，达到理解和巩固所学知识、形成一定技能技巧的目的。

解答思考题要注意的方面有：

1）对所提问题既可独立思考，也可展开讨论，还可与教师共同探讨。

2）思考题的解答应该是在思考或讨论后自己认为正确的答案。

3）要用简明的文字或图形、表格，清晰地将解答表述下来。

4）受到思考题的启发，不断向自己提出更深入的思考题，寻找相关的参考文献，开辟新思路，追求新认识。

六、解决疑难问题的技巧

学生在学习过程中会遇到各种疑难问题（包括教科书中的和教师提出的思考题）。这时，只靠听教师讲授和自己勤奋学习是不够的，还要靠勤于提问。所谓学问，就是既要学，又要问。问谁呢？问自己、问教师、问同学、问书本。

1. 问自己

问自己就是指不断给自己提出问题，自己设法去解决问题。譬如：复习时不断给自己提出问题，为的是不仅要弄懂课堂上教师讲的和书上写的知识，还要激发自己深入钻研的动力，找到深入钻研的途径；做完每道习题后还给自己提出问题并进行自己所提问题的讨论，为的是把解答引向深入，扩大做题的效果。可见，只有步步给自己提出问题，才能深入地进行学习。

2. 问教师

问教师不仅是将疑难问题向教师求答，更重要的是主动争取机会将自己经过思索得到的不确切的答案和教师共同讨论，分析正确和错误。问教师不仅是单向求答的过程，也是一个师生进行双向思想交流的过程。

3. 问同学

问同学就是经常在同学之间展开对学习中遇到的共同疑难问题的讨论。由于同学们都是思想活跃的年轻人，对问题没有固有的认识陈规，又具有许多新的认识火花。他们又处在同一个理解水平线上，大家能够从不同的角度提出问题，又从不同的角度去分析问题和解决问题。同学之间的讨论能够敞开心扉、没有顾虑，甚至争得面红耳赤，更能够广开门路、集思广益，甚至讨论出新的认识、新的见解以至新的问题。

4. 问书本

问书本就是通过教科书和参考文献解决疑难问题。教科书对学生在学习阶段可能产生的问题是有解答的，只要将教科书的内容前后融会贯通，一般都能够找到答案。至于更深入一些的问题，则要通过阅读专门文献才能解决，而这些专门文献也在教科书的参考文献目录中列出。

七、查阅科技文献的技巧

科技文献是记录、存储和传递知识的载体，也是与某一学科相关的图书资料。利用和吸取前人或他人的知识就需要阅读和研究文献。科技文献主要有图书、期刊论文、学位论文和报刊等。

1. 查阅科技文献的目的

汽车工业是我国的支柱产业之一，其产业发展需要卓越工程师人才的推动，而科技文献的查阅及写作能力作为卓越工程师人才的一项基本素养，应该在大学阶段的专业课学习中，在教师的指导下加以培养。

课堂教学以基本概念、基本理论和基本方法的讲解为主，而对于车辆工程学科的一些最新研究成果基于课时安排及学生的知识储备，教师一般只是适当提及而不会详细阐述。那么，对于这些最新研究成果及理论的理解，就需要学生在课外复习时通过查阅国内外的相关科技文献资料来解决。众所周知，科技文献是记录科学研究、工程实践或经验的书面材料，是运用概念、判断、推理、证明或反驳等逻辑思维手段分析专业技术领域里的某些现象或问题，从而揭示出问题本质及规律的文献资料。

学生通过查阅科技文献，会养成碰到问题查找文献资料，积极思考问题的习惯，并且可以熟悉科技论文的表达思路、科学方法和思维方式，进而有意识地撰写科技小论文。培养大学生科技文献查阅与科技论文写作能力，既有助于激发大学生的创新意识和创新能力，使其掌握利用互联网、图书馆馆藏等工具获取知识和信息的方法，又有助于提高其分析问题的逻辑性和论文的写作功底；相反，学生如果没有养成查阅科技文献和写作的习惯，没有掌握科技论文写作的基本方法，毕业后一旦进入实质性的技术管理岗位，即便他积累了丰富的实践经验，也具有独到的工程体会，却不能用技术报告或论文的形式呈现出来，势必影响对其技术水平的认可，也可能会影响其个人的发展。

2. 查阅科技文献的方法

（1）要了解科技文献的查阅途径 利用学校图书馆购买的收费或者免费的数据库，可以进入检索界面，搜索自己想要查询的相关资料。各大学的校园电子图书馆一般购买了中文和英文数据库，以供师生查阅使用。其中，中文数据库主要有：中国知网（CNKI）、万方数据库、维普中文科技期刊数据库、读秀学术搜索、中国科技论文在线精品论文、方正Apabi数字图书馆、博硕士学位论文数据库、超星数字图书、超星视频资源、超星数字图书馆镜像站点、万德数据库（Wind）、书生电子图书、阳光影院、高校教学参考书全文数据库、中国高校人文社会科学文献中心、中国国家知识产权局专利检索、人大报刊复印资料全文数据库、E线图情、国务院发展研究中心信息网和中文社会科学引文索引等。英文数据库主要有：Web of Science、Elsevier Science Direct、Springerlink、Nature 全文在线、Wiley-Blackwell、Swets、Science Online、Springer 电子书、PNAS（美国科学院院报）、Western e-journals navigation（西文电子期刊导航）和 CABI 电子图书等。

（2）**确定科技文献的主题** 爱因斯坦曾经说过，"提出一个问题往往比解决一个问题更重要"，可见选题工作的重要性。选题就是确定查找什么主题的文献。这项工作，初期由教师布置题目，让学生去查找与主题相关的文献，中后期则由学生根据自身所需进行选取。

（3）**选取科技文献期刊** 选取科技文献期刊时应该选取世界一流的学术刊物。"一流学术刊物"的评判标准是权威性强、读者群大、被引用率高。一流学术刊物主要以科技前沿和热点问题为研究对象，论文具有很高的鉴赏价值。

（4）**掌握科技文献的阅读方式** 科技文献的阅读一般分泛读与精读。泛读，是指快速阅读所有检索到的、和本课题或问题相关的文献，从而大体上了解与主题相关文献的基本概况，普遍的实验和理论方法、结论等。精读则是在大量泛读之后，经过不断筛选，认真阅读与当前问题最为相关的那部分文献，从而汲取文献中最有营养价值的内容。

（5）**把握科技文献的阅读过程** 在拿到一篇论文后，首先，要用辩证的思想去读懂文章的引言和作者的思路；然后，要明确作者想要论证的问题，并判断该问题与你需要查阅的信息是否相关，是否是最新的研究成果等；再者，要从作者的研究思路中体会到科学的工作方法和思维方式；最后，要有意识地记住论文的结论。

八、怎样正确地对待考试

在当前高校课程教学过程中，一般采取三种考试方式：闭卷考试、开卷考试和课外论文，一般在学期内完成。其中，闭卷考试占大多数，一般都在必修课程中实行，开卷考试和课外论文形式的考试，则常在选修课中实行。

1. 考试的作用

考试周数占学生在校学习总周数的 7%~8%，考试成绩不但决定着学生的学籍，而且是用人单位挑选毕业生时的重要依据。但是，考试的全部意义并不仅是这些，它的重要性还在于：

1）学生可以通过考试认真、全面地复习所学知识，并从中获得矫正的反馈信息以调整自己的学习。因而，可以认为，考试往往会成为促进学生学习动力和提高学习质量的手段。

2）教师可以通过考试发现自己教学上的成败，以便研究、改进教学。

3）学校可以通过考试了解教学情况，从中看出应该采取哪些改革措施，同时还可以通过考试选拔优秀人才，决定因材施教。

考试是学生对考查和考试的习惯统称。考查常用的方法有口头提问（质疑）、检查书面作业、书面测验、实践性作业评定等。考查一般要求及时评定，指出优、缺点，作为反映学生平时学业成绩的重要组成部分，它将作为学生成绩的一部分记入总评成绩。考试则是阶段性检查学生学业成绩的手段,包括期中考试、学期考试和学年考试等,它的方式有笔试(闭卷或开卷)和口试两种。考试要量化地给出衡量学生达到教学目的的程度,即分数。学生考试所得的分数和考查所得的成绩按一定比例关系换算得到总评的学习成绩。

2. 正确对待考试的态度

正确对待考试的态度应是:

1)在平时学习中,要了解本课程的教学目标,并按此教学目标做好平时的学习。这是考出好成绩的根本战略保证。

2)认清考试对学生来说的根本目的是促进复习,提高学习质量。所以,学生应充分利用考前复习时机全面地进行复习,彻底地解决平时积累的疑难问题,对本课程的基本概念、基本原理、基本方法有透彻的理解。这是考出好成绩的理论保证。

3)将考试当作自己平时学习的一次总结性检验,相信平时学好了必然也会考得好,即使平时学得不好,只要考前认真复习,不留死角,不存在侥幸过关的思想,也能考好。这是考出好成绩的心理保证。

4)重视考试过程中的方法和技巧。例如:思想既要处于高度集中状态,又要始终保持清醒的头脑;勿急勿躁,不慌不乱,有条有理,简明扼要;认真对待每个考题的细节,重视每一个结论、每一个数据的核对;先易后难,由近及远等。这是考出好成绩的战术保证。

第四节 车辆工程专业实践课程的学习方法

实践课程是大学教学改革的根基,实践教学是高等教育今后将要发展的方向,尤其对工科专业。例如:在车辆工程专业中,发动机构造及拆装和底盘构造及拆装等一系列的课程都需要以实践教学作为依托,否则就会"空而不实"。所以,高校学生对实践课程的学习需要有更深的了解和认识。

实践课表现为各种活动课程,如物理实验、电工电子实验、车辆构造实验、车辆性能实验、课程设计、毕业设计、驾驶实习、认识实习和生产实习等。

一、实践课的特点

实践课的主要教学组织形式是学生参与实验、设计和实际生产过程等各种活动。学习的目标是掌握各种实际的知识和技能,培养各种解决实际问题的能力,获得学习和思想上的收获。

由于实践课是学生通过亲自参与教学活动得到收获的,所以能否有意识地依据自己的期望来主动安排自己的学习,向自己提出学习要求,将对能否学好实践课产生重大的影响。

1. 在知识、技能、能力方面

在知识、技能、能力方面,学生应:

1)获得应用所学理论解决实验、设计以及在实习中遇到的实际问题的能力,并且在应用中巩固所学的理论。

2)学会在实践中应用所需要的实验技能、运算技能、上机(计算机)技能、制图技能、操作技能和写作技能等。

3）在实践应用中扩展工程技术知识和经济知识，开拓思路，开阔眼界。

4）在实践应用中锻炼创新思维，培养初步的创新能力。

5）如果实践课为一种集体的教学活动，则可以在集体活动中学会处理人际关系（与教师、同学、实验技术人员、工程技术人员和工人等之间的关系）。

2. 在情感和学风方面

在情感和学风方面，学生应加深对本专业的事业感、责任感和职业道德感，养成勤奋、严谨、求实、创新的学风。

3. 在意识和意志方面

在意识和意志方面，学生应培养完成实际任务应具备的意识，包括实践意识、质量意识、协作意识以及竞争和创新意识；培养不怕困难、坚定地完成任务的意志。

二、实践课的体系

实践教学是理论教学的延续和深化，是传统实践教学的一个重要环节，贯穿于车辆工程专业大学四年教学的始终。本科教学水平评估体系将实验分为演示性实验、验证性实验、综合性实验、设计性实验和创新性实验，以提高学生动手能力，培养创造能力和综合素质。学生通过足够的实验，采取循序渐进的培养方法，逐步加深理解和掌握所学的理论知识和应用技术，将理论与实践很好地结合起来。

车辆工程专业实践教学体系通常分为三个层次：基础实践层、综合应用层和科技创新层，如图5-3所示。

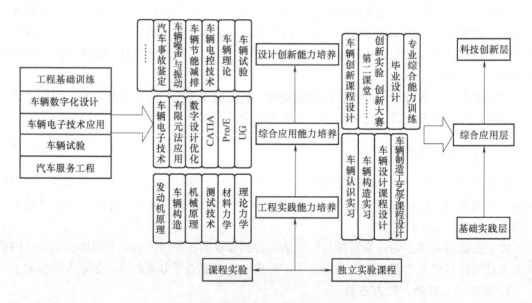

图5-3　车辆工程专业实践教学体系

1. 基础实践层

基于传统车辆工程的基础课程，开设演示性实验和验证性实验，重点在理论教学与实践教学相结合，达到知识的运用、理解和深化的目的。以车辆认识实习、车辆构造实习和车辆设计课程实习等综合训练为主，重点提高学生的工程能力，使学生直观地认识车辆各总成的组成，并分析其作用，增强学生对所学专业知识的兴趣，启发学生的思考。初步掌握汽车零部件的安装、调试和测试等方面的基本技能。

2. 综合应用层

以课程设计课题实验和毕业设计（论文）课题实验为主，通过教师拟定或学生自己设计的课题实验开展综合性、设计性的实验研究，进而完成设计任务，提高学生的综合能力和汽车设计水平，加深对专业知识的认识和理解，增强团队精神。

3. 科技创新层

当前的国际竞争往往体现在具有科技创新竞争力和高素质的人才竞争上，作为承担培养具有科技创新能力和高素质人才的高等院校，在培养大学生科技创新能力上进行改革就显得尤为重要。

对于高年级的学生或学有余力的学生，开设创新实验教学班，围绕新能源、先进材料、轻量化制造、车身造型与设计等先进的研究方向，设置相关课题。学生自由组合，以小组为单位设计实验课题，开展综合性、设计性的实验研究，进而完成设计任务，从而提高学生的综合能力。鼓励学生参加教师的科研课题研究，吸纳学生参与合作企业的科技攻关项目，接触实际应用，提高创新能力，并为学生创造机会参加校内外的各种科技大赛，促进学生实践能力的提高，为培养个性化人才创造条件。

三、实践课的学习方法

为了更好地通过实践课增强学生的操作能力，学生要参考表5-3在实践课前、课初、课间和课后各个方面下功夫。

表5-3 实践课活动内容及要求

	学习要求	实 验 课	设 计 课	实 习 课	课外科技活动
	复习已学理论	基本概念、基本原理、基本方法、主要构造			
实践课前	弄清实践目的	实验目的（验证、观察、研究……）	设计目标和设计阶段（方案设计、技术设计、施工图设计……）	实习目的（认识、操作、岗位训练……）	课题内涵及其目标
	搜集信息资料	以往的实验报告 与本实验有关的资料 与本实验有关的仪器设备	社会需求 自然及环境条件 材料、技术、制造条件 经济、市场条件 以往的设计资料	以往的实习报告 操作规程 岗位职责 现场生产的一般情况	阅读有关文献 参阅相近的研究报告 材料、设备、资金情况
实践课初	自拟方案计划	实验方案、计划、仪器设备	设计方案、计划	个人实习计划	科技活动方案、计划

(续)

学习要求		实验课	设计课	实习课	课外科技活动
实践课间	完成技能训练	熟悉仪器设备 掌握实验技能（安装、测试、记录、校正……）	查阅技术标准 掌握设计技能（运算、上机、校核、绘图……）	操作技能 处理技术问题	调查研究、实验、统计分析等
	勤观察多思索	观察实验现象，了解事物本质	从综合比较分析中寻找最佳方案	观察思考生产过程中的技术和管理问题	科学技术事实及其概括 直觉、灵感与科学发现
	锻炼创新能力	创新的思想意识、创新的认知风格、创新的处置方法、创新的工作态度			
	解决实际问题	描述实验现象 统计分析实验数据 得到实验结论	按照设计目标完成设计任务 满足各项设计指标	记录实际生产过程 解决若干生产中遇到的实际问题	完成课题
实践课后	做好文字总结	实验报告	设计说明书 计算书	实习报告	科技小论文

1. 实践课前的学习

实践课前要复习好有关的理论知识。例如，要掌握：

1）要应用的有关基本概念。
2）要验证的有关基本原理。
3）要使用的有关计算公式及其使用条件。
4）要遵照的有关构造做法。

最好自己能写一个学习小结，或列一些表格，以便在实践课中应用。

此外，实践课前还要弄清本课程要解决的主要问题，并据此查阅和收集尽可能多的信息。例如：实验课前要弄清实验的目的是检验某些理论，还是验证一些假说；是观察、描述某些现象，还是探索、研究新的设想。并据此收集该理论、假说或现象的有关资料，以及关于将要使用的仪器设备和数据处理、误差理论等方面的信息。

设计课前要弄清是方案性设计、技术性设计还是加工工艺设计，还要弄清设计的目标、社会的需求，并据此收集设计项目所处的自然环境条件、设计可供选择的材料条件、可供利用的技术条件，以及资金条件、市场供需条件等。

实习前要弄清是认识性、操作性还是生产岗位性实习，并据此收集以往学生的实习报告，看一些操作规程，了解生产岗位的职责等。

2. 实践课初期的学习

实践课初期，学生宜根据课程的教学目的，在教师或工程技术人员的指导下编制出自己的实践训练方案和具体的实施计划，例如：

实验前，如有可能，宜制订自己的实验方案和实施计划（包括选用仪器设备），而不宜完全按照教师提出的实验做法，仅不动脑筋地做一些在实验结果表格中填写数据的工作。

第五章 车辆工程专业的学习方法

设计前，如有可能，宜做自己经过思索和比较后确定的设计方案，而不宜完全按照教师提出的设计方案，仅做一次计算和构造练习。

3. 实践课过程中的学习

1）在实践课过程中，学生要独立地完成各项技能训练工作，例如：

① 在实验过程中，要独立地掌握仪器设备的性能和使用方法，独立地观察和描述实验现象。

② 在设计过程中，要独立地完成运算、计算机操作、校核、绘图等设计全过程，学会独立地使用技术资料。

③ 在实习过程中，要独立地操作、做技术记录、处理技术问题、参与技术管理等。

2）在实践课过程中，学生要善于利用实践这个课堂勤观察、多思考，学到实际的知识和能力，例如：

① 在实验过程中，要善于从各种现象和事物的观察中，了解它们的实质。

② 在设计过程中，要善于从各种设计方案的比较分析中，做出最佳的选择。

③ 在实习过程中，要善于通过错综复杂的实际生产过程，抓住时机，掌握生产的脉络，从中学会解决技术问题和组织管理问题的方法。

3）在实践课过程中，一旦遇到新的情况和新的问题，学生既要勇于提出自己的见解，敢于"标新立异"不墨守成规，又要不固执己见，吸收经过实践证明正确的观点。这种创新能力是通过下列锻炼形成的：

① 在思想意识上，有渴求创新的愿望、坚定的信念和发散型的多向思维。

② 在认知风格上，提倡打破感觉和思维定式（如随时放弃不成功的方法而转向新的措施）、保持思路灵活（如不受已有认识的束缚）以及运用"广泛"范畴思考问题（如在看来无关系的事物之间发现新的联系）。

③ 在运用创造方法上，学会在失败时尝试反直觉措施、变熟悉的东西为陌生的东西、通过分析类比提出假说进行检验以及对知识和问题进行重新组合等。

④ 在工作风格上，要长时间地集中注意力，善于对失败或棘手问题"暂时遗忘"，在困难面前能坚持到底、保持旺盛的精力等。

4）在实践课过程中，除了勤观察、会创新思维以外，还要把这种观察和思维落到实处，例如：

① 在实验过程中，要学会对实验数据进行科学的处理和分析，发现规律，做出合乎逻辑推理的结论。

② 在设计过程中，要认真对待每一种设计方案、每一个计算参数、每一项运算结果、每一处构造做法；对方案要进行综合的比较，对数据要进行严格的校核，对构造做法要处理好各种细节。

③ 在实习过程中，要注意生产中出现的各种问题，随时记录，经常加以研究和分析；有时还要就某个专门问题搜索实际资料，确定处理措施。

4. 实践课后的学习

实践课后期，学生要重视各种文字报告或文字总结，如：实验报告、设计说明书、计算书、实习报告、科技论文和调查报告等。写好这些文字报告或文字总结的意义在于：

1）它是学生参加教学实践活动的记录或总结，能全面地反映学生的实际学业水平。

2）它也是记录实践教学过程的文件，同时记录了有关实际的科学、技术和生产问题，具有保存和传播的价值。

3）它能够帮助学生整理思路、强化学习收获、加强立意和思维训练、提高写作技巧。

4）具有一定学术水平的报告或论文，还可能刊载在报纸或杂志上，成为社会所有的财富。

在写文字报告或总结时，宜个人写而不宜集体写；宜在对实践课的学习进行全面总结以后成文，而不宜不进行全面总结就匆忙成文；宜有自己的独立见解，而不宜只是记录的堆积；宜写成有学术价值的科技资料或文献，而不宜只是学习过程的叙述。

在各种文字总结中还应包括思想总结，如：对科学实践或工程实践的理解；对实践中遇到的信息问题、协作问题、社会需求问题、市场经济问题、人际关系问题和科学技术的地位问题等的认识；对专业事业的认识和情感等。

第五节 车辆工程专业的课外科技活动

车辆工程专业的学生除了完成本专业培养计划所规定的课程与学分之外，还可以参加各种课外科技活动，与车辆工程专业相关的主要科技活动有：中国大学生方程式汽车大赛、Honda 中国节能竞技大赛、全国大学生"飞思卡尔"杯智能汽车竞赛、全国大学生节能减排社会实践与科技比赛等。

一、中国大学生方程式汽车大赛

1. 比赛简介

中国大学生方程式汽车大赛（Formula Student China，FSC）由中国汽车工程学会主办，是一项由高等院校汽车工程或汽车相关专业在校学生组队参加的汽车设计与制造比赛。各参赛车队按照赛事规则和赛车制造标准，在一年的时间内自行设计和制造出一辆在加速、制动和操控性等方面具有优异表现的小型单人座休闲赛车，能够成功地完成全部或部分赛事环节的比赛。

为了给予参赛车队最大的设计灵活性和自由度来表达他们的创造力和想象力，对赛车的整体设计只有很少的限制。参赛队所面临的挑战在于要制作出一辆能够顺利完成规则中所提及的所有项目的赛车（图 5-4）。比赛本身给了参赛车队一个同来自各地不同大学的车队同场竞技的机会，以展示和证明他们的创造力和工程技术水平。

图 5-4 中国大学生方程式汽车大赛的赛车

第五章 车辆工程专业的学习方法

2010～2020年中国大学生方程式汽车大赛基本信息见表5-4。

表5-4 2010～2020年中国大学生方程式汽车大赛基本信息

比赛年份	地点	参赛队伍	前三名车队
2010年（首届）	上海国际赛车场	油车：20支	北京理工大学、华南理工大学、西华大学
2011年（第二届）	上海国际赛车场	油车：33支	北京理工大学、慕尼黑工业大学、厦门理工学院
2012年（第三届）	上海国际赛车场	油车：39支；电车：2支（并入油车组）	湖北汽车工业学院、同济大学、广西工学院鹿山学院
2013年（第四届）	襄阳梦想赛场	油车：50支	厦门理工学院、哈尔滨工业大学（威海）、湖南大学
		电车：10支（首届）	斯图加特大学、合肥工业大学、广西科技大学鹿山学院
2014年（第五届）	襄阳梦想赛场	油车：60支	湖南大学、北京理工大学、厦门理工学院
		电车：19支	斯图加特大学、北京理工大学、广西科技大学鹿山学院
2015年（第六届）	襄阳梦想赛场	油车：67支	湖北汽车工业学院、厦门理工学院、湖南大学
	上海国际赛车场	电车：28支	广西科技大学鹿山学院、哈尔滨工业大学（威海）、北京理工大学
2016年（第七届）	襄阳梦想赛场	油车：79支	同济大学、湖南大学、湖北汽车工业学院
	上海国际赛车场	电车：32支	卡尔斯鲁厄理工学院、哈尔滨工业大学（威海）、辽宁工业大学
2017年（第八届）	襄阳梦想赛场	油车：78支	湖南大学、河南科技大学、湖北汽车工业学院
		电车：43支	湖北汽车工业学院、广东工业大学、中南大学
		无人驾驶车：7支（首届）	北京理工大学、哈尔滨工业大学（威海）、吉林大学
2018年（第九届）	襄阳梦想赛场	油车：66支	吉林大学、广西科技大学、湖北汽车工业学院
	珠海国际航展中心	电车：48支	广西科技大学鹿山学院、辽宁工业大学、哈尔滨工业大学（威海）
		无人驾驶车：9支	北京理工大学、哈尔滨工业大学（威海）、辽宁工业大学
2019年（第十届）	襄阳梦想赛场	油车：59支	同济大学、湖北汽车工业学院、广西科技大学鹿山学院
	珠海国际航展中心	电车：54支	湖南大学、厦门理工学院、辽宁工业大学
		无人驾驶车：14支	辽宁工业大学、北京理工大学、哈尔滨工业大学（威海）
2020年（第十一届）	襄阳梦想赛场	油车：47支	吉林大学、柳州工学院、同济大学
		电车：39支	同济大学、广西科技大学、华南理工大学
		无人驾驶车：13支	北京理工大学、哈尔滨工业大学（威海）、辽宁工业大学

2. 赛车设计要求

为了达到赛事宗旨，假定参赛车队是为一家设计公司设计、制造、测试并展示一辆目标市场为业余周末休闲赛车的原型车。

赛车必须在加速、制动和操控性方面具有非常优异的表现,同时又必须具有足够的耐久性以能够顺利完成规则中提及的比赛现场要进行的所有项目。

赛车必须适合第5百分位的女性和第95百分位的男性车手驾驶,同时要满足中国大学生方程式汽车大赛规则中的要求。

其他附加的设计因素也需要予以考虑:美学、成本、人体工程学、可维护性、工艺性和可靠性。

对于车队来说,其挑战在于开发一辆能最大限度地满足FSC赛车的设计目标且具有市场前景的样品车。

每辆赛车的设计都将与其他的赛车进行对比和评价,以评定出最优秀的设计。

3. 比赛主要项目

参赛车辆需在8个静态项目和动态项目中进行测评,总分1000分,见表5-5。

表5-5 中国大学生方程式汽车大赛的项目与分值(油车组)

测试项目		分 值
静态项目	营销报告	75
	赛车设计	150
	制造成本分析	100
动态项目	直线加速测试	75
	8字绕环测试	50
	高速避障测试	150
	耐久测试	300
	燃油经济性测试	100
总 分		1000

(1)**静态项目** 静态项目包括营销报告、赛车设计和制造成本分析三个项目,共325分。设置营销报告项目的目的是评估车队建立和展示综合商业项目的能力。设置赛车设计项目的目的在于评估各队在设计赛车时在工程层面做出的努力,以及其工程设计是否符合市场需求。设置制造成本分析项目的目的是让参赛者们了解成本和预算,获得制作和更新物料清单的经验,学习和了解制造和装配设计、精益生产和最小约束设计的原理。

(2)**动态项目** 动态项目包括直线加速测试、8字绕环测试、高速避障测试、耐久测试和燃油经济性测试五个项目,共675分。

1)直线加速测试。该项测试的目的是评价赛车的平地直线(75m)加速能力。

2)8字绕环测试。该项测试的目的是衡量赛车在平地上做定半径转向时的转向能力。

3)高速避障测试。该项测试的目的是评价赛车在没有其他赛车的紧凑赛道上的机动性和操纵性。高速避障测试赛道综合了加速、制动和转向等多种测试性能的特点。平均速度应在40~48km/h。

4)耐久测试。该项测试的目的是评价赛车的总体表现,并且测试赛车的耐久性和可靠性。平均车速应当在48~57km/h,最高车速约为105km/h。赛道总长约22km。

5)燃油经济性测试。该项测试的目的是测量赛车的燃油量,与耐久测试相结合在同一场比赛中计算得到的。

二、Honda 中国节能竞技大赛

1. 比赛简介

节能竞技大赛是搭载 Honda 低油耗摩托车的 4 冲程发动机,通过动手制作挑战节能极限的竞技赛事。通过自我创意,设计出世界上独一无二的节能竞技赛车(图5-5),以参与角逐,不仅可以感受到"创造"与"交流"的乐趣,同时还可以体会到"低油耗就是环保"。

Honda 中国节能竞技大赛每年举办一届,自 2007 年首次在上海国际赛车场举办以来,至 2019 年已举办了 13 届。Honda 中国节能竞技大赛设有燃油车和电动车两个级别,每年大约有 15 支车队参赛。

图 5-5 节能竞技赛车

2. 比赛级别设置

Honda 中国节能竞技大赛设置了三个级别,即市售车级别、燃油节能车级别和 EV 车级别,见表 5-6。

表 5-6 Honda 节能竞技大赛级别设置

分组		参赛者	竞技车辆
市售车级别		适合入门级别选手参赛	采用搭载 Honda 四冲程 100~110mL、125mL、150mL 发动机的市场销售摩托车
			允许前、后挡泥板及载物架、挡风板、车速里程表软轴可以拆装
燃油节能车级别	学生组别	为大学、职专、初高等在校学生设置的组别,车队领队可由教师兼任,车队其他成员必须由在籍学生组成	以 Honda 四冲程弯梁车的 125mL 化油器发动机为基础,可以自由改造三轮以上,符合安全方面的规定
	本田关联企业组别	本田在华关联企业的参赛组别	
	普通组别	为普通参赛者设置的级别。可以和家人、朋友、同事一起参加	
EV 车级别(公开组别)		任何个人或者组织,以及各大专院校、本田在华企业均可报名参加	使用大赛指定电池并且将该电池作为车辆行驶的唯一动力源的原创车辆

三、全国大学生"飞思卡尔"杯智能汽车竞赛

1. 比赛简介

全国大学生"飞思卡尔"杯智能汽车竞赛是由教育部高等学校自动化专业教学指导分委员会(以下简称自动化分教指委)主办、飞思卡尔半导体公司协办的全国大学生智能汽车竞赛。采用邀请赛方式。

该竞赛是以智能汽车为研究对象的创意性科技竞赛,是面向全国大学生的一种具有探索性工程实践活动,是教育部倡导的大学生科技竞赛之一。该竞赛以"立足培养,重在参与,

鼓励探索，追求卓越"为指导思想，旨在促进高等学校素质教育，培养大学生的综合知识运用能力、基本工程实践能力和创新意识，激发大学生从事科学研究与探索的兴趣和潜能，倡导理论联系实际、求真务实的学风和团队协作的人文精神，为优秀人才的脱颖而出创造条件。

第一届于 2006 年 8 月 19～20 日在清华大学举办，每年一届，至 2019 年已进行 14 届比赛。目前已发展成全国 30 个省市自治区近 300 所高校广泛参与的全国大学生智能汽车竞赛。该竞赛首批纳入"中国高校创新人才培养暨学科竞赛评估"（A 榜）。

全国大学生智能汽车竞赛一般在每年的 10 月份公布次年竞赛的题目和组织方式，并开始接受报名，次年的 3 月份进行相关技术培训，7 月份进行分赛区竞赛，8 月份进行全国总决赛。

2. 比赛内容

竞赛分竞速赛、创意赛和技术方案赛三类比赛。

（1）竞速赛

1）竞速赛是在规定的模型汽车平台上，使用飞思卡尔半导体公司的 8 位、16 位、32 位微控制器作为核心控制模块，通过增加道路传感器、电动机驱动电路以及编写相应软件，制作一部能够自主识别道路或者目标的模型汽车（图 5-6），按照规定路线或者任务行进，以完成时间最短者为优胜。

2）竞速赛设基础类、提高类两个类别共六个赛题组，基础类设光电组、摄像头组、电磁直立组、电轨组四个组别，提高组设双车追逐组和信标越野组。

3）参加分赛区比赛的每个学校最多可以有六支队伍报名参赛，同一学校在每组比赛中不超过两支参赛队。

4）参加安徽省、山东省、浙江省三个省赛区比赛的学校按照省赛比赛规则报名参赛。

5）经过分（省）赛区的比赛选拔，每个学校每个组别只能有一支队伍参加全国总决赛。

（2）创意赛

1）创意赛在统一比赛平台上，参赛队伍充分发挥想象力，以特定任务为创意目标，完成研制作品，入围全国总决赛的作品进行现场比赛，根据评判标准衡量作品性能，提高评判的客观性。

图 5-6 智能汽车竞赛的赛车

2）创意赛的主题是电轨节能，参赛队直接向全国总决赛组委会报名，经过组委会遴选之后参加全国总决赛的比赛。

3）创意组的队伍除了可以选择竞速赛中的 A、B、C、D、E 车模之外，还可以自行设计制作参赛车模机械结构，以更好地达到比赛的目标。

（3）技术方案赛 技术方案赛是为提高参赛队员创新能力、鼓励相互学习交流而由第八届竞赛引入，入围全国总决赛竞速赛的队伍可以提交技术方案，经专家评选后参加总决赛并以现场方案交流展示、专家答辩及现场参赛队员的投票综合评出技术方案获奖队伍。

四、全国大学生节能减排社会实践与科技比赛

1. 比赛简介

全国大学生节能减排社会实践与科技竞赛是由教育部高等教育司主办、唯一由高等教育司办公室主抓的全国大学生学科竞赛。该竞赛充分体现了"节能减排、绿色能源"的主题,紧密围绕国家能源与环境政策,紧密结合国家重大需求,在教育部的直接领导和广大高校的积极协作下,起点高、规模大、精品多、覆盖面广,是一项具有导向性、示范性和群众性的全国大学生竞赛,得到了各省教育厅、各高校的高度重视。

比赛的目的是:通过竞赛进一步加强节能减排重要意义的宣传,增强大学生节能环保意识、科技创新意识和团队协作精神,扩大大学生科学视野,提高大学生创新设计能力、工程实践能力和社会调查能力。

节能减排竞赛每年举办一次,原则上申报时间为1月份,竞赛时间为8月份。至2020年,已连续举办了13届。第1届于2008年在浙江大学举行,第12届竞赛于2019年在华北理工大学举行,第13届竞赛于2020年在重庆大学举行。

2. 比赛内容

比赛内容以"节能减排"为主题,体现新思维、新思想的实物制作(含模型)、软件、设计和社会实践调研报告等作品。

3. 比赛规则

(1) **参赛对象** 全日制非成人教育的本科生、研究生(不含在职研究生)。参赛者必须以小组形式参赛,每组不得超过7人,需聘请指导老师1名。

(2) **参赛单位** 以学生自由组合的小组为单位。

(3) **作品申报** 参赛作品必须是比赛当年完成的作品。参赛学生必须在规定时间内完成设计,准时上交作品,未按时上交者做自动放弃处理。

(4) **作品评审** 专家委员会根据作品的科学性、可行性、创新性和经济性等指标对作品进行初审、专家会审、终审,并提出获奖名单。奖项通常设置特等奖、一等奖、二等奖和三等奖。

五、中国汽车工程学会巴哈大赛

中国汽车工程学会巴哈大赛(Baja SAE China,简称BSC大赛)是由中国汽车工程学会主办,在各院校间开展的汽车设计和制作竞赛。各参赛车队按照赛事规则和赛车制造标准,在规定时间内,使用同一型号发动机,设计制造一辆单座、发动机中置、后驱的小型越野车。此项赛事起源于美国,是大学生方程式汽车大赛的前身。

1. 比赛目标

激发参赛学生的学习兴趣,促进其主动学习并深入掌握汽车结构设计、制造、装配、调校维修、市场营销等多方面的专业知识和技能,并提高其团队合作能力。通过同场竞技,促进职业院校和本科院校汽车专业的改革发展,提升专业内涵,为汽车产业输送更多复合型人才。

2. 赛车设计主旨

为了达到赛事目标,假定参赛车队是一家设计公司,设计、制造、测试并展示一辆目标

市场为业余赛车的原型车（图 5-7）。

图 5-7 巴哈大赛的赛车

每个参赛车队均要设计并制造一辆单座、全地形、运动汽车。该车辆应当在速度、操控、驾驶体验以及在崎岖地形和越野条件下的耐用性方面追求市场领先地位，并且能够经受住天气考验。参赛车辆的设计和制造应符合汽车工程实践要求。

3. 比赛内容

比赛内容包括静态项目测试和动态项目测试。静态项目包括赛车设计项目、成本与制造分析、商业营销演讲等。动态项目包括直线加速测试、爬坡或牵引测试、操控性测试、专项赛事、耐力测试等。各项目的分值见表 5-7。

表 5-7 中国汽车工程学会巴哈大赛的比赛项目及分值

比赛项目		分值		
		BSC	第一站	第二站
静态项目测试	赛车设计项目	150	150	150
	成本与制造分析	100	—	—
	商业营销演讲	50	—	—
动态项目测试	直线加速测试	75	75	75
	爬坡或牵引测试	75	75	75
	操控性测试	75	75	75
	专项赛事	75		
	耐力测试	400	400	400
合计		1000	775	775

注：BSC 年终积分为该年度所有分站赛积分之和，并用来确认各参赛车队的年终排名。

BSC 大赛是一种全新的技术教育和工程实践过程，给参赛学生带来新的挑战。

巴哈大赛每年举办一次，首届于 2015 年 8 月在山东省潍坊市举办，2019 年的第 5 届大赛由襄阳站、长白山站两站赛事组成，2020 年因疫情停赛。

六、中国汽车造型设计大赛

1. 比赛简介

中国汽车造型设计大赛由中国汽车工程学会举办，大赛围绕汽车设计领域开展丰富多彩的系列评选和论坛活动。大赛的战略目标是："依托产业、带动教育、接轨世界"，为实现汽车强国梦而努力。一是以大赛为平台，全面整合"产、学、研"的优势资源，在专业院校中发现、培养和输送优秀设计人才，服务于教育体系的建设；二是在社会层面通过评选设计师，发现、培养顶级大师，服务于产业进步；三是通过比赛、评选、科普、教育、论坛、出版、培训、认证为一体的综合活动，更好地传播现代工业文化，服务于文化大繁荣与大发展。

中国汽车造型设计大赛每两年举办一次，至2018年，已连续举办了7届。

2. 比赛方案

根据大赛的主题，对各车企提供的车型进行汽车造型设计，提交相关作品。经过初赛、复赛，最后进行总决赛答辩。

2018年第7届大赛的主题为"道·非常道"，用中国文化设计中国汽车，用中华民族传统文化"道"的思维去思考"人车合一"的感受，力争在汽车设计创新上有更大的突破。

3. 奖项设置

大赛设置了最佳外观设计奖、最佳内饰设计奖、最佳奢华概念奖、最佳生态解决方案奖、最佳照明设计奖、最佳数字化造型奖、最佳出行解决方案奖、最佳用户界面设计奖、最佳材料使用奖、最具中国社会需求设计奖、最佳艺术视觉奖、最佳个性化产品奖等奖项。

本章相关的主要网站

1. 中国大学生方程式汽车大赛　　http://www.formulastudent.com.cn/
2. 全国大学生节能减排社会实践与科技比赛　　http://www.jienengjianpai.org/
3. 中国汽车工程学会巴哈大赛　　http://www.bajasaechina.com/

思 考 题

1. 我国普通高等学校教育与中等学校教育的主要区别有哪些？
2. 我国大学的主要教学方式有哪些？
3. 如何配合车辆工程专业的教学过程，创造性地学好车辆工程专业理论课？
4. 作为21世纪的大学生，如何树立正确的学习观？
5. 怎样"听好课"？
6. 如何查阅科技文献？
7. 车辆工程专业有哪些实践课？如何学习？
8. 适于车辆工程专业的全国性大学生科技比赛有哪些？为何要参加课外科技活动？

第六章 车辆工程专业的升学与就业

在大学毕业之际，站在人生的又一个十字路口，选择考研、留学还是就业，是摆在每位大学生面前的难题，一直困扰着当代大学生。一方面想早一步进入社会，为家里分忧解愁；另一方面又对招聘单位的高学历、高技能要求望而却步，不甘心目前的定位。为此，本章主要分析车辆工程专业的考研、就业与出国留学情况。

第一节 车辆工程专业的考研

一、国内考研概况

1. 历年考研情况

根据中国教育在线考研频道（http://kaoyan.eol.cn/）的数据，我国近年来的硕士研究生考研报考人数与录取比例统计见表6-1。

表6-1 我国近年来的硕士研究生考研报考人数与录取比例统计

年 份	高校毕业人数/万人	报名数/万人	报名增长率（%）	录取数/万人	报录比例
2020 年	874	341.0	17.6	111.4	3.1∶1
2019 年	834	290.0	21.8	76.3	3.8∶1
2018 年	820	238.0	18.4	76.2	3.1∶1
2017 年	795	201.0	13.6	72.2	2.8∶1
2016 年	770	177.0	7.3	59.0	3.0∶1
2015 年	749	164.9	-4.12	57.1	2.9∶1
2014 年	727	172.0	-2.27	54.5	3.2∶1
2013 年	699	176.0	6.3	54.1	3.3∶1
2012 年	680	165.6	9.6	52.1	3.2∶1
2011 年	660	151.1	7.5	49.5	3.1∶1
2010 年	631	140.6	13.0	47.2	2.9∶1
2009 年	611	124.6	3.8	41.5	3.0∶1

(续)

年　份	高校毕业人数/万人	报名数/万人	报名增长率（%）	录取数/万人	报录比例
2008 年	559	120.0	-6.8	38.6	3.1∶1
2007 年	495	128.2	0.8	36.4	3.5∶1
2006 年	413	127.1	8.4	40.3	3.2∶1
2005 年	338	117.2	24.0	32.5	3.6∶1
2004 年	280	94.5	18.3	33.0	2.9∶1
2003 年	212	79.7	28.0	27.0	2.9∶1
2002 年	145	62.4	35.7	19.5	3.2∶1
2001 年	114	46.0	17.3	11.1	4.2∶1
2000 年	96	39.2	22.9	8.5	4.6∶1
1999 年	93	31.9	16.4	6.5	4.9∶1
1998 年	90	27.4	13.2	5.8	4.7∶1
1997 年	92	24.2	18.6	5.1	4.7∶1

从表 6-1 中可以看出：

1）我国自 1997 年研究生招生扩招以来，硕士研究生报考人数连续 11 年不断攀升，即由 1997 年的 24.2 万人攀升到 2007 年的 128.2 万人，平均每年增加 10.4 万人。

2）2008 年，受世界金融危机的影响，我国硕士研究生报考人数出现自 1997 年研究生扩招以来首次下降。根据教育部公布的数字，2008 年全国硕士研究生报名人数由 2007 年的 128.2 万人降为 2008 年的 120 万人，比上一年减少 8.2 万人，同比下降 6.8%。

3）2008 年后，硕士研究生报考人数又呈连续增长的趋势，2009 年为 124.6 万人，比 2008 年增加 4.6 万人，同比增长 3.8%。2010 年，全国硕士研究生报考人数达到 140.6 万人，比 2009 年的 124.6 万人多出 16 万人，同比增长 12.8%。2013 年，报考人数达 176 万人，创历年硕士研究生报考人数新高，出现"考研热"。

4）2014 年全国硕士研究生报考热度趋缓，出现了第二次下降，报名人数为 172 万人。

5）2016 年我国硕士研究生报名人数为 177 万人，比 2015 年增长 12.1 万人，增长 7.3%，打破了自 2014 年以来的考研人数两连降趋势。

6）2019 年增幅达到了 21.8%，2020 年增幅达到了 17.6%，考研增加人数和增长率均为近年来最高。近 5 年，考研人数逐年增长，2020 年的考研人数同 2015 年的 164.9 万人相比增加了 176.1 万人。

2. "考研热"的主要原因

造成近年来大学生"考研热"的原因，主要有以下几个方面：

（1）就业形势的严峻　近 10 年来大学的招生人数在逐年增加，毕业生的人数自然也就水涨船高，从 2001 年的 114 万人增加到 2020 年的 874 万人。毕业人数的不断攀高，每年应届毕业未就业人数也在增加，自然导致就业岗位的相对减少，就业竞争激烈，形势严峻，从而造成了就业难,于是,许多大学生把考研当作就业难的"缓冲带"。另外,越来越多的往届生加入考研大军,选择回炉深造。

(2) 社会对高学历人才的需求 随着我国经济体系从"劳动密集型"向"知识密集型"的转变,社会对高、精、尖人才的需求逐渐增多。然而,我国在高级人才储备方面相对落后于其他国家,从而造成了这类人才的匮乏。社会需求量的增多导致了大学生选择考研来使自己成为社会需要的高级人才。

(3) "海归"的"挤压效应" 近些年中国留学生人数增长很快,而中国经济又相对发展很好,不少中国留学生选择回国就业。

2010~2019 年我国出国留学人员与回国留学人员统计见表 6-2。

表 6-2 2010~2019 年我国出国留学人员与回国留学人员统计 (单位:万人)

年份	出国留学人员		回国留学人员	
	总人数/万人	与上一年增长率(%)	总人数/万人	与上一年增长率(%)
2019 年	70.35	6.25	58.03	11.73
2018 年	66.21	8.8	51.94	8.0
2017 年	60.84	11.7	48.09	11.2
2016 年	54.45	4.0	43.25	5.7
2015 年	52.37	13.9	40.91	12.1
2014 年	45.98	11.1	36.48	3.2
2013 年	41.39	3.6	35.35	29.5
2012 年	39.96	17.6	27.29	46.6
2011 年	33.97	19.3	18.62	38.1
2010 年	28.47	24.2	13.48	24.5

从 1978 年到 2019 年底,各类出国留学人员总数达 656.06 万人,其中,165.62 万人正在国外进行相关阶段的学习和研究;490.44 万人已完成学业,423.17 万人在完成学业后选择回国发展,占已完成学业群体的 86.28%。这表明中国留学生的"回国潮"已经到来。

"海归"人员挤占了部分就业岗位,尽管部分没有工作经验的"海归"在归国就业时与国内学生的就业境况相似,但因其具备语言、国际性视野、包容能力和独立思考能力及跨文化沟通能力等优势,其就业比国内高校应届大学毕业生更容易找到工作。

(4) 为个人发展,提高自身的专业素质 社会的发展需要越来越多的专业的、高级的人才,不提高专业水平,没有真正的本事,就会落在别人后面,甚至可能被别人代替而淘汰。面临各种各样的挑战,大多数的大学生深感没有扎实的理论知识和实用精湛的专业技能以及较高的学历,难以成为社会有用的高级人才,故而不能适应飞速发展的现代化建设的需要。正是出于这样的考虑和认识,大学生深造的愿望越来越强烈,新一轮"深造成才热"逐渐兴起。

许多机构对硕士研究生报考动机进行了调查,其中一项结果如图 6-1 所示。

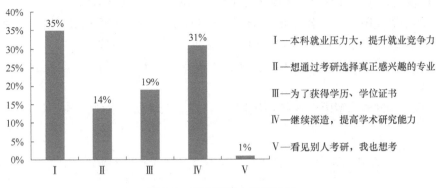

图 6-1 硕士研究生报考动机

3. 各专业报考人气排行

中国教育在线考研频道对每年硕士研究生各专业报考人气排行进行了统计，报考车辆工程专业非常火爆，人气足。例如，2021 年考研专业人气排行榜 Top100 中，报考车辆工程专业位于排行榜 32 位。

二、研究生的类型

研究生教育是学生本科毕业之后继续进行深造和学习的一种教育形式，研究生教育属于国民教育序列中的高等教育。目前，中国研究生教育种类很多，已经形成了一个比较完整的体系。按照不同的方式，研究生有不同的分法。

1. 按攻读学位的等级划分

按照攻读学位等级的不同，研究生可分为攻读硕士学位研究生和攻读博士学位研究生两级。前者简称"硕士生"，后者简称"博士生"。

2. 按学习方式的不同划分

按照学习方式的不同，中国的研究生可分为脱产研究生和不脱产研究生，其中，不脱产研究生又称为在职研究生。

脱产研究生是指在高等学校和科研机构进行全日制学习的研究生，又称全日制研究生；不脱产研究生是指在学习期间仍在原工作岗位承担一定工作任务的研究生。不脱产研究生按照入学和考核方式的不同又可以分为同等学力申请硕士（博士）学位、在职人员攻读硕士（博士）学位、单独考试取得硕士学历证书和学位证书等几种。

3. 按照专业和用途划分

按照专业和用途的不同，研究生可分为学术型研究生和专业学位型研究生。

(1) 学术型（Academic Degree）**研究生**

1) 培养目标。以培养教学和科研人才为主的研究生教育，侧重于理论教育。采用全日制培养方式，授予学位的类型是学术型硕士学位，社会上对学术型研究生的认可度比较高。

2) 层次。学术型研究生分为两大层次，即学术型硕士研究生和学术型博士研究生。

3) 学位类型。根据国务院学位委员会和教育部颁布的《学位授予和人才培养学科目录

（2018年）》规定，我国可授予学术型研究生硕士和博士学位的学科门类有13种，分别是哲学（01）、经济学（02）、法学（03）、教育学（04）、文学（05）、历史学（06）、理学（07）、工学（08）、农学（09）、医学（10）、军事学（11）、管理学（12）、艺术学（13）。不同的学科门类授予不同的学位名称，如车辆工程专业属于工学门类，即授予工学硕士、工学博士。

车辆工程专业的学术型硕士研究生毕业后，将授予工学硕士学位，学位证书式样如图6-2所示。

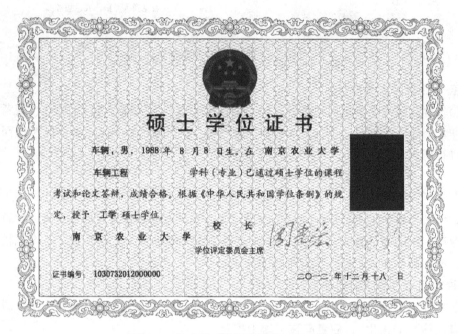

图6-2　学术型工学硕士学位证书式样

学术型学位是按学科门类下的一级学科或二级学科进行招生的。一级学科是指根据科学研究对象在各学科门类下划分的学科分类体系。根据国务院学位委员会和教育部颁布的《学位授予和人才培养学科目录（2018年）》规定：设置机械工程等111个一级学科，具体见表6-3。

表6-3　学位授予的学科门类与一级学科（2018年）

学科门类 （代码及名称）	一级学科（代码及名称）
01 哲学	0101 哲学
02 经济学	0201 理论经济学、0202 应用经济学
03 法学	0301 法学、0302 政治学、0303 社会学、0304 民族学、0305 马克思主义理论、0306 公安学
04 教育学	0401 教育学、0402 心理学（可授教育学、理学学位）、0403 体育学
05 文学	0501 中国语言文学、0502 外国语言文学、0503 新闻传播学
06 历史学	0601 考古学、0602 中国史、0603 世界史

第六章 车辆工程专业的升学与就业

（续）

学科门类 （代码及名称）	一级学科（代码及名称）
07 理学	0701 数学、0702 物理学、0703 化学、0704 天文学、0705 地理学、0706 大气科学、0707 海洋科学、0708 地球物理学、0709 地质学、0710 生物学、0711 系统科学、0712 科学技术史（分学科，可授理学、工学、农学、医学学位）、0713 生态学、0714 统计学（可授理学、经济学学位）
08 工学	0801 力学（可授工学、理学学位）、0802 机械工程、0803 光学工程、0804 仪器科学与技术、0805 材料科学与工程（可授工学、理学学位）、0806 冶金工程、0807 动力工程及工程热物理、0808 电气工程、0809 电子科学与技术（可授工学、理学学位）、0810 信息与通信工程、0811 控制科学与工程、0812 计算机科学与技术（可授工学、理学学位）、0813 建筑学、0814 土木工程、0815 水利工程、0816 测绘科学与技术、0817 化学工程与技术、0818 地质资源与地质工程、0819 矿业工程、0820 石油与天然气工程、0821 纺织科学与工程、0822 轻工技术与工程、0823 交通运输工程、0824 船舶与海洋工程、0825 航空宇航科学与技术、0826 兵器科学与技术、0827 核科学与技术、0828 农业工程、0829 林业工程、0830 环境科学与工程（可授工学、理学、农学学位）、0831 生物医学工程（可授工学、理学、医学学位）、0832 食品科学与工程（可授工学、农学学位）、0833 城乡规划学、0834 风景园林学（可授工学、农学学位）、0835 软件工程、0836 生物工程、0837 安全科学与工程、0838 公安技术、0839 网络空间安全
09 农学	0901 作物学、0902 园艺学、0903 农业资源与环境、0904 植物保护、0905 畜牧学、0906 兽医学、0907 林学、0908 水产、0909 草学
10 医学	1001 基础医学（可授医学、理学学位）、1002 临床医学、1003 口腔医学、1004 公共卫生与预防医学（可授医学、理学学位）、1005 中医学、1006 中西医结合、1007 药学（可授医学、理学学位）、1008 中药学（可授医学、理学学位）、1009 特种医学、1010 医学技术（可授医学、理学学位）、1011 护理学（可授医学、理学学位）
11 军事学	1101 军事思想及军事历史、1102 战略学、1103 战役学、1104 战术学、1105 军队指挥学、1106 军事管理学、1107 军队政治工作学、1108 军事后勤学、1109 军事装备学、1110 军事训练学
12 管理学	1201 管理科学与工程（可授管理学、工学学位）、1202 工商管理、1203 农林经济管理、1204 公共管理、1205 图书情报与档案管理
13 艺术学	1301 艺术学理论、1302 音乐与舞蹈学、1303 戏剧与影视学、1304 美术学、1305 设计学（可授艺术学、工学学位）

在一些一级学科还设置了若干个二级学科，二级学科是指一级学科内所包含的若干种既相关又相对独立的学科、专业。在机械工程一级学科下设了4个二级学科，分别是：机械制造及其自动化（080201）、机械电子工程（080202）、机械设计及理论（080203）和车辆工程（080204）。

4）培养方式。学术型研究生采用全日制学习方式，一般为3年。普通硕士录取为国家计划内（非定向、定向）的硕士生按国家规定享受免学费待遇。录取为国家计划外（委托培养、自筹经费）的硕士生须缴纳学费，一般为8000元/年，不同专业有所不同。对于自筹经费生、特困生等考生可通过申请国家助学贷款或者商业贷款缓解学费的压力。

（2）专业学位（Professional Degree）**型研究生** 我国从1991年开始推行专业硕士，如读者耳熟能详的包括MBA、MPA等。部分专业硕士都是针对有一定工作经验的人开展的，只发放"学位证"。

教育部决定从2009年起,大部分专业学位硕士开始全日制培养,发放"双证"(即学位证和学历证),并逐步推行将硕士研究生教育从以培养学术型人才为主向以培养应用型人才为主转变的政策,实现研究生教育结构的历史性转型和战略性调整。在2016年,国家计划招收专业硕士和学术型硕士的数量分别为187491人(36%)和329709人(64%)。

1)培养目标。专业学位型研究生是针对社会特定职业领域的需要,培养具有较强的专业能力和职业素养、能够创造性地从事实际工作的高层次应用型专门人才而设置的一种学位类型。

2)层次。专业学位型研究生也分为两大层次,即专业学位型硕士研究生和专业学位型博士研究生。

3)学位类型。专业学位是按专业领域进行招生的。根据国务院学位委员会和教育部颁布的《学位授予和人才培养学科目录(2018年)》规定,我国可授予专业硕士学位的类别有47个(表6-4),从2020年执行。

车辆工程专业的学生一般可选择机械(0855)类别报考。

表6-4 专业学位授予和人才培养目录

代码	类别	代码	类别
0251	金融	0858	*能源动力
0252	应用统计	0859	*土木水利
0253	税务	0860	*生物与医药
0254	国际商务	0861	*交通运输
0255	保险	0951	农业
0256	资产评估	0952	*兽医
0257	审计	0953	风景园林
0351	法律	0954	林业
0352	社会工作	1051	*临床医学
0353	警务	1052	*口腔医学
0451	*教育	1053	公共卫生
0452	体育	1054	护理
0453	汉语国际教育	1055	药学
0454	应用心理	1056	中药学
0551	翻译	1057	*中医
0552	新闻与传播	1151	军事
0553	出版	1251	工商管理
0651	文物与博物馆	1252	公共管理
0851	建筑学	1253	会计
0853	城市规划	1254	旅游管理
0854	*电子信息	1255	图书情报
0855	*机械	1256	工程管理
0856	*材料与化工	1351	艺术
0857	*资源与环境		

注:名称前加"*"的可授予硕士、博士专业学位;"建筑学"可授予学士、硕士专业学位;其他授予硕士专业学位。

第六章 车辆工程专业的升学与就业

机械类别的专业学位型硕士生毕业后,将授予机械硕士专业学位,学位证书式样如图6-3所示。

图6-3 专业学位型的硕士学位证书式样

4) 培养方式。专业学位教育的学习方式按照非全日制和全日制攻读种类的不同而不同。非全日制攻读专业学位以业余时间学习为主,利用周末、节假日上课或集中授课的方式,进行不脱产或半脱产学习,学习时间一般为2~4年;全日制攻读专业学位的人员全脱产学习,学习时间一般为2年,同时必须保证不少于半年的实践教学,应届本科毕业生的实践教学时间原则上不少于1年。

专业学位教育有双重任务:一是吸引优秀应届毕业生,实施全日制学习方式,培养实践部门需要的应用型人才;二是面向在职人员,开展非全日制学习方式。两种模式,两种学习方式,两种招收对象,但培养目标相同,都同等重要。

5) 招生考试。专业学位的招生考试在每年2月份举行的"全国硕士研究生统一入学考试"(简称"全国统考")进行。

6) 专业学位与学术型学位的区别

① 培养目标不同。专业学位是培养在某一专业(或职业)领域具有坚实的基础理论和宽广的专业知识,具有较强的解决实际问题的能力,能够承担专业技术或管理工作,具有良好职业素养的高层次应用型专门人才。学术型学位则主要是培养学术研究人才。

② 培养方式不同。专业学位研究生的课程设置以实际应用为导向,以职业需求为目标,以综合素养和应用知识与能力的提高为核心。教学内容强调理论性与应用性课程的有机结合,突出案例分析和实践研究;教学过程重视运用团队学习、案例分析、现场研究、模拟训练等方法;注重培养学生研究实践问题的意识和能力。在具体的学习过程中,要求有为期至少半年(应届本科毕业生实践教学时间原则上不少于1年)的实践环节。而学术型学位研究生的课程设置侧重于加强基础理论的学习,重点培养学生从事科学研究创新工作的能力和素质。

7) 专业学位与学术型学位的关系。专业学位和学术型学位都是建立在共同的学科基础之上的，攻读两类学位者都需要接受共同的学科基础教育，掌握学科基本理论和基础知识与技术。在不同的教育阶段，两类学位获得者进一步深造可以交叉发展。比如：学术型硕士学位获得者可以攻读专业博士学位，专业硕士学位获得者也可以攻读学术型博士学位，如图6-4所示。

8）专业学位的发展趋势。目前，我国已基本形成了以硕士学位为主，博士、硕士、学士三个学位层次并存的专业学位教育体系。

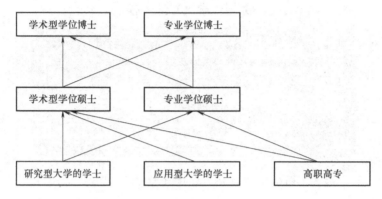

图6-4 专业学位与学术型学位的关系

20多年来，我国专业学位研究生教育稳步发展，规模不断扩大，质量不断提高，专业学位研究生培养模式改革取得重大进展，授权体系逐渐完善，社会认可度大幅提高，已成为研究生教育综合改革的重要突破口。

专业学位硕士招生规模不断扩大，其每年招生规模已超过了学术型硕士招生规模。

专业学位硕士以专业实践为导向，重视实践和应用，培养在专业和专门技术上受到正规的、高水平训练的高层次人才，反映该专业领域的特点和对高层次人才在专门技术工作能力和学术能力上的要求，认可度逐渐提高，被大多数考生所重视。

4. 硕博连读生与直博生

（1）硕博连读生 硕博连读是指从新入学的硕士研究生遴选出具备条件的学生，在完成规定的课程学习并通过博士生资格考核后，确定为博士生的方式。

硕博连读研究生学制为5年。因客观原因不能按期完成学业的，可申请延长学习年限，但在校最长学习年限为7年，且延长学习年限只能提出一次。

硕博连读研究生的招生与硕士研究生的招生不加区分，硕博连读生在入学后即享受博士研究生待遇。入学后，按照硕博连读研究生的培养要求进行培养。

硕博连读研究生在完成规定的课程学习后，一般在第四学期参加博士生资格考核，主要考核专业基础、科研能力和外语水平。资格考核合格者，从第三学年起，转为博士研究生，享受博士研究生的待遇；考核不合格者，按照硕士培养方案继续培养。

（2）直博生 直博生是指在应届本科毕业前（本科毕业时要求同时取得毕业证和学位证，毕业档案完整地移送），不必参加博士研究生统一入学考试，而通过本科生申请和申请攻读学校直接对申请学生进行选拔而获得直接攻读博士学位的资格的学生。

通常来讲，开设直博生院校的学校实力都非常强，当然这对学生的选拔要求就非常高，

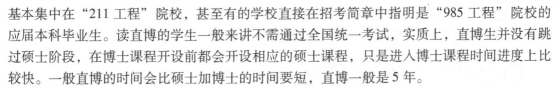

基本集中在"211 工程"院校,甚至有的学校直接在招考简章中指明是"985 工程"院校的应届本科毕业生。读直博的学生一般来讲不需通过全国统一考试,实质上,直博生并没有跳过硕士阶段,在博士课程开设前都会开设相应的硕士课程,只是进入博士课程时间进度上比较快。一般直博的时间会比硕士加博士的时间要短,直博一般是 5 年。

直博与硕博连读的区别是:直博是从本科进行选拔,选拔优秀的本科生直接读博士;而硕博连读是在研究生二年级时选拔优秀的硕士生攻读博士学位,在此期间不需要做硕士论文,但是如果博士无法顺利毕业的话,则可继续完成硕士论文,如果硕士论文没有通过,那么就连硕士学位也没有了。

5. 车辆工程专业应届毕业生可申报的研究生类型

对于车辆工程专业的应届毕业生,可报考学术型硕士研究生、专业学位硕士研究生、硕博连读生和直博生四种。

报考学术型硕士研究生和专业学位硕士研究生是主体,可招收车辆工程专业硕士生的院校和科研机构均可以招收这两类学生。

招收硕博连读生和直博生的学校很少,主要是少数"985 工程"学校或"211 工程"学校,其竞争非常激烈。

车辆工程专业类属工学门类,工学门类又分 39 个一级学科。车辆工程专业属于机械工程一级学科,其代码是:0802。

对于报考学术型硕士研究生,车辆工程专业本科生可直接报考车辆工程(代码:080204)硕士研究生或相关二级学科的研究生。若一些学校在一级学科下不设置二级学科,则直接报考机械工程(代码:0802)硕士研究生。对于招生单位自行设立的与车辆工程相关的二级学科,也可以报考。

对于报考专业学位硕士研究生,车辆工程专业本科生可直接报考机械(代码:0855)专业硕士研究生,或自己喜欢的其他专业学位领域。

三、报考硕士研究生的基本条件

报名参加全国硕士研究生招生考试的人员,须符合下列条件:

1)中华人民共和国公民。
2)拥护中国共产党的领导,品德良好,遵纪守法。
3)身体健康状况符合国家和招生单位规定的体检要求。
4)考生学业水平必须符合下列条件之一:

① 国家承认学历的应届本科毕业生(含普通高校、成人高校、普通高校举办的成人高等学历教育等应届本科毕业生)及自学考试和网络教育届时可毕业本科生。考生录取当年入学前(具体期限由招生单位规定)必须取得国家承认的本科毕业证书或教育部留学服务中心出具的《国(境)外学历学位认证书》,否则录取资格无效。

② 具有国家承认的大学本科毕业学历的人员。

③ 获得国家承认的高职高专学历后满 2 年(从毕业后到录取当年入学之日,下同)或 2 年以上的人员,以及国家承认学历的本科结业生,符合招生单位根据本单位的培养目标对考生提出的具体学业要求的,按本科毕业同等学力身份报考。

④ 已获硕士、博士学位的人员。

在校研究生报考须在报名前征得所在培养单位同意。

四、报考硕士研究生的主要流程

报考硕士研究生的主要流程是阅读考研大纲，阅读各单位的招生简章，考研报名，考研初试，复试、调剂、体检、录取等，如图 6-5 所示。

图 6-5 报考硕士研究生的主要流程

1. 阅读考研大纲

每年 7~8 月，教育部考试中心发布考研大纲，包括思想政治理论、数学、英语等统考课程的考试大纲，各招生单位发布专业课的考试大纲。通常，各门课程的考点有少量增减或修改，需要考生密切关注。

2. 阅读各招生单位的招生简章

每年 9~10 月，各研究生招生单位发布硕士生招生简章，介绍各专业的招生名额、初试科目、复试科目、报考研究方向、报考流程等内容。考生应认真阅读各招生简章，比较考试科目、研究方向等差别，找到所要报考的大学。

3. 考研报名

报名包括网上报名和报名确认两个环节。

（1）**网上报名** 考生应在规定时间登录"中国研究生招生信息网"（http://yz.chsi.com.cn 或 http://yz.chsi.cn，以下简称"研招网"）浏览报考须知，并按教育部、省级教育招生考试机构、报考点以及报考招生单位的网上公告要求报名。报名期间，考生可自行修改网上报名信息或重新填报报名信息，但一位考生只能保留一条有效报名信息。逾期不再补报，也不得修改报名信息。考生应按招生单位要求如实填写学习情况和提供真实材料。

（2）**报名确认** 包含网上确认、现场确认两个阶段。应届本科毕业生应选择就读学校所在地省级教育招生考试机构指定的报考点办理网上报名和网上确认、现场确认手续；单独考试、强军计划考生必须选择东南大学报考点（3202）办理网上报名和网上确认、现场确认手续；其他考生应选择工作或户口所在地省级教育招生考试机构指定的报考点，办理网上报名和网上确认、现场确认手续。

所有考生均应当在规定时间内进行报名确认，未按时进行报名确认的，本次报名无效。报名确认的方式有网上确认和现场确认两种方式，由招生单位确定。

考生报名确认应当提交本人居民身份证、学历学位证书（应届本科毕业生持学生证）和网上报名编号，由报考点工作人员进行核对。

报考"退役大学生士兵专项硕士研究生招生计划"的考生，还应当提交本人《入伍批准书》和《退出现役证》。

考生应按要求配合采集本人图像等电子信息，还需签署诚信应考承诺书。

4. 初试

（1）初试时间　按教育部统一规定的时间，一般在12月份（具体时间详见准考证）。

（2）初试科目　车辆工程专业的考试科目一般为思想政治理论、外国语、数学（一）和专业基础课，共4门。各科的考试时间均为3小时，思想政治理论、外国语满分各为100分，数学（一）和专业基础课满分各为150分，总分为500分。

思想政治理论、英语、数学（一）均为全国统考科目，由教育部考试中心统一命题，考试大纲由教育部制订，具体考试范围参考国家统一制定的考试大纲。

专业基础课由各招生单位自行命题。

（3）考试方式　均为笔试。

（4）初试地点　考生在报名点指定的考试地点参加考试。

5. 复试

各招生单位根据国家录取政策、招生规模以及考生初试成绩、学习经历、身体状况等进行综合分析后确定参加复试名单。一般实行差额复试方式。

考生届时自行在各学校研究生处网站查询是否获得复试资格。获得复试资格的考生在复试前向各招生单位的网站提交复试科目等信息，并自行打印《复试通知书》。复试的具体要求如下：

1）复试时间一般为每年2～3月（具体时间各学校自定）。

2）复试形式一般采取笔试、口试、实验技能测试等方式或综合形式进行差额复试。

3）复试内容一般包括外语口语与听力、专业外语、专业课和专业综合等，详见各招生单位的招生简章专业目录的复试部分。

4）复试笔试科目详见各招生单位的硕士生招生学科、专业目录。

5）专业课的考试形式和内容由各招生单位的各学科专业委员会根据各专业实际情况自行确定，考试内容为结合专业培养要求及其他知识和能力的考核统筹考虑后确定。

6）复试前将对考生的第二代居民身份证、学历证书、学生证等报名材料原件及考生资格进行审查。

7）同等学力考生，还需另外加试所报考专业的大学本科主干课程，其中笔试科目不少于2门。加试科目为指定科目，一般在复试通知书中说明。

6. 调剂

对合格生源不足的学科专业，可以在校内、外相同或相近专业合格生源中进行调剂录取，但不允许跨学科门类调剂。

1）第一志愿没有被招生单位录取的上线考生，均可参加网上调剂。

2）所有需要调剂的考生均必须通过网上填报调剂志愿。考生凭网报时注册的用户名和密码登录"中国研究生招生信息网"的网上调剂系统，进行网上填报调剂志愿。

3）参加调剂的考生每人可以在网上填报两个平行调剂志愿，确定后的调剂志愿在48小时内不允许修改（两个志愿单独计时），以供招生单位下载志愿信息和决定是否通知考生参加复试。48小时后，考生可以重新填报调剂志愿。

4）考生在网上填报调剂志愿时，选择调剂的招生单位、专业科类与自己的考试成绩必须符合国家的调剂政策，否则将无法提交。

5）调剂考生应注意浏览各招生单位公布的调剂方法和复试通知。

6）确认提交调剂志愿后，招生单位将尽快反馈是否参加复试的通知。考生应及时登录调剂系统，查看志愿状态和招生单位的反馈通知。如果收到复试通知，则考生按照招生单位的调剂要求办理相关手续。

7）复试没有通过的考生可以继续参加调剂志愿的填报。

8）知道成绩后（不管是否上线）马上到有关网站发布调剂意向，并且经常刷新。

调剂复试的具体要求和程序均以初试结束后教育部发出的当年录取工作通知的规定为准，届时，考生通过"中国研究生招生信息网"调剂服务系统填写报考调剂志愿。

7. 体检

所有参加复试的考生均需在复试阶段在各招生单位指定的医院进行体检。体检标准参照教育部、卫生部、中国残疾人联合会修订的《普通高等学校招生体检工作指导意见》。

不参加体检或体检不合格者不予录取。

8. 录取

各招生单位根据国家下达的招生计划和考生入学考试（包括初试和复试）成绩，结合考生已有学习或工作业绩、身体状况等整体素质和政审结论，在招生计划内择优录取。对未通过复试，但达到教育部的初试科目复试分数线者，可自愿调剂到其他学校录取。

录取通知书一律通过邮局寄送，不接受直接领取。

五、推荐免试硕士研究生招生流程

1. 推荐免试研究生的概念

推荐免试研究生简称推研或保研，是指可以不用参加研究生考试而直接读研的一种情形。推研按时间排序是：交叉、本系直博、本系直硕、外推、工硕等。

2. 教育部的研究生保送制度

教育部就推荐少数优秀应届本科毕业生免试为硕士研究生工作的具体规定有：

1）推荐工作应贯彻德、智、体全面衡量，保证质量的原则，被推荐的学生应坚持四项基本原则，品德良好，遵纪守法，决心为社会主义现代化建设服务，学习成绩优秀，具有作为研究生培养的素质。在进行推荐工作时，不仅要注意对推荐生政治思想和道德品质的考核，而且在业务标准的掌握上，既要看推荐生历年的学习成绩，还注重对其学习能力、创新精神及业务特长等方面的考查，避免推荐工作单纯地按分数排队。为了保证推荐生的业务质量，学校还可进行必要的考试（考核）。

2）各院校成立推荐工作领导小组，根据主管部门下达的分配名额和有关规定，结合本校各学科、专业的具体特点等实际情况，制定切实可行的具体推荐办法，确定推荐名单并在校内张榜公布。

3）推荐名单确定后，学生可持本校的介绍信于规定日期到学校所在省（市、自治区）高校办公室指定的地点查阅招生专业目录，并办理报名手续，领取推荐表和体检表。推荐生可自由选报两个志愿报考单位。

4）为了加强校际间的交流，促进学科发展，招收研究生的高等学校应积极鼓励推荐生选报外校或科研机构。

5）各推荐学校应组织推荐生进行体检，并将按要求填好的推荐表、体检表一起于规定日期前寄送学生选报的第一志愿单位。

6）接收推荐生的招生单位一般根据推荐生情况对其进行考试（考核），考试（考核）方式由招生单位自选确定，在录取中应坚持德智体全面衡量、择优录取、保证质量、宁缺毋滥的原则。

7）推荐生第一志愿报考单位对其进行考试（考核）后不予录取，或因学科、专业招生名额限制不能接受的，应于规定日期前将推荐生的有关材料退回原推荐学校并由学校转告本人。

8）各招生单位只能在学校推荐的学生中进行选拔录取，不得在其他应届本科毕业生中录取，对已确定录取的应届本科毕业生，招生单位在其入学前如果发现其不符合录取要求的，可取消其入学资格。

9）推荐生被招生单位录取后，可视实际情况鼓励保留入学资格分配。

3. 保送名额限制

教育部规定：有研究生院的高等学校，保送研究生名额一般按该校应届本科毕业生数的15%左右确定。对未设立研究生院的"211工程"高校，一般按应届本科毕业生数的5%左右确定。经教育部确定的人文、理科等人才培养基地的高等学校，按教育部批准的基地班招生人数的50%左右，单独增加推免生名额，由学校统筹安排；对国家发展急需的专业适当增加推免生名额。另外，设有研究生院的高等学校接收本校推免生的人数，不得超过本校推免生总数的65%，其中地处西部省份或军工、矿业、石油、地质、农林等特殊类型的高等学校，上述比例可适当放宽，但不得超过75%。

4. 申请保研的条件

申请保研的条件如下：

1）能取得推荐免试资格的优秀应届本科毕业生。

2）具有高尚的爱国主义情操和集体主义精神，社会主义信念坚定，社会责任感强，遵纪守法，积极向上，身心健康。

3）历年大学成绩优良，专业基础扎实，学术研究兴趣浓厚，有较强的创新意识和创新能力。

4）诚实守信，学风端正，无考试作弊、剽窃他人学术成果以及其他违法违纪受处分记录。

对有特殊学术专长或具有突出培养潜质者，经三名以上本校本专业教授联名推荐，经学校推免生遴选工作领导小组严格审查，可不受综合排名限制，但学生有关说明材料和教授推荐信要进行公示。

在制定综合评价体系时，可对文艺、体育及社会工作特长等因素予以适当的考虑。但具备这些特长的学生必须参加综合排名，不得单列。

5. 接受外校推荐免试攻读硕士学位的流程

（1）**收集保研简章**　每年6~8月，具备招收推荐免试研究生资格的高校陆续发布保研办法或者保研简章，符合保研条件的学生应密切关注相关信息。

（2）**报名并提交申请材料**　每年6~9月，保研学生应按各接受高校要求寄送报名申请材料，部分高校还需要考生通过网上系统报名。

需向接受学校提交以下申请材料：

1）有效期内的学生证、身份证原件及复印件（提交复印件，复试时出示原件）。

2）《×××接收推荐免试攻读硕士学位研究生申请表》。

3）思想政治考核表。

4）大学本科阶段成绩单原件（须加盖所在学校教务部门公章）。

5）国家英语四级考试的成绩单（提交复印件，复试时出示原件）。

6）各类获奖证书复印件各 1 份。

7）体检合格的证明（需提供三级甲等医院体检证明）。

8）可提交体现学术水平的代表性学术论文、出版物或具有学术水平工作成果的复印件或证明。

所有材料均需使用 A4 纸。

（3）**初审** 接受学校将及时对申请者提交的网报信息进行初审，将初审合格者信息转招生院系进行复审，各学校的招生院系一般在 9 月中下旬在网上申请系统中对复审合格者发布复试通知。

（4）**复试** 院校对考生的申请材料进行初审之后，通知通过初审的申请人来参加差额复试，包括体检、复试的时间及复试的内容和要求。复试一般包括笔试和面试两个部分。

（5）**初取公示** 每年 10 月，接受学校根据复试成绩择优确定申请人的录取资格。对通过复试并同意接收推免生发给接收函，并上网公示。

（6）**网上报名** 取得推荐免试攻读硕士学位资格的同学，需到所在学校推免工作主管部门领取当地省级高校招生办公室签发（加盖公章）的"全国推荐免试攻读硕士学位研究生（直博生）登记表"和网上报名校验码；在教育部规定的时间内登陆"中国研究生招生信息网"，参加网上报名（考试方式选择推荐免试）；到相应报名点办理现场确认手续，未经网上报名及现场确认者不予录取；并到推荐学校所在地的省、市招办报名点确认并缴费、照相。

（7）**录取通知书** 一般在第二年的 5~6 月，院校会寄送正式录取通知书。

（8）**其他说明**

1）根据教育部文件，各校推免指标有学术型学位和专业学位之分，获得所在学校专业学位推免指标的只能申请专业学位，获得学术型学位推免指标的不受限制。

2）原则上，录取的推荐免试硕士研究生均享受国家计划内硕士研究生待遇。

3）正式录取通知书将在通过政审后于每年 6 月寄发。

4）有以下情况之一者，经查实即取消免试攻读硕士学位研究生的资格：

① 提供的材料不真实。

② 受刑事、行政或纪律处分。

③ 具备推免资格后，后续课程出现补考、重修或毕业设计成绩达不到优良者。

④ 应届毕业时无法获得学士学位者。

六、录取分数线

录取分数线有三种：国家复试分数线、学校复试分数线、院系专业复试分数线。

1. 国家复试分数线

教育部根据研究生初试成绩，每年确定参加统一入学考试考生进入复试的初试成绩基

第六章 车辆工程专业的升学与就业

本要求(简称国家复试分数线),原则上,达到国家复试分数线的考生有资格参加复试。

对学术型研究生和专业学位研究生,其国家复试分数线是不同的。近两年工学考研国家复试分数线(学术型)见表 6-5。近两年工学考研国家复试分数线(专业学位型)见表 6-6。

表 6-5 近两年工学考研国家复试分数线(学术型)

学科门类(专业)名称		A 类考生①			B 类考生②		
		总分	单科(满分=100分)	单科(满分>100分)	总分	单科(满分=100分)	单科(满分>100分)
2020 年	工学(不含工学照顾专业)	264	37	56	254	34	51
	工学照顾专业③	254	34	51	244	31	47
2019 年	工学(不含工学照顾专业)	270	39	59	260	36	54
	工学照顾专业③	260	35	53	250	32	48
2018 年	工学(不含工学照顾专业)	260	34	51	250	31	47
	工学照顾专业③	255	34	51	245	31	47

① A 类考生:报考地处一区招生单位的考生。
② B 类考生:报考地处二区招生单位的考生。
    一区系北京、天津、河北、山西、辽宁、吉林、黑龙江、上海、江苏、浙江、安徽、福建、江西、山东、河南、湖北、湖南、广东、重庆、四川、陕西 21 省(市)。
    二区系内蒙古、广西、海南、贵州、云南、西藏、甘肃、青海、宁夏、新疆等省(区)。
③ 工学照顾专业:力学[0801]、冶金工程[0806]、动力工程及工程热物理[0807]、水利工程[0815]、地质资源与地质工程[0818]、矿业工程[0819]、船舶与海洋工程[0824]、航空宇航科学与技术[0825]、兵器科学与技术[0826]、核科学与技术[0827]、农业工程[0828]。

表 6-6 近两年工学考研国家复试分数线(专业学位型)

学科门类(专业)名称		A 类考生③			B 类考生③		
		总分	单科(满分=100分)	单科(满分>100分)	总分	单科(满分=100分)	单科(满分>100分)
2020 年	机械①	264	37	56	254	34	51
2019 年	工程(不含工程照顾专业)	270	39	59	260	36	54
	工程照顾专业②	260	35	53	250	32	48

① 从 2020 年开始,专业学位的专业进行了调整,车辆工程专业对应的专业硕士学位主要是机械,且不分照顾专业。
② 工程照顾专业:冶金工程[085205]、动力工程[085206]、水利工程[085214]、地质工程[085217]、矿业工程[085218]、船舶与海洋工程[085223]、安全工程[085224]、兵器工程[085225]、核能与核技术工程[085226]、农业工程[085227]、林业工程[085228]、航空工程[085232]、航天工程[085233]。
③ A 类、B 类考生的划分标准同表 6-5。

国家复试分数线按考生所报考地点的不同，其分数也有高低之分。

2. 学校复试分数线

学校复试分数线是指各学校根据考生达到国家复试分数线的人数，与本校各专业的招生名额，来确定的复试分数线。由此可以看出，每个学校各专业的复试分数线是不同的。

如果达到国家复试分数线的人数少于某专业的招生名额，则学校复试分数线与国家复试分数线相同，不能低于国家复试分数线；反之，则高于国家复试分数线。

车辆工程专业类属工学门类，很多学校的复试分数线是按照13个学科门类划分的，工学是报考的热门专业门类，所以，一般学校工学门类的复试分数线均高于国家复试分数线。

几所大学工学门类专业的复试分数线见表6-7。

表6-7 几所大学工学门类专业的复试分数线

学 校	学术型			专业学位型		
	2019年	2018年	2017年	2019年	2018年	2017年
上海交通大学	325	320	325	325	320	325
清华大学	310	310	330	310	310	330
湖南大学	310	310	330	310	305	310
同济大学	325	315	320	325	315	320
东南大学	320	310	340	330	310	340
吉林大学	310	300	310	310	300	310
北京理工大学	320	315	320	305	300	300
中国农业大学	305	290	310	290	280	300
重庆大学	320	320	330	320	300	300

3. 院系专业复试分数线

一些报考的热门学校，对于考生人数达到学校复试分数线过多的学科专业，可再制定各专业复试分数线，其复试分数线不允许低于学校复试分数线。由于车辆工程专业属于报考的热门专业，许多"985工程"学校、"211工程"学校均会制定车辆工程专业复试分数线。考生需达到报考院系专业复试分数线方可参加差额复试。几所学校机械工程与车辆工程学科（专业）的报考人数与录取情况见表6-8。

表6-8 几所学校机械工程与车辆工程学科（专业）的报考人数与录取情况

学校	专业（代码）	2017年			2018年			2019年		
		报考人数	录取人数	考录比	报考人数	录取人数	考录比	报考人数	录取人数	考录比
江苏大学	车辆工程（080204）（学术型）	165	46 (16)	3.6:1	111	44 (12)	3.5:1	144	41 (5)	4.0:1
	车辆工程（085234）（专业学位型）	453	70 (0)	6.5:1	296	61 (0)	4.9:1	373	67 (5)	6.0:1

第六章 车辆工程专业的升学与就业

(续)

学校	专业（代码）	2017年			2018年			2019年		
		报考人数	录取人数	考录比	报考人数	录取人数	考录比	报考人数	录取人数	考录比
湖南大学	机械工程（080200）（学术型）	542	150	3.6:1	275	91	3.0:1	291	43	6.8:1
	车辆工程（085234）（专业学位型）	483	173	2.8:1	217	73	3.0:1	200	68	2.9:1
同济大学汽车学院	车辆工程（080204）（学术型）	105	21	5.0:1	165	13	12.7:1	158	6	26.3:1
	车辆工程（085234）（专业学位型）	116	22	5.3:1	99	18	5.5:1	59	38	1.6:1
同济大学中德学院	车辆工程（080204）（学术型）	38	2	19.0:1	51	3	17.0:1	79	0	∞
	车辆工程（085234）（专业学位型）	47	12	3.9:1	125	13	9.6:1	129	18	7.2:1
同济大学铁路与城市轨道交通研究院	车辆工程（080204）（学术型）	15	2	7.5:1	13	3	4.3:1	19	2	9.5:1

注：括号中的数据为推免生数。

从表6-8可以看出，一些名校的机械工程、车辆工程专业的考录比基本上在1.6:1～26.3:1之间。但一些学校的考录比非常高，如同济大学汽车学院2019年达到26.3:1，甚至，基本不录取"统考生"。这主要是2015年后全国全面放开了"推免生"的限制所致。以"双一流""985工程"高校为代表，所录取的学生中，"推免生"比例大幅度上升。例如：清华大学、上海交通大学、北京理工大学、北京航空航天大学、东南大学、湖南大学等学校的"推免生"占总招生计划的50%以上。由于车辆工程、机械工程专业是热门专业，这些专业的"推免生"指标一般均超过了80%以上，以至于少数大学的学术型硕士只面向"推免生"进行选拔，不从全国研究生统一考试中选拔。这就意味着，很多招生指标在统考前就已经被"推免生"占据了，"统考生"想考上的难度大幅度增加，尤其是机械工程、车辆工程等专业，竞争异常激烈，难度非常大。

4. 关于调剂

一般学校均有调剂名额，其规定如下：

1）对合格生源不足的学科专业，可以在校内、外相同或相近专业合格生源中进行调剂录取，但不允许跨学科门类调剂。校内调剂考生必须符合考生第一志愿所报专业的复试分数线；校外调剂考生要符合各校相关专业的复试分数线和教育部公布的复试分数基本要求。

2）学术型研究生可向专业学位研究生调剂，需符合专业相同或相近的原则；学术型研究生各专业之间调剂，需符合考试科目相同或相近的原则；工程硕士专业学位间调剂，需符合统考科目相同的原则。

3）校内调剂的考生，应由考生本人填报"校内调剂申请表"，送交接收调剂考生的学院（所），由各学院（所）统一报送研招办。研招办审核通过后，将校内调剂考生的电子文档转交接收单位，再进行复试。校外调剂考生需填报"校外调剂申请表"，由学院（所）汇总后报研招办，并将在复试工作后期组织复核。校外调入的考生，一般还需进行第二次复试。

七、车辆工程学科的主要教育资源

1. 能招收车辆工程学术型硕士研究生的学校或科研机构

根据相关资料统计，至2020年底，我国能招收学术型硕士研究生的学校或科研机构已达960所，其中，133所大学或机构能招收车辆工程学术型硕士研究生，见表6-9。

表6-9 我国能招收车辆工程学术型硕士研究生的学校或科研机构

省市（自治区）	数量	招收车辆工程学术型硕士研究生的学校或科研机构
北京	15	清华大学、北京航空航天大学、北京交通大学、北京科技大学、北京矿冶研究总院、北京理工大学、北京林业大学、北京信息科技大学、华北电力大学、中国北方车辆研究所、中国矿业大学（北京）、中国农业大学、中国石油大学（北京）、装甲兵工程学院、北京系统工程研究所
江苏	13	常州大学、东南大学、江苏大学、解放军理工大学、南京工业大学、南京航空航天大学、南京理工大学、南京林业大学、南京农业大学、苏州大学、扬州大学、中国矿业大学（徐州）、淮海工学院
陕西	9	长安大学、陕西理工大学、西安工业大学、西安建筑科技大学、西安交通大学、西安科技大学、西安理工大学、西安石油大学、西北工业大学
辽宁	9	大连交通大学、大连理工大学、东北大学、辽宁工程技术大学、辽宁工业大学、沈阳工业大学、沈阳航空航天大学、沈阳建筑大学、沈阳理工大学
山东	8	青岛大学、青岛科技大学、青岛理工大学、山东大学、山东建筑大学、山东科技大学、山东理工大学、山东农业大学
湖北	7	长江大学、华中科技大学、三峡大学、武汉科技大学、武汉理工大学、武汉大学、解放军海军工程大学
黑龙江	6	东北林业大学、东北农业大学、东北石油大学、哈尔滨工程大学、哈尔滨工业大学、哈尔滨理工大学
河南	6	河南工业大学、河南科技大学、华北水利水电大学、郑州大学、中原工学院、郑州轻工业大学
河北	6	河北农业大学、华北电力大学（保定）、军械工程学院、石家庄铁道大学、燕山大学、河北工业大学
四川	5	四川大学、西华大学、西南交通大学、西南石油大学、西南科技大学
浙江	5	杭州电子科技大学、浙江大学、浙江工业大学、浙江理工大学、浙江科技学院
湖南	5	湖南大学、长沙理工大学、湖南工业大学、中南大学、中南林业科技大学
天津	5	军事交通学院、天津工业大学、天津科技大学、天津职业技术师范大学、天津大学

第六章 车辆工程专业的升学与就业

（续）

省市（自治区）	数量	招收车辆工程学术型硕士研究生的学校或科研机构
上海	4	上海工程技术大学、上海交通大学、上海理工大学、同济大学
福建	4	福建农林大学、福州大学、华侨大学、厦门大学
广东	3	广东工业大学、华南理工大学、华南农业大学
吉林	3	北华大学、长春理工大学、吉林大学
重庆	3	重庆大学、重庆交通大学、重庆理工大学
山西	3	太原科技大学、太原理工大学、中北大学
江西	3	华东交通大学、江西理工大学、南昌大学
广西	3	广西大学、广西科技大学、桂林电子科技大学
安徽	3	安徽农业大学、合肥工业大学、安徽工程大学
甘肃	2	兰州交通大学、兰州理工大学
云南	1	昆明理工大学
内蒙古	1	内蒙古工业大学
新疆	1	石河子大学
贵州	1	贵州大学
合计	134	

2. 能招收车辆工程硕士研究生的"双一流"学校

世界一流大学和一流学科建设，简称"双一流"。建设世界一流大学和一流学科，是中共中央、国务院做出的重大战略决策，也是中国高等教育领域继"211 工程""985 工程"之后的又一国家战略，有利于提升中国高等教育综合实力和国际竞争力，为实现"两个一百年"奋斗目标和中华民族伟大复兴的中国梦提供有力支撑。

2017 年，教育部、财政部、国家发展改革委联合发布《关于公布世界一流大学和一流学科建设高校及建设学科名单的通知》，正式确认公布世界一流大学和一流学科建设高校及建设学科名单，首批"双一流"建设高校共计 140 所，其中世界一流大学建设高校 42 所（A 类 36 所，B 类 6 所），世界一流学科建设高校 95 所。

在这些"双一流"大学中，能招收车辆工程硕士研究生的一流大学有 31 所，一流学科大学有 47 所，机械工程为一流学科的学校有 10 所，具体见表 6-10。

表 6-10　能招收车辆工程硕士研究生的"双一流"学校

"双一流"类别	学 校 名 称
能招收车辆工程硕士研究生的一流大学（31 所）	清华大学、北京航空航天大学、北京理工大学、中国农业大学、天津大学、大连理工大学、东北大学、吉林大学、哈尔滨工业大学、同济大学、上海交通大学、东南大学、浙江大学、中国科学技术大学、厦门大学、山东大学、武汉大学、华中科技大学、湖南大学、中南大学、国防科技大学、华南理工大学、重庆大学、四川大学、电子科技大学、西安交通大学、西北工业大学、西北农林科技大学、中国海洋大学、郑州大学、新疆大学

255

（续）

"双一流"类别	学校名称
能招收车辆工程硕士研究生的一流学科大学（47所）	北京交通大学、北京工业大学、北京科技大学、北京化工大学、北京邮电大学、北京林业大学、天津工业大学、华北电力大学、河北工业大学、太原理工大学、大连海事大学、延边大学、哈尔滨工程大学、东北林业大学、华东理工大学、上海海洋大学、上海大学、苏州大学、南京航空航天大学、南京理工大学、中国矿业大学、河海大学、江南大学、南京林业大学、南京农业大学、合肥工业大学、福州大学、南昌大学、中国地质大学（武汉）、中国地质大学（北京）、武汉理工大学、海南大学、广西大学、西南交通大学、西南石油大学、西南大学、贵州大学、西安电子科技大学、长安大学、青海大学、宁夏大学、石河子大学、中国石油大学（华东）、中国石油大学（北京）、宁波大学、中国科学院大学、中国矿业大学（北京）
机械工程为一流学科的学校（10所）	清华大学、哈尔滨工业大学、上海交通大学、上海大学（自定）、浙江大学、华中科技大学、湖南大学、重庆大学（自定）、西安交通大学、西北工业大学

注：能以"机械工程"大类招收研究生的学校，均可以招收车辆工程专业研究生。

3. 有车辆工程学科国家级重点实验室的学校

国家重点实验室应围绕国家发展战略目标，面向国际竞争，为增强科技储备和原始创新能力，开展基础研究、应用基础研究（含竞争前高技术研究）和基础性工作；或在科学前沿的探索中具有创新思想；或满足国民经济、社会发展及国家安全需求，在重大关键技术创新和系统集成方面成果突出；或积累基本科学数据、资料和信息，并提供共享服务，为国家宏观决策提供科学的依据。

我国车辆工程学科国家级重点实验室主要有：清华大学的"汽车安全与节能国家重点实验室"、吉林大学的"汽车仿真与控制国家重点实验室"、湖南大学的"汽车车身先进设计制造国家重点实验室"、西南交通大学的"牵引动力国家重点实验室"、中国汽车工程研究院有限公司与重庆长安汽车股份有限公司的"汽车噪声振动（NVH）和安全技术国家重点实验室"等。

八、车辆工程专业硕士研究生的入学考试专业课与研究方向

1. 入学考试专业课

车辆工程专业入学考试专业课是指初试中专业基础课和复试中的专业课。

（1）**专业基础课** 各招生单位对专业基础课要求不一，一般是以机械、电子、控制为基础的课程，主要有理论力学、材料力学、机械原理、机械设计、工程热力学、电子技术、电工技术、自动控制原理和汽车理论等课程中的1~2门课程的组合。

部分学校车辆工程专业硕士研究生2020年入学考试科目与主要研究方向见表6-11和表6-12。

（2）**复试中的专业课** 复试科目主要是专业课或专业基础课，各招生单位规定的均不相同。一般复试中的专业课是汽车构造、汽车理论、汽车设计等课程，具体见表6-11和表6-12。

第六章 车辆工程专业的升学与就业

2. 研究方向

研究方向是指从事的主要研究领域，由于车辆（尤其是汽车）涉及的领域多，如设计、材料、工艺、节能及减排等多方面，所以，各招生单位根据自身优势和基础条件的不同，设计了各自的研究方向。各单位的研究方向差别较大，但都是围绕车辆这个大平台。一些院校车辆工程专业的研究方向见表 6-11 和表 6-12。

表 6-11 部分学校车辆工程专业硕士研究生 2020 年入学考试科目与主要研究方向（学术型）

院校名称	代码与专业	主要研究方向	初试科目	复试科目
清华大学	080200 机械工程	车辆工程	① 思想政治理论 ② 英语一或日语 ③ 数学一 ④ 理论力学及材料力学	汽车理论与设计、控制工程基础、应用电子学
北京理工大学	080200 机械工程	1. 车辆理论与无人车技术 2. 智能网联汽车与电驱动	① 思想政治理论 ② 英语一或日语或德语 ③ 数学一 ④ 理论力学或机械制造工程基础或控制工程基础	机械基础（含机械原理和机械设计）、车辆基础（含车辆构造、原理与设计），任选一门
湖南大学	080200 机械工程	车辆工程	① 思想政治理论 ② 英语一；以下可任选一组 ③ 数学一 ④ 机械原理、材料力学、工程热力学、生产管理学，任选一门 ⑤ 数学分析 ⑥ 高等代数	汽车理论、控制工程基础、机械制造技术基础、计算机辅助设计、基础工业工程，任选一门
华南理工大学	080200 机械工程	车辆工程	① 思想政治理论 ② 英语一 ③ 数学一 ④ 汽车理论或材料力学	汽车构造基础知识
吉林大学	080204 车辆工程	—	① 思想政治理论 ② 英语一或俄语或日语 ③ 数学一 ④ 理论力学（需携带计算器）或材料力学（需携带计算器）	汽车理论、汽车设计
	0802Z1 车身工程	—	同上	汽车车身结构与设计

（续）

院校名称	代码与专业	主要研究方向	初试科目	复试科目
中国农业大学	080204 车辆工程	1. 车辆系统动力学及地面车辆力学 2. 车辆人机工程学 3. 车辆电子控制及智能化技术 4. 车辆节能环保与新能源技术	① 思想政治理论 ② 英语一 ③ 数学一 ④ 工程力学或电子技术或机械设计	—
南京农业大学	080204 车辆工程	1. 车辆系统动力学与控制 2. 车辆电子技术控制技术 3. 车辆地面系统 4. 车辆现代设计理论与方法 5. 车辆节能与环保技术	① 思想政治理论 ② 英语一 ③ 数学一 ④ 理论力学	汽车构造
江苏大学	080204 车辆工程	1. 车辆系统动力学及控制 2. 车辆系统及零部件设计理论与方法 3. 车辆综合节能与新能源汽车技术 4. 车辆NVH控制及安全技术 5. 现代汽车轮胎技术	① 思想政治理论 ② 英语一 ③ 数学一 ④ 理论力学、自动控制理论，任选一门	汽车理论、微机原理及应用，任选一门

表 6-12 部分学校车辆工程专业硕士研究生 2020 年入学考试科目与主要研究方向（专业学位型）

院校名称	代码、专业与研究方向	初试科目	复试科目（笔试）
清华大学	085500 机械 方向：车辆工程	① 思想政治理论 ② 英语一或日语 ③ 数学一 ④ 理论力学及材料力学	汽车理论与设计、控制工程基础、应用电子学
吉林大学	085500 机械 不区分研究方向	① 思想政治理论 ② 英语一或俄语或日语 ③ 数学一 ④ 材料力学（需携带计算器）	汽车理论及汽车设计，或汽车车身结构与设计
湖南大学	085500 机械 方向：车辆工程	① 思想政治理论 ② 英语二 ③ 数学二 ④ 机械原理、机械设计基础、材料力学三门任选其一	汽车理论、控制工程基础、机械制造技术基础、计算机辅助设计，任选一门

(续)

院校名称	代码、专业与研究方向	初试科目	复试科目（笔试）
北京理工大学	085500 机械 方向：车辆工程	① 思想政治理论 ② 英语二 ③ 数学一 ④ 理论力学或工程热学（不含传热学）	车辆总体底盘方向：机械基础（含机械原理和机械设计）、车辆基础（含车辆构造、原理与设计），任选一门 车用发动机方向：内燃机学、机械设计、流体力学基础，任选一门
中国农业大学	085500 机械 不区分研究方向	① 思想政治理论 ② 英语二 ③ 数学二 ④ 机械设计	—
南京农业大学	085500 机械 方向：车辆系统动力学与控制	① 思想政治理论 ② 英语二 ③ 数学二 ④ 理论力学	机械原理或电工电子学
江苏大学	085500 机械 方向： 1. 车辆系统动力学及控制 2. 车辆系统及零部件设计理论与方法 3. 车辆综合节能与新能源汽车技术 4. 车辆 NVH 控制及安全技术 5. 现代汽车轮胎技术	① 思想政治理论 ② 英语一 ③ 数学一 ④ 理论力学、自动控制理论，任选一门	汽车理论、微机原理及应用，任选一门

注：面试内容包括外语口语及听力测试、个人学习、研究简况、个人素质能力和基础知识考查。

第二节 车辆工程专业的就业

一、车辆工程专业的就业形式

每年有 2/3 的应届大学生选择就业，各专业的就业情况是不同的，且相差很大。

由麦可思研究院独家撰写、社会科学文献出版社正式出版的《2019 年中国大学生就业报告》（就业蓝皮书）在中国社会科学院发布，2020 年麦可思公司对 2019 届大学生毕业半年后就业率较高的主要本科专业进行了调查研究，见表 6-13。

表 6-13　2019 届大学生毕业半年后就业率较高的主要本科专业

主要本科专业名称	毕业半年后就业率（%）	主要本科专业名称	毕业半年后就业率（%）
1. 工程管理	97.3	26. 电子信息工程	94.5
2. 微电子科学与工程	97.2	27. 护理学	94.3
3. 信息安全	97.2	28. 食品科学与工程	94.3
4. 麻醉学	96.8	29. 机械工程	94.3
5. 信息工程	96.6	30. 车辆工程	94.2
6. 预防医学	96.4	31. 电子商务	94.1
7. 给排水科学与工程	96.4	32. 地理科学	94.1
8. 交通运输	96.4	33. 物流管理	93.9
9. 能源与动力工程	96.2	34. 网络工程	93.9
10. 电气工程及其自动化	95.7	35. 汽车服务工程	93.8
11. 物流工程	95.6	36. 园林	93.8
12. 软件工程	95.6	37. 医学检验技术	93.8
13. 康复治疗学	95.3	38. 通信工程	93.7
14. 环境工程	95.3	39. 生物技术	93.7
15. 信息管理与信息系统	95.2	40. 机械设计制造及其自动化	93.7
16. 数字媒体技术	95.2	41. 机械电子工程	93.6
17. 水利水电工程	95.0	42. 小学教育	93.6
18. 测绘工程	94.9	43. 环境科学	93.6
19. 广告学	94.8	44. 人文地理与城乡规划	93.6
20. 工业工程	94.6	45. 市场营销	93.5
21. 药学	94.6	46. 交通工程	93.5
22. 数字媒体艺术	94.6	47. 统计学	93.5
23. 计算机科学与技术	94.5	48. 自然地理与资源环境	93.5
24. 医学影像学	94.5	49. 数学与应用数学	93.5
25. 光电信息科学与工程	94.5	50. 建筑学	93.5
全国本科平均就业率			91.1

注：数据来源为麦可思《中国 2019 届大学毕业生培养质量跟踪评价》。

毕业半年后就业率的计算公式如下：

$$本科毕业生的就业率 = \frac{已就业本科毕业生数}{需就业的总本科毕业生数} \times 100\%$$

需要注意的是，按劳动经济学的就业率定义，已就业人数不包括国内外读研人数，需就业的总毕业生数也不包括国内外读研的人数。

从表 6-14 可以看出，2018 届车辆工程专业大学生的就业率很高，达 95.0%，排名第 11 位。

根据麦可思公司的调查研究，对 2011～2019 届车辆工程专业大学生毕业半年后就业率进行了归纳，见表 6-14。

表 6-14　2011～2019 届车辆工程专业大学生毕业半年后就业率情况

届数	毕业半年后就业率（%）	全国本科专业就业率排名	全国本科毕业半年后平均就业率（%）
2011 届	97.6	6	90.8
2012 届	94.6	20	91.5
2013 届	94.2	19	91.8
2014 届	94.4	11	92.6
2015 届	95.3	13	92.2
2016 届	94.4	17	91.8
2017 届	93.8	27	91.9
2018 届	95.0	11	91.0
2019 届	94.2	30	91.1

从表 6-14 可以看出，2011～2018 届车辆工程专业大学生毕业半年后就业率均位于全国专业就业率的前 20 位，这表明，车辆工程专业是目前的热门专业，是急需人才的一个专业，是一个绿牌专业。

二、车辆工程专业的人才需求

汽车人才是指从事汽车产品、工艺、商务研发、设计，指导汽车产品生产和再制造的工程技术人员。

在汽车产业快速发展的今天，中国汽车产业崛起的背后是人才的崛起、人才的发展、人才的成长。中国汽车产业的发展核心是技术，关键是人才。

汽车产业涉及汽车零部件、工装模具、汽车设备、研发试制、汽车金融和汽车服务等领域，单一的车辆学科人才难以满足企业的需求，汽车产业的专业汽车人才供应不足。目前汽车产业急需的几类人才阐述如下：

1. 汽车研发类人才

随着国内外汽车生产企业之间竞争的不断加剧，对自主品牌的开发成为企业向前发展的大势所趋，所以，大量高素质、具有创新精神和实践动手能力的研究开发人才是汽车行业实现技术升级的必备要素。然而，据有关统计显示，欧美发达国家的汽车行业中，汽车研发人才一般都占到技术人才的 30% 以上，而我国国内目前成熟的研发骨干还不到 8%。随着自主研发热潮的兴起，研发人员作为汽车企业未来发展之路——自主研发的领航人，成为各大企业争夺的重点，培养本土高素质研发人才是当前汽车行业人才培养的当务之急。一些汽车企业已经采取人才储备战略，通过开展产学研合作教育的渠道，培养企业急需的研发人才。如智能驾驶方面，需要自动驾驶算法、自动驾驶系统与集成等方面的人才；车联网方面，需要人工智能、高精度地面研发、算法及深度学习、云架构与安全、大数据、核心车载系统等方面的人才；新能源汽车方面，需要"三电"人才，即电池、电机与电控。

2. 高级技能人才

目前，我国汽车行业的高级技能人才缺乏，随着汽车换型周期缩短，汽车研发、制造人才将出现捉襟见肘的情况。汽车企业从业人员的比例不够理想，具体反映在技术工人过剩，而介于技术工人和工程师之间的高级技能技术员缺乏。

相当比例的工人操作水平不高，不能掌握现代制造技术，导致很多企业难以成功地进行技术改造。这也使我国的汽车制造无法形成高水平的开发体系，自主性不强，关键零部件自主开发率不高，与发达国家相比还存在一定的差距。在我国跃居世界汽车生产大国之列的关口，加快汽车制造业高级技能人才的培养迫在眉睫。

3. 汽车后市场人才

由于汽车产业在我国的蓬勃发展，汽车后市场得到了快速发展，汽车后市场产业涉及传媒、保险、旅游、汽车美容、汽车维修和汽车评估鉴定等，催生了汽车媒体策划和经营管理人才、汽车保险人才、汽车维修人才、汽车旅游及旅游产品开发人才、汽车评估与鉴定人才、汽车企业品牌文化推广人才、汽车历史文化的研究人才以及汽车专业教育人才等的大量需求。

随着我国汽车产量的进一步增长以及汽车科技的飞速发展，必然需要大量职业化、专业化的服务人才，这就使得汽车人才供求矛盾日益尖锐。

汽车人才的发展现状呈现三个特点：

1）极度缺乏高端人才和技能型人才。高端人才也被称为跨界人才，目前新能源、智能制造、大数据和云计算等领域的人才均属于该范畴。此外，技能员工，特别是介于蓝领和白领之间具有一定知识沉淀的灰领员工也是目前汽车行业缺乏的人才类型。

2）在新技术变革之际，汽车行业的员工素质亟须提升。尤其是信息技术、大数据、智能技术、网络技术以及数字化安全技术等领域的人才仍存在巨大缺口。

3）自主品牌对人才的需求更加迫切。在与合资品牌进行人才争夺战时，自主品牌往往处于下风，因此自主品牌目前的人才形势更为严峻。如今自主品牌走上全球化和国际化的道路，缺少国际化人才成为自主品牌的短板之一。

三、车辆工程专业就业行业分布

随着汽车工业的迅速发展，汽车的需求量也是越来越大，与汽车相关的专业也逐渐"热"了起来。庞大的汽车市场，急需一批具备汽车工程设计、制造、实验、运用、研究与汽车营销等汽车专业知识的人才，特别是高级汽车、新型汽车设计开发的人才。

同时，围绕安全、节能、环保三大主题的汽车新技术的兴起，使汽车行业与当今的尖端科技紧密联系在一起，车辆工程专业研究的范围也更加广泛，涉及汽车、机车车辆、拖拉机、军用车辆及工程车辆等陆上移动机械新的理论、技术和方法等。甚至还触及医学、生理学及心理学等更为广泛的领域，为本专业的学子提供了广阔的发展空间。

车辆工程专业的毕业生主要从事汽车整车及零部件的设计开发、车身及造型设计、车辆电子技术应用、车辆的性能测试与试验研究、汽车制造工艺与工装、生产管理等技术工作，在交通运输及管理等部门从事车辆维修管理工作，以及相关的教学及科研工作。

车辆工程专业就业方向分布见表6-15。

表 6-15　车辆工程专业就业方向分布

排　名	就业方向	占比（%）
1	汽车及零配件	42
2	新能源	13
3	机械、设备、重工	7
4	建筑、建材、工程	7
5	互联网、电子商务	6
6	电子技术、半导体、集成电路	5
7	贸易、进出口	4
8	交通、运输、物流	4
9	计算机软件	4
10	外包服务	3
11	其他	5

第三节　车辆工程专业的出国留学

正如一千个人心中有一千个哈姆雷特一样，每个人对自己人生道路都有着不同的规划。其中有一部分同学在大学毕业之时，计划出国留学进行深造。以下从申请流程、申请前准备、申请中准备、奖学金四个方面对出国留学进行介绍。

一、申请流程

出国留学的申请流程一般包括自我定位、留学准备、资金准备、正式申请及寄送申请材料、套磁和面试、收到录取通知书、签证等过程，具体流程如图 6-6 所示。

1. 自我定位

自我定位是指对自己的条件和申请学校的档次有一个客观的评估。自我定位是申请留学的第一步也是非常重要的一步，正确判断个人情况和申请方向是拿到录取通知书的前提和保证。应该从自己的个人能力、所在学校是否有名气、成绩、研究背景、有无文章、GRE、TOEFL（托福）等方面综合分析自己有什么优势和弱点。了解与自己同档次水平的人，自己的师兄师姐到了什么学校，间接判断个人水平。另外，要清楚自己到底对什么感兴趣，打算申请什么专业，这个专业申请难度如何。光对此专业有兴趣还不够，最好要有这方面的研究背景，或者上过这方面的课程等能支持自己在这方面发展的证据。除了专业的选择，研究方向的定位也非常重要。定位不要太狭窄，尤其是本科生，可以把兴趣扩展一下。最好考虑几个方向，而且这几个方向应该是有联系的。

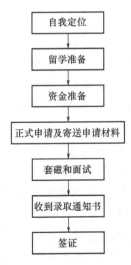

图 6-6　出国留学申请流程

定位的时候，很多人因为不是出身名校，GRE、TOEFL 等成绩不高等原因而妄自菲薄，这也是没有必要的。虽然这些是不利因素，但每个人都有自己的一些特点可以挖掘，只要能展现出来，也是可以弥补的。

2. 留学准备

留学准备包括以下几个方面：

（1）**参加标准化考试** 申请美国研究生院需要参加 GMAT、GRE 或 TOEFL 考试（不同的专业考的不同，理工科考 GRE，文科则需要考 GMAT）；去英国、加拿大、澳大利亚、新加坡等国家只需要参加 IELTS（雅思）考试即可。

（2）**择校定方向** 美国有超过 3000 所大学，值得申请的学校也仅局限在前 200 所，但对于车辆工程专业的学生来说，也只有几十所。一般来说，要根据自己的专业方向、条件来选定 8~15 所学校。

（3）**申请文书准备** 准备动机函或个人陈述、简历、推荐信等。

（4）**护照** 护照是为远赴境外时使用，但是在申请时也有学校要求提交护照扫描件的，所以提前准备好有备无患。

3. 资金准备

资金准备也是很重要的一个环节。其中必备的是信用卡和存款证明。

要出国，首先要办签证，而办签证则需要存款证明等材料。不同的国家对存款证明要求的时间是不一样的，申请人最好先从各领事馆的官网上了解一下情况。一般来说，用于出国申请的资金账户最好在申请的一年前就开始存，并且最好有多笔存入支出记录，而不是一次性几十万元的大额存入。有些国家还要求提供资金来源说明，申请人要做好提供相关证明的准备。

4. 正式申请及寄送申请材料

正式申请及寄送申请材料环节主要是网上申请，寄送成绩单和 GRE、TOEFL、IELTS 成绩单。

5. 套磁和面试

套磁是指与国外教授主动通过书信往来建立联系和加深彼此印象，从而加大录取和拿奖学金概率的一种行为。

套磁主要是对于申请前、申请后需给研究系导师发邮件，以使他们更加了解自己，这样做可以增加录取和申请奖学金、助教、助研等机会的成功率。同时，有些录取委员会也会举行视频面试，对于申请硕士项目，套磁和面试都不是必要的，但想申请博士，这两个是不可忽略的重要过程。

6. 收到录取通知书

考生拿到录取通知书后，先要了解该录取通知的类型。一般情况下，毕业生语言达到学校专业要求，拿到的是无条件录取通知书（Unconditional Offer），确认没有其他附加条件即可。如是在读学生，拿到的都是有条件录取通知书（Conditional Offer），要确认国外大学给出的条件，本人在毕业前能否达到，是否存在潜在风险会导致达不到校方开出的条件而不能入学。比如你的语言成绩考不出来，你的均分达不到学校的要求，没法正常毕业拿到毕业证和学位证，那录取通知书就算到手可能也没用了。

一般申请多所学校时，当你收到多个学校的录取通知书后，就要慎重考虑好去哪个学

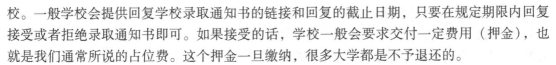

校。一般学校会提供回复学校录取通知书的链接和回复的截止日期，只要在规定期限内回复接受或者拒绝录取通知书即可。如果接受的话，学校一般会要求交付一定费用（押金），也就是我们通常所说的占位费。这个押金一旦缴纳，很多大学都是不予退还的。

7. 签证

在收到学校发来的纸质录取通知书后，就可以在网上预约大使馆或领事馆的签证。因为拒签对留学的影响很大，所以大家一定要一次搞定，准备好材料做好公正，给保证金留好时间。

通常，在大一，初步描绘出四年后的留学蓝图，学好每门课程；在大二，多参加些社会活动，积累实践经验；在大三，准备材料，考 TOEFL 或 IELTS 以及 GRE 或 GMAT；在大四，进行留学申请、签证。

二、申请前准备

1. GPA（平均成绩点数）**的准备**

出国留学是一个大计划，最好能在一年级就开始规划，认真地应对每一次期末考试。GPA 对于多数在校申请者来说是学术背景的直接证明，GPA 的高低直接影响申请学校的排名，以及获得奖学金、助教和助研的机会。如果一个申请者 GPA 较低，甚至有不及格记录，将在国外大学录取委员会审核材料时被判定为不合格。

2. 准备参加留学标准化考试（GRE、TOEFL、IELTS）

对于申请工程专业的学生，要参加 TOEFL 和 GRE 两项考试。TOEFL 是由 ETS（美国教育检测服务社）所提供的一项语言技能考试，全名为"检定母语非英语者的英语能力测试"。TOEFL 是一个只检测语言的测试，与其相似的是 IELTS。IELTS 是由英国剑桥大学考试委员会提出的一项测试，其适用范围为英联邦国家，主要留学国家包括：英国、加拿大、澳大利亚、新加坡等。但是值得注意的是，TOEFL 和 IELTS 测试并不能完全相互替换。可能半数的美国研究生院也接受 IELTS 成绩，这一点需要在准备申请前就要到学校的官网上查明（同时，如果申请者在以英语为母语的国家待过两年，视情况有可能免除 TOEFL 考试，也需要提前确认）。但是 TOEFL 成绩在英联邦国家通行率比 IELTS 在美国的通行率更高。此外，还有一些小众的考试，如 MELAB（密歇根英语语言评估测试），因为适用范围小，考点、考次少，所以不予以介绍。

GRE 也是由 ETS 出品的一款考试，全名为"美国研究生入学考试"，适用于美国除了法律、商业、医科以外的研究生和博士申请。GRE 会根据大学毕业生的基础知识和能力水平，对考生在高级阶段从事学术研究的一般潜在能力做出衡量，而不涉及任何专业的特殊要求。

GRE 和 TOEFL 都是出国留学必备的考试，都是用英语进行考试，但 TOEFL 测验的是语言水平，而 GRE 检测的是学术潜力，是基于较高英语水平上所进行的考试。同时，TOEFL 只针对母语非英语的人，以英语为母语的申请者不需要 TOEFL 成绩。而 GRE 考试是每个想进入美国研究生院的申请者都要进行的考试。

3. 科研的准备

科研方面的能力是十分重要的一方面，科研背景可以用申请者的实习或者项目（要在动机函中提及）和发表在期刊、会议中的学术论文来证明。国外大学研究生院通常会要求申请者附上自己的出版物清单。申请者最好在自己的动机函中详细介绍自己的出版物。关于实习和项目,不仅应该在简历中提及,还可以在动机函中强调。委员会更注重那些发表在核心期刊或会议上的论文。同时与自己专业相关或者与委员会成员的研究相关的学术论文也会给委员会成员留下深刻的印象。因此,理想的候选人不只是学业上的杰出(如有着优异的成绩、可观的 GPA 和 GRE 分数),同时也是一个被证明有学术潜力的人。

4. 参加各类科技创新竞赛

首先获得的竞赛奖项必须要与所申请的项目相关。一般来说,本科期间工程类学生可以参加的竞赛包括:高数竞赛、数学建模、周培源大学生力学竞赛、全国电子科技竞赛、"飞思卡尔"杯智能汽车竞赛、全国机械创新设计大赛、中国大学生方程式汽车大赛、全国大学生节能减排社会实践与科技比赛等。

奖项不在于大小,而是一种参与的经验。如果一个申请者在一个竞赛中并没有获得名次或者获得较低的名次,但是将从中学习到很多的经验教训写入动机函中也是非常不错的选择。

三、申请中准备

1. 选定学校

择校是一门学问,其中包括很多技巧。为了做出正确的选择,可以参考以下几个因素:学术威望、教授与学生的比例、教授的研究经费、毕业校友情况及地理位置等。学术威望是衡量一个大学、一个系的重要参考标准,学术威望越高说明在业界越有名望,教授、系成员的投入和献身也越多;很显然,教授、学生数量比越高说明教授在每个学生身上投入的精力和时间也越多,对学生来讲也能在学术上学得更多。择校,尤其是对西方大学不是很了解的申请者,是一个非常耗时的工作,但同时也是每个申请者必须经历的一个为后期申请做直接铺垫的过程,申请者可以通过查询学校的官网、向自己在海外的学长学姐求助、浏览母校或关于留学申请的论坛、查阅外文期刊和论文,来把握海外研究生院的方向和科研水平等,从而选定学校。

国外大学一般不单独设立车辆工程硕士点,通常归类在车辆工程研究领域相关的机械工程系。与车辆工程研究领域相关的方向有:动力学及控制、能量与可持续性、流体动力、热力学、机械设计等。车辆工程专业的申请者可以根据自己本科的方向从中选择 1~2 所进行申请。此外,密歇根大学安娜堡分校机械工程系下设车辆交通分支;加州大学伯克利分校也有较好的发动机实验室;还有克莱姆森大学可以授予全美唯一的车辆工程博士学位,在车辆方向上是一所很好的公立大学。

2. 申请材料的准备

(1) 动机函或个人陈述 动机函要重点说明自己本科的学习方向,为什么对所申请学科感兴趣,硕士或者博士阶段的研究兴趣或者职业规划、目标等,还可以阐释申请者某些能够适用于申请的特殊状况,如学术出版物、荣誉、成就或职业历史等。个人陈述是一种关于激励申请者继续追求硕士或博士学位的原因的精简文章,这些原因包括申请者的背景和生活经验(包括文化、地理位置、经济状况、教育或者其他机会挑战)。

(2) 推荐信 推荐信在录取过程中十分重要。委员会特别看重推荐信,因为这些推荐信提供了长时间密切关注申请者的教授或管理人的评价。在一封好的推荐信中，推荐者会提及被推荐者在其监督下所真正完成事情的细节，以及被推荐者是如何面对课题的，并列举被推荐者与推荐者直接、具体的交互的例子。这种推荐信不仅给委员会传达被推荐者给推荐者留下的印象，而且会着重强调一些在其他申请材料中可能不会被指出的课题、成就或其他信息。

写推荐信时需要注意以下要点：

1）通常，职位越高，推荐性就越强。但是，需要注意的是，推荐信只有在推荐者确实和申请者有密切联系的情况下才会有作用。

2）真正的关系应该包含直接的监督和长时间的频繁交互。

3）推荐信表格会很有代表性地要求推荐者用相对于评价参考的以下指标来评价被推荐者："前1%~2%""前10%""第一四分位""第二四分位"等。取决于推荐者，这个参考可能是"在一个特定年级的所有本科生""所有曾经教过或指导过的本科生""所有曾经招募过的实习生"等。这是一个推荐者对申请者总体意见的一个非常有用的评价指标。

4）推荐者必须在表格上选择"强烈推荐""推荐""有保留地推荐"或者"不推荐"。

(3) 个人简历 个人简历通常是申请研究生院过程中的一个可选环节。它是一个适合展现那些不能在其他材料中展现的细节。申请者可以提及课程、项目、工作经历、出版物、课外活动、其他成就等细节。但是，申请者想传达的信息应该在动机函和推荐信中就已经提及。关于重要的学术项目或者科研出版物也应该在动机函中提及。此外，曾经在项目上一起工作的教授应该在其推荐信上提及这段交互关系。

四、奖学金

美国研究生有以下几种奖学金：全奖（Fellowship）、助教（TA）、助研（RA）、学费减免（TW）。一般而言，硕士申请者一般很难申请到全额奖学金，学校一般不会发放全额奖学金给硕士研究生，尤其是国际生；助教会担当一些教学、作业批改、组织课堂讨论等任务；助研会在导师的实验室里面工作；学费减免可减免一部分学费，有可能会享受州内学生学费。常见的组合一般为 RA + TW、TA + TW、Fellowship。

留学是人生重要的国际经历和昂贵的投资，是为今后在日益竞争激烈的职业生涯中获胜所做的准备。在做此重大人生决策时，要多了解相关信息，为自己的人生负责，为实现自己的人生理想努力奋斗。

本章相关的主要网站

1. 中国教育在线考研频道　http://kaoyan.eol.cn/
2. 中国研究生招生信息网　http://yz.chsi.com.cn 或 http://yz.chsi.cn/
3. 中国高等教育学生信息网（学信网）　http://www.chsi.com.cn/
4. 吉林大学汽车仿真与控制国家重点实验室　http://www.ascl.jlu.edu.cn/
5. 湖南大学汽车车身先进设计制造国家重点实验室　http://dmvb.hnu.edu.cn/
6. 中国汽车工程研究院股份有限公司和重庆长安汽车股份有限公司的汽车噪声振动和

安全技术国家重点实验室　http://www.nvhskeylab.com/
7. 西南交通大学牵引动力国家重点实验室　http://tpl.swjtu.edu.cn/
8. 清华大学研究生招生网　http://yz.tsinghua.edu.cn/
9. 吉林大学招生网　http://zsb.jlu.edu.cn/
10. 北京理工大学研究生院　http://grd.bit.edu.cn/
11. 同济大学研究生招生网　http://yz.tongji.edu.cn/
12. 湖南大学研究生院　http://gra.hnu.edu.cn/
13. 东南大学研究生招生网　http://yzb.seu.edu.cn/
14. 中国农业大学研究生招生信息网　http://yz.cau.edu.cn/
15. 南京农业大学研究生院　http://grasch.njau.edu.cn/
16. 麻省理工学院　http://www.mit.edu
17. 斯坦福大学　http://www.stanford.edu/
18. 加州理工大学　http://www.caltech.edu/

思　考　题

1. 试分析近年来大学生"考研热"的主要原因。
2. 何谓学术型研究生？何谓专业学位型研究生？两者有何区别？
3. 车辆工程学科国家级重点实验室有哪些？
4. 车辆工程学科主要有哪些研究方向？
5. 分析我国车辆工程专业的人才现状，为何汽车高级人才尤为紧缺？
6. 国外大学中为何一般不设置车辆工程专业硕士点？

参 考 文 献

[1] 蔡兴旺. 汽车概论 [M]. 3 版. 北京：机械工业出版社，2019.
[2] 曹红兵. 汽车文化 [M]. 北京：机械工业出版社，2019.
[3] 曹剑波，张宏. 汽车文化与概论 [M]. 2 版. 北京：人民交通出版社，2019.
[4] 陈慧岩. 无人驾驶汽车概论 [M]. 北京：北京理工大学出版社，2019.
[5] 崔胜民. 新能源汽车概论 [M]. 北京：人民邮电出版社，2019.
[6] 代洪，陈生权，王博. 汽车文化与概论 [M]. 武汉：华中科技大学出版社，2018.
[7] 过学迅. 车辆工程（专业）概论 [M]. 3 版. 武汉：武汉理工大学出版社，2019.
[8] 节能与新能源汽车技术路线图战略咨询委员会，中国汽车工程学会. 节能与新能源汽车技术路线图 [M]. 北京：机械工业出版社，2016.
[9] 李明，刘楠. 现代车辆新能源与节能减排技术 [M]. 2 版. 北京：机械工业出版社，2018.
[10] 凌永成. 汽车工程概论 [M]. 北京：机械工业出版社，2015.
[11] 鲁植雄. 汽车服务工程专业导论 [M]. 北京：机械工业出版社，2018.
[12] 鲁植雄. 汽车概论 [M]. 北京：机械工业出版社，2019.
[13] 余卫平，李明高. 现代车辆新能源与节能减排技术 [M]. 北京：机械工业出版社，2014.
[14] 张兰春，王程，刘炜. 车辆工程专业概论 [M]. 北京：北京理工大学出版社，2019.